神州纵横游

莫芳灿 / 编著

中国建材工业出版社

图书在版编目（CIP）数据

神州纵横游 / 莫芳灿编著 .— 北京 ： 中国建材工业出版社，2016.9

ISBN 978-7-5160-1650-3

Ⅰ. ①神… Ⅱ. ①莫… Ⅲ. ①旅游指南—中国
Ⅳ. ① K928.9

中国版本图书馆 CIP 数据核字（2016）第 219723 号

内 容 简 介

近年来，伴随着旅游业的蓬勃发展，兴起了一波又一波的“旅游热”。《神州纵横游》一书是这一旅游消费趋势下的自然产物，作为莫芳灿先生的个人游记，书中结合了作者多年来的工作和生活经历，对走过的国内城市和著名景点，进行了详细介绍。

本书主要分为九大部分，分别是：韵味 • 四大直辖市、奇美 • 东北地区、锦绣 • 华北地区、风情 • 西北地区、魅力 • 华东地区、秀丽 • 西南地区、山水 • 华中地区、印象 • 华南地区和浪漫 • 港澳台地区，特别适合热爱旅行的人士在闲暇之时细品慢读。

神州纵横游

莫芳灿　编著

出版发行：中国建材工业出版社
地　　址：北京市海淀区三里河路 1 号
邮　　编：100044
经　　销：全国各地新华书店
印　　刷：北京盛通印刷股份有限公司
开　　本：710mm × 1000mm　1/16
印　　张：19.5
字　　数：340 千字
版　　次：2016 年 9 月第 1 版
印　　次：2016 年 9 月第 1 次
定　　价：168.00 元

本社网址：www.jccbs.com　　本社微信公众号：zgjcgycbs

本书如出现印装质量问题，由我社市场营销部负责调换。联系电话：（010）88386906

与爱好旅游者分享之

神州大地
雄奇壮丽
周游美景
心旷神怡

莫芳灿题书
二〇一六年六月

前言

自从《欧洲纵横游》《美洲纵横游》和《大洋洲　非洲　亚洲纵横游》这三本旅游书先后出版以来，读者反应热烈，赞声不断，在此深表谢意！同时，更加坚定和激励了笔者编著这本《神州纵横游》的决心与信心，以飨读者，也满足了笔者想把这四本旅游书统称为“环球纵横游”系列图书的愿望。

我国地大物博，江山万里，锦绣壮丽，分外妖娆！作为世界上四大文明古国之一，我国几千年的历史源远流长，文物古迹甚多，文化艺术丰富灿烂，甚为引人注目。特别是改革开放30多年来建设中国特色社会主义的成功经验，都值得世人学习与借鉴。

近十多年来，特别是在春节、五一劳动节、国庆节期间，国内外兴起了一波又一波的“旅游热”，这是不足为奇的。据报道，目前我国已经成为世界上第一位的旅游消费大国了！有关旅游的图书层出不穷，目不暇接。对此，笔者为使本书不致赘述，选择我国若干省市重点简述，望能收到“抛砖引玉”的效果。

笔者对维基网等网络、旅游公司、有关机构和人员所提供的资料和信息，对本书出版社的编辑和有关人员的大力支持与合作，表示深切的感谢！

由于笔者的时间、精力以及知识面有限，可能“挂一漏万”或有错误，恳请读者们批评指正，谢谢！

作者　莫芳灿

2016年7月

目录

韵味·四大直辖市

Chapter 1

北京　上海　天津　重庆

北京

BEIJING

北京，是中华人民共和国的首都、直辖市，又是中华人民共和国的政治、文化和国际交流中心，同时是经济金融的决策和管理中心，也是世界上最大的城市之一。它与西安、南京、洛阳合称为中国“四大古都”，拥有6项世界遗产，是世界上拥有文化遗产项目数量最多的城市。

北京，位于辽阔的华北平原的西北边缘，背靠太行山山脉和燕山山脉，东南方距离渤海约150km。市区东西宽约160km，南北长约176km，总面积为16411km^2，其中平原面积为6338 km^2，占38.6%；山区面积10072 km^2，占61.4%。

其中平原的海拔高度在20~60m，而山地海拔一般为1000~1500m，全市最高峰为位于门头沟区西北部的东灵山，海拔2303m。

北京地势是西北山地高，东南平原低，平均海拔高度43.5m。北京的天然河道自西向东有拒马河、永定河、北运河、潮白河和蓟运河5大河流，均属于海河流域。

北京地处暖温带半湿润地区，年降雨量集中在夏季的7、8月份。四季分明，春季多风和沙尘，夏季炎热多雨，秋季晴朗干燥，冬季寒冷且大风猛烈。

目前，北京城区由六个市辖区组成，称为城六区，其中属于中心城区的是东城区与西城区；其他属于近郊区的是朝阳区、丰台区、石景山区和海淀区，这六个区总面积为1377.82 km^2。此外，还有10个区县为北京市的远郊区县，即：门头沟区、房山区、通州区、顺义区、昌平区、大兴区、怀柔区、平谷区、密云县与延庆县。

北京，有着近千年的建城历史，有众多的历史古迹与丰富的现代旅游资源，能充分满足国内外游客。天安门是国人心中的圣地；故宫是北京旅游的标志，建筑特色鲜明。气势宏伟，是重要的民族文化遗产；天坛、北海、香山、圆明园和颐和园等地，山清水秀，风景优美，具有很高的艺术价值；在北京2008年奥运会前建成的鸟巢、水立方、奥运村和国家大剧院等，值得一游；如有兴趣，还可亲临其境地领略一下至今仍保留的北京古城“胡同”和“四合院”的特有风貌；另外，北京还有众多的宗教寺庙，比如：法源寺、潭柘寺、白云观、雍和宫等；在市郊外，还有闻名于世的万里长城、十三陵和承德“避暑山庄”等。

天安门广场

天安门广场，位于北京市区中心，是当今世界名城中最大的广场。南北长880m，东西宽500m，面积达44万平方米，可容纳100万人举行盛大集会，是现今世界上最大的城市中心广场。近百年来，天安门广场还曾举行过“五四运动”等多次爱国民主集会和游行示威活动；现今，五星红旗在广场上空高高飘扬，每天有成千上万的人到此参观、游览。天安门广场，被评为新“北京16景”之首。

天安门城楼

天安门城楼，坐落在广场的北端，数百年来，它都是国家最高权力的象征。古代皇帝在此颁发诏令，其仪式称“金凤颁诏”。新中国成立后，每年国庆节（至20世纪70年代中期），都由毛泽东主席等国家领导人在天安门城楼上检阅解放军三军仪仗方队和人民群众游行队伍。自1988年元旦开始，向公众开放。作者夫妇于2008年10月16日有幸登上天安门城楼观赏，并购买纪念品留念，甚感欢欣与满足！

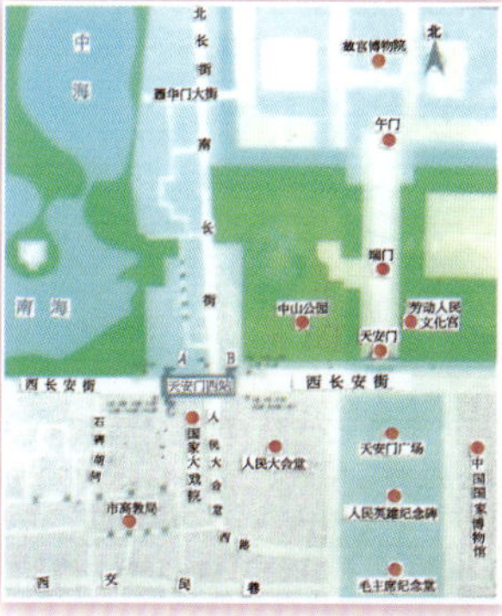

▲天安门广场周围景点分布简图

▲雄伟庄严的天安门城楼

人民英雄纪念碑

人民英雄纪念碑，屹立在广场的中央，是由清华大学著名的梁思成教授设计，于1952年8月1日正式动工兴建。碑身成品高14.7m。碑身和碑基由花岗岩和汉白玉石块组成；碑座四面嵌着8幅巨型浮雕，分别为：焚烧鸦片、金田起义、武昌起义、五四运动、五卅运动、南昌起义、抗日游击战争、胜利渡长江。该纪念碑正面有毛泽东题词："人民英雄永垂不朽"，背面是毛泽东起草、周恩来书写的碑文。

中国国家博物馆

中国国家博物馆，位于天安门广场东侧，由相邻的中国历史博物馆与中国革命博物馆合并组成。中国国家博物馆总建筑面积近20万平方米，藏品数量120余万件，展厅数量48个，是世界上单体建筑面积最大的博物馆，也是中国文物收藏量最丰富的博物馆之一，年观众接待量超过410万人次。

▲ 天安门广场上的人民英雄纪念碑

▲ 中国国家博物馆

人民大会堂

人民大会堂，位于天安门广场西面、西长安街南侧，是历届全国人民代表大会召开的地方，也是党和国家领导人和人民群众举行政治、外交活动的场所，还是我国政府为邦交国元首访中举行欢迎仪式的场地。

人民大会堂于1958年10月动工，集中了当时全国各地的建筑材料，工人加班进行建设，仅用了十个月，就完成了从设计图纸到所有装修及设备安装调试完成的全过程，1959年9月建成。建筑面积171800m^2，建筑平面呈"山"字形，外部是浅黄色花岗岩墙面，上有黄绿相间的琉璃瓦屋檐，下有5m高的花岗石基座，周围有134根圆形廊柱。整体比故宫的全部建筑面积还大，是全世界最大的会堂式建筑。

人民大会堂分为三部分，中间为举行重大会议、文艺演出及群众集会的万人大礼堂，北面为可容纳5000人的宴会厅，南面为以各省、自治区、直辖市、特别行政区名字命名的厅室。全国人大常委会也在大会堂开会和办公。

1960年1月，即人民大会堂建成4个月后，当时建筑工程部在这里举行表彰该部“先进工作者”大会，作者当年被选入围，有幸参与，甚为高兴!

▲人民大会堂前面（东面）

▲人民大会堂后面（西面）

毛主席纪念堂

毛主席纪念堂，位于北京中轴线上、天安门广场南侧，主设计师是北京建筑设计研究院的张开济。1976年11月24日奠基，1977年9月9日落成并对外开放。该纪念堂是一幢方形建筑，坐北朝南，占地5.72hm^2，总建筑面积33867m^2。正门金字匾额“毛主席纪念堂”，由第二任中共中央主席华国锋题写。

北大厅正中为毛泽东主席汉白玉座像。瞻仰大厅内的金字隶书“伟大的领袖和导师毛泽东主席永垂不朽”为侯德昌书写；在瞻仰大厅正中黑色花岗岩石基座上的水晶馆中，躺卧着毛泽东遗体，遗体上覆盖着中国共产党党旗，在水晶棺的基座上镶嵌着中国共产党党徽、中华人民共和国国徽和中国人民解放军军徽。南大厅为出口大厅。在纪念堂内，还设立有毛泽东、周恩来、刘少奇、朱德、邓小平、陈云等革命业绩展览室，此外，在北大厅二楼电影厅还可观看纪录片《怀念》。

毛主席纪念堂建成后不久，在北京的中央国家机构、各部委、解放军各军兵种、各人民团体以及各省、自治区政府和人民团体，都分批组织前往瞻仰毛主席遗容；1977年10月，作者有幸与广西壮族自治区轻工业局副局长朱惠钧、代表广西轻工业系统全体职工，与广西各族人民代表一道，共约几百人，从南宁乘专列赴北京毛主席纪念堂瞻仰毛主席遗容，难能可贵，铭记心中！

▲毛主席纪念堂

▲浓雾中人民英雄纪念碑和毛主席纪念堂的人群

故宫博物院

故宫博物院，简称故宫，在辛亥革命之前被称为“紫禁城”，位于北京中轴线的中心，是明清两个朝代24位皇帝的皇宫，占地面积72万平方米，建筑面积约15万平方米。它最初的建设，投入工匠23万人，民工士兵上百万，前后延续了15年之久。故宫是第一批全国重点文物保护单位、第一批国家5A级旅游景区，1987年入选《世界文化遗产名录》，2012年单日最高客流量突破18万人次，全年客流量突破1500万人次。

北京故宫，是以黄瓦、红墙、金饰、白石构成的建筑群，其中黄色琉璃瓦是天子的象征。它南北长961m，东西宽753m，面积约为72.5万m^2。城墙高12m，底厚10m，顶厚6~7m，四周为宽52m的护城河保护。它有四门：正南为午门，东为东华门，西为西华门，北为玄武门(神武门)。现在，玄武门为故宫博物院正门。

明朝初期有殿宇1630余座，清朝乾隆时期有殿宇1800余座，现存殿宇约2631座。相传故宫共有9999.5座屋，但据1973年专家现场测量，现今故宫实际上有大小院落

▲“故宫博物院”大门前

▲故宫午门

90 多座，房屋有 980 座，共计 8704 间。此“间”并非现今房间之概念，而是指四根房柱所形成的空间。

▲故宫太和殿

▲故宫建筑群一角

▲交泰殿

▲故宫御花园

▲鎏金铜狮

▲铜龟

国家大剧院

国家大剧院，位于人民大会堂西侧，设计师为法国建筑师保罗·安德鲁。总投资 26.8838 亿元，工程于 2001 年 12 月 13 日开工，立项及建设过程中曾因投资巨大和设计方案合理性纷争而引起过巨大争议，并一度搁置。该剧院最终于 2007 年 9 月建成，并于 9 月 25 日进行试演、投入使用。

▲ 国家大剧院

国家大剧院，占地 11.893 万平方米，总建筑面积 149520m^2，主体建筑由外部围护结构和内部歌剧院、戏剧场、音乐厅和公共大厅及配套用房组成。它共设有 5473 个座位，其中歌剧院席位 2416 个、戏剧院席位 1040 个、音乐厅席位 2017 个。外部围护钢结构壳体呈半椭球形，其平面投影东西长 212.20m，南北宽 143.64m，建筑物高 46.285m，基础埋深的最深部分达 32.5m。椭球形屋面主要采用钛金属板饰面，中部为渐开式玻璃幕墙。椭球壳体外环绕人工湖，湖面面积达 35500m^2，各种通道和入口都设在水面下。

国家大剧院结构由三个功能区组成。201 区为北入口、地下车库；202 区为功能区，包括歌剧院、戏剧院、音乐厅等；203 为南入口、餐厅、机房等服务区。201 区占地面积 3 万平方米，总建筑面积 9 万平方米，全部为地下结构，包括地下车库和大剧院附属建筑，水下通道连接地铁 1 号线和戏剧院、歌剧院、音乐厅。地下车库可停放 951 辆机动车、1420 辆自行车，其出入口为圆弧形，北侧设有行人出入口。

正阳门与箭楼

正阳门，俗称前门，原名丽正门，至今已有 500 多年的历史，是北京城内城正南方向的门，位于天安门南缘，前门大街北端，处在北京城的南北中轴线上。1965 年，经周恩来总理批示，正阳门城楼和箭楼得以保留。1949 年后，正阳门曾被北京区卫戍占用，1980 年代腾退。

正阳门在砖砌城台上建有城楼，占地 3047m^2，城台高 13.2m，南北上沿各有 1.2m 高的宇墙。城台正中辟有券门，门内设千斤闸。城楼高两层，为灰筒瓦绿琉璃剪边，重檐歇山式三滴水结构。城楼的楼上、楼下均四面有门。面宽七间（41m）、进深三间（21m），上下均有回廊。楼身宽 36.7m，深 16.5m，高 27.3m。整座城楼的整体高度为 42m，在北京所有城门中最高的一座。

正阳门城楼南设有箭楼，占地 2147m^2，为砖砌壁垒式建筑。顶部为灰筒瓦绿琉璃剪边、重檐歇山顶。箭楼上下共有四层，南边为楼，北边为抱厦；南侧面宽七间，宽 62m，进深 12m；楼高 26m，连城台通高 38m，也是北京所有箭楼中最高的一座。箭楼设四层箭孔，每层 13 孔（内城其余八门箭楼为每层 12 个箭孔），东西各设 4 层箭孔，每层 4 孔。正阳门箭楼形式比较独特，一直被看成是老北京的象征。

箭楼与城门楼之间为瓮城，宽 108m，深 85m，东西设有两座闸楼，于闸楼下开券门，门内也有千斤闸。平时箭楼及东闸楼下的城门关闭，出入百姓绕行西闸楼下券门。

▲正阳门（右）与箭楼（前门）

▲箭楼（前门地铁站）

天坛

天坛，位于北京天安门的东南面，是明清两代皇帝祭祀天地之神和祈祷五谷丰收的地方。它严谨的建筑布局、奇特的建筑结构、瑰丽的建筑装饰，被认为是我国现存的一组最精致、最美丽的古建筑群。天坛，不仅是我国古建筑中的明珠，也是世界建筑史上的瑰宝。1998 年 11 月被列入《世界遗产名录》。

天坛，东西长 1700m，南北宽 1600m，总面积为 273 万平方米，约等于故宫 4 倍。

它包括圜丘和祈谷两坛，两坛之间，用墙相隔，并由一座长 360m、宽 30m 的石桥相连接。围墙分内外两层，呈回字形。北围墙为弧圆形，南围墙与东西墙呈直角相交，为方形。这种南方北圆，通称“天地墙”，象征古代“天圆地方”之说。外坛墙东、南、北三面均设有门，只有西边修两座大门——圜丘坛门和祈谷坛门（也称天坛门）。而内坛墙四周则有东、南、西、北四座天门。内坛建有祭坛和斋宫，并有一道东西横墙，南为圜丘坛，北为祈谷坛。

▲天坛祈年殿

▲祈年殿内景一角

祈谷坛上为天坛主体建筑祈年殿，每年皇帝都在这里举行祭天仪式，祈祷风调雨顺、五谷丰登。祈年殿呈圆形，直径 32m，高 38m，是昔日北京的最高建筑之一。祈年殿建于明朝永乐十八年（1420 年），取名大祀殿，1545 年，遵照明代嘉靖皇帝旨意，在大祀殿原址上建成大享殿。而清朝皇帝用它来举行祈谷礼，1751 年，正式将大享殿更名为祈年殿。

祈年殿的鎏金宝顶三层出檐的圆形攒尖式屋顶，覆盖着象征“天”的蓝色琉璃瓦，层层向上收缩，檐下的木结构用和玺彩绘，坐落在汉白玉石基座上。它的结构十分独特，不用大梁和长檩，檐顶以柱和枋桷承重，中央的 4 根龙井柱高 19.2m，代表一年四季，外围两排各有 12 根柱子，分别代表 12 个月和 12 个时辰。祈年殿建于高 6m 的三层汉白玉石台基座上，使该大殿产生高耸云端的磅礴巍峨气势。

回音壁，就是皇穹宇的围墙。墙高 3.72m，厚 0.9m，直径 61.5m，周长 193.2m。墙壁是用磨砖对缝砌成，墙头覆着蓝色琉璃瓦。围墙的弧度十分规则，墙面极其光滑整齐，对声波的折射十分规则。只要两个人分别站在东、西配殿后 100~200m 远处，一人靠墙向北说话，无论说话声音多小，声波都会沿着墙壁连续折射前进，可使对方听得清清楚楚，而且声音悠长，甚为奇妙！

北海公园

北海公园，位于北京市中心区、城内景山西侧，在故宫的西北面，与中海、南海合称三海。它始建于辽代，这里原是辽、金、元建离宫，明、清辟为帝王御苑，是我国现存最古老、最完整、最具综合性和代表性的皇家园林之一，也是世界上现存建园时间最早的皇家宫苑。北海公园的布局，以琼华岛为主体，在岛的顶端建有标志性建筑永安寺白塔，与南岸的团城、北岸的宫苑群遥相呼应，相互借景，构成园林的南北中轴线。1925 年开放为公园，它是全国重点文物保护单位，是国家 4A 级旅游景区。

▲北海公园

北海公园，占地面积 68.2 万平方米，其中水面 38.9 万平方米。北海在规划理念上遵循的是中国传统的“一池三山”的神话传说，琼岛象征“蓬莱”、团城象征“瀛洲”、中南海里的犀山台象征“方丈”、北海的水面是“太液池”。整体布局体现了自然山水和人文园林的艺术融合，有燕京八景之中的两景“琼岛春阴”和“太液秋风”，主要景观由琼华岛、团城、北岸景区组成。环湖垂柳掩映着濠濮间、静心斋、天王殿、快雪堂、九龙壁、五龙亭、阐福寺、小西天等众多著名景点。公园内有各种游船娱乐项目，常年举办各种展览，成为中外游客游览的最佳场所。

颐和园

颐和园，是世界著名的皇家园林，它地处北京西北郊外，距市中心约 15km，旧称“清漪园”。1888 年重建，改名“颐和园”，耗费白银 3000 万两，历时 10 年。颐和园，主要由万寿山和昆明湖组成，占地面积 290.8km^2，而昆明湖面积约 220km^2，占总面积 3/4。园内建筑以佛香阁为中心，共有亭、台、楼、阁、廊、榭等不同形式的建筑 3000 多间。全园大体分为三个区域：以仁寿殿为中心的行政区，是当年慈禧太后和光绪皇帝坐朝听政、会见外宾的地方。仁寿殿后是三座大型四合院：乐寿堂、玉澜堂和宜芸馆，分别为慈禧、光绪和后妃们居住的地方。宜芸馆东侧的德和

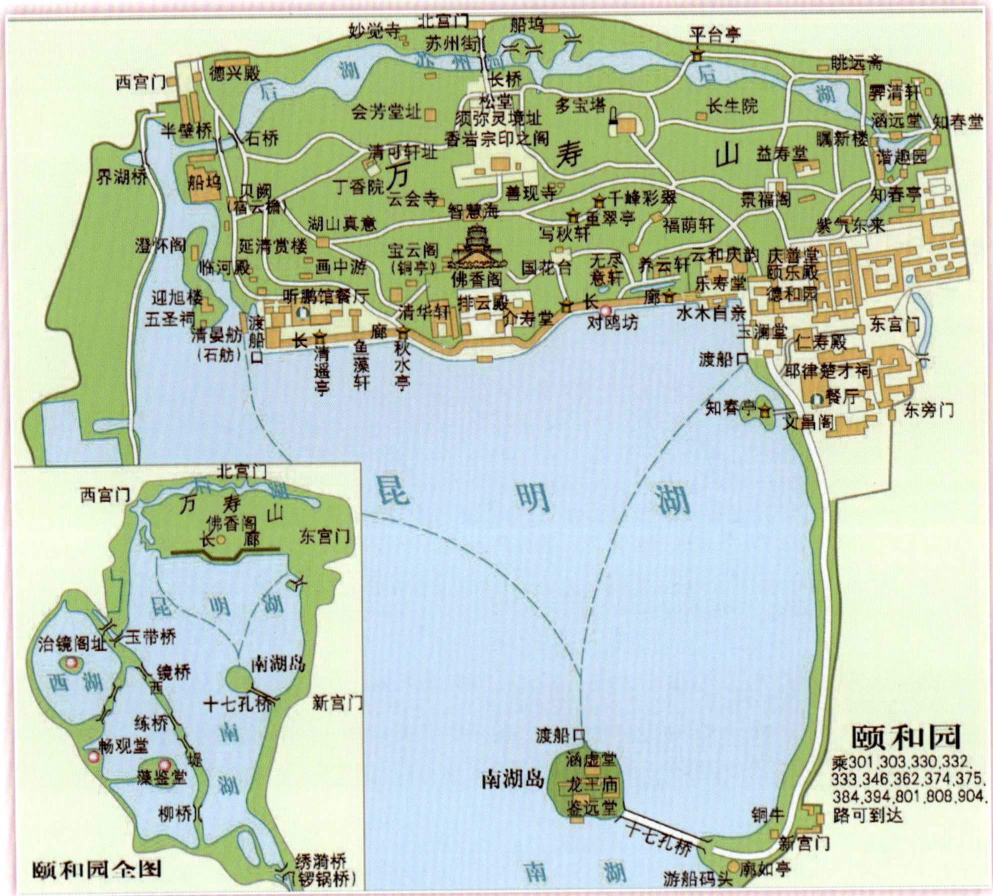

▲颐和园平面图

▲颐和园万寿山

▲佛香阁与昆明湖浓雾中的颐和园

园大戏楼，是清代三大戏楼之一；以乐寿堂、玉澜堂和宜芸馆为主体的生活居住区；以万寿山和昆明湖等组成的风景游览区。整个景区规模宏大，是集中国园林建筑艺术之大成的杰作。

颐和园，始建于公元1750年，佛香阁位于在万寿山前山中央部位的山腰，建筑在一个高21m的方形台基上，是一座八面三层四重檐的建筑，阁高41m，阁内有8根巨大铁梨木擎天柱，结构复杂，为古典建筑精品。原阁1860年被英法联军烧毁后，1891年（清朝光绪十七年）花了78万两银子重建，1894年竣工，是颐和园里最大的工程。阁内供奉着“接引佛”，供皇室在此烧香。其亭台、长廊、殿堂、庙宇和小桥等人工景观与自然山峦和开阔的湖面相互和谐、艺术地融为一体，堪称我国风景园林设计中的杰作。1988年12月2日被列入《世界遗产名录》。

颐和园自万寿山顶的智慧海向下，由佛香阁、德辉殿、排云殿、排云门、云辉玉宇坊，构成了一条层次分明的中轴线。山下是一条长728m的“长廊”，长廊枋梁

▲佛香阁

▲长廊

▲颐和园石舫

▲颐和园内十七孔桥

上有彩画14000多幅，内容包括了山水风景、花鸟鱼虫、人物典故等，号称“世界第一廊”。在长廊西端湖边，是一条大石船，名为“石舫”，长36m，船用大理石雕刻堆砌而成。船身上建有两层船楼，船底花砖铺地，窗户为彩色玻璃，顶部砖雕装饰。下雨时，落在船顶的雨水通过四角的空心柱子，由船身的四个龙头口排入湖中，设计十分巧妙。长廊旁边，面对着碧波荡漾的昆明湖，它的西堤是仿照西湖的苏堤建造的。在东堤和南湖岛之间，有一座十七孔桥，用以连接堤岛，它是园中最大石桥。石桥宽8m，长150m，由17个桥洞组成。石桥两边栏杆上雕有大小不同、形态各异的石狮500多只。铜牛位于昆明湖东岸、十七孔桥东桥头北侧，1775年用铜铸成，称为“金牛”，它是为镇压水患而设置的。万寿山的后山、后湖古木成林，环境幽雅，有藏式寺庙、苏州河古买卖街。后湖东端有仿无锡寄畅园而建的谐趣园，小巧玲珑，被称为“园中之园”。

总之，颐和园整个园林艺术构思巧妙，在中外园林艺术史上地位显著，是举世罕见的园林艺术杰作。

圆明园

圆明园，位于北京市区西北的海淀区，与颐和园紧毗邻。它始建于康熙46年（公元1707年），由圆明园及其附园长春园和绮春园（后改称万春园）组成，通称为“圆明三园”。圆明三园占地350hm^2，约合5200亩。圆明园规模宏伟，有园林风景百余处，建筑面积约16万平方米，融合了各式园林风格，运用了各种造园技巧，再现诗画意境，是清朝帝王在150余年间创建和经营的一座大型皇家宫苑，被大多数园林学家认为是我国园林艺术史上的顶峰作品，也是我国古典园林平地造园、堆山理水集大成的典范。在清朝时期，一些外国传教士参观圆明园之后，将其称作“万园之园”。

▲北京圆明园遗址之一

▲北京圆明园遗址之二

1860年，圆明园在第二次鸦片战争中被英法联军焚毁，此事件成为我国近代史上的一页屈辱史。此后，它历经战乱劫掠，现时仅存遗址。在政府成立圆明园管理处后，开始实施保护与利用。1979年被列入文物保护单位；1988年，被国务院公布为第三批全国重点文物保护单位。圆明园遗址的中部和东部成立了圆明园遗址公园，2008年7月29日，圆明园管理局宣布开放九州景区。至此，圆明园开放了全园面积的4/5。

国家体育场——“鸟巢”

国家体育场，位于北京朝阳区奥林匹克公园，是2008年北京奥运会的主场馆，由于造型独特，又俗称“鸟巢”。体育场在奥运会期间设有10万个座位，承办该届奥运会的开、闭幕式，以及田径与足球等比赛项目。奥运会后座位数减至8万个。

在2002年，北京市规划委员会举办了2008年北京奥运会主场馆的全球方案征集活动。由普利兹克奖获得者瑞士建筑大师赫尔松(Herzong)·皮埃尔·德麦隆(Pierre Demeuron)和中国建筑设计研究院总设计师李兴刚合作完成的。“鸟巢”方案在众多作品中脱颖而出，成为评审委员会选出的3个“优秀方案”之一，最后以压倒性票数获胜，成为2008年北京奥运会的主场馆。

国家体育场，长330m，宽220m，高度为69.2m，占地25万平方米。采用钢材4.5万吨，耗资35亿元。该体育场于2003年12月破土动工，2004年3月正式开工。但因庞大的建筑经费而不得不于2004年8月暂时停工。经过一连串的讨论与修改，原计划中体育场的可开启上盖被删除并扩大开口、取消大部分地下车库，节省3亿元和2000t钢材，节省了成本和减轻了场馆的负荷。最终，体育场于2005年初恢复开工。

在2005年11月15日，体育场的混凝土主体结构封顶。2006年8月31日，钢结构立面次结构的26个合龙焊口全部完成焊接。同年9月17日，体育场钢结构卸载顺利完成，共消耗14000t钢材，安装了78个负载点；其中，最大的负载点的负荷量为320t。3个月后，钢结构吊装工程也全部完成，共动用了24台吊车，1209人参加。至2008年6月28日，“鸟巢”正式竣工。

2008年北京奥运会后，在2009年4月2日，国际巨星成龙宣布5月1日在国家体育场举行“龙的传人”演唱会，成为史上在“鸟巢”举办演唱会的首位歌手。中国音乐家协会、北京中信联合体体育场运营公司、中国对外演出公司联合宣布：从2009年开始，每年6月30日，都在国家体育场举办“中国北京鸟巢夏季音乐会”。活动丰富，不一而足。

▲北京奥林匹克公园内“鸟巢”全景

▲“鸟巢”近景

▲“鸟巢”内景

▲“鸟巢”内的观光人潮(2008年10月)

国家游泳中心——“水立方”

国家游泳中心，俗称“水立方”，是2008年北京奥运主要的水上项目比赛场馆，位于北京奥林匹克公园内。奥运期间用以游泳、花样游泳与跳水赛事之用，耗资10.2亿元。国家游泳中心虽然被叫做“水立方”，但实际上并非立方体，而是长方体。

国家游泳中心的总建筑面积为6.5~8.0万平方米，地下部分的建筑面积不少于15000m^2。它的内部，除设多个游泳池、跳台、永久座席6000个、临时座席11000个外，还包括随队官员区、竞赛管理区、贵宾区与媒体区。北京奥运会期间，水立方中进行的各项赛事，共打破25项世界纪录。奥运会后，水立方内部一半被改造成水立方嬉水乐园。

国家游泳中心，是一座唯一由港澳台人士、华侨等华人捐资建造的场馆。该比赛场馆由澳大利亚PTW公司、ARUP公司、新南威尔士大学城市建筑学院、中建国际(深圳)设计公司联合设计。该工程于2003年12月24日正式展开。2006年8月3日，它的外部钢支架工程完成，并开始安装大小不一的“气泡”——膜结构外墙；9月17日，钢结构安装顺利完成；两个月后，634个气枕安装全部完成；直到12月26日，外层膜结构封闭完成。2008 年 1 月 29 日，“水立方”正式竣工，在奥运会用于外围赛和“好运北京”测试赛。

从国家游泳中心表面看，它好像一个装满水的立方体，在外墙上安装了面积大小不一、镀点不同的膜结构。当中，共采用了 3000 多个膜结构以覆盖 10 万平方米的外墙；而膜结构的镀度不一，可使光折射角度改变，降低场馆室温并节省电能。

为了让它看起来像是一个个泡泡，设计团队采用聚四氟乙烯膜，先将 3000 多个聚四氟乙烯膜气枕，铺设于水立方建筑物上，再透过管线充气，并以电脑监控，使气泡维持最佳状态。聚四氟乙烯膜运用在建筑外观的优点是容易清洁，能防腐蚀并可散热，透光性强，且形体轻盈，不需要厚重钢架支撑。

▲国家游泳中心——“水立方”

▲梦幻“水立方”内景一角

万里长城

长城，始建于春秋战国（公元前 770—476 年），今存者为明代所修建。西起甘肃嘉峪关，东到辽宁丹东鸭绿江畔的虎山口，横亘甘肃、宁夏、陕西、山西、蒙古、河北、辽宁等地。沿线险要或交通要冲都设有关口，如山海关、居庸关、娘子关等，简称为长城。现存的长城遗址，主要是始建于 14 世纪的明长城，它跨越北京、天津、青海、山东、内蒙等 15 个省市自治区，总计有 43721 处长城遗产。

长城，是有史以来唯一在太空中可见到的三度空间建筑物。以现代科技来修筑都不容易，而我国竟能于 2000 多年前的春秋战国时代建造，实在难得。长城的建筑材料，是就地取材，各地颇不相同，汉代曾以泥和芦苇修筑长城。长城体积也各不相同，以居庸关一带来说，高约 8.5m，下部宽 8.5m，上部宽约 5m；每隔 70~100m 有一堡寨（相当于城楼），高约 12.3m，多数堡寨是一重的，要害之地则置两、三重。长城东段经过山地或丘陵地，古称“堑山堙古”“用险制塞”，起伏蜿蜒，形式雄伟；

中段、西段都在干燥区域，人烟稀少，景色荒凉。如果登临其间的雁门关、居庸关、古北口或山海关，遥望我国山川的伟大形势，叹服于先民开疆拓土的艰难，激起了无限的雄心壮志！2000 年 12 月 26 日，作者夫妇，年届花甲，不用拐仗，携手登上了八达岭长城段当年被视为最高点的第四级“峰火台”上，甚感欣慰与自豪，实现了“不到长城非好汉”的梦想！

万里长城的修筑，至今已有 2000 多年的历史，其中尤以秦、汉、明三时期的修筑规模最大。

公元前 221 年，秦始皇灭亡六国，统一中国。公元前 214 年，秦始皇派将军蒙恬率领 30 万人攻击匈奴，占据河套，并开始把秦、赵、魏、燕各国修筑的旧城墙连接起来，从临洮到辽东绵延万里，从此开始有“万里长城”之称。秦长城，对于抵御匈奴的骚扰、保障中原生产生活的安定和垦殖北方土地，起到了重要的作用。秦始皇为了修筑长城，动用了 30 万人，创造了人类建筑史上的奇迹。不过这一繁重的修筑工程，也给当时的人们带来了极大的痛苦，通过“杞梁妻”以及孟姜女的民间故事可见一斑。现在临洮附近，阴山、大青山一线，都有秦长城遗迹残存。

至西汉时，继续对长城进行修建，以抵御北方匈奴的侵袭。从汉文帝到汉宣帝，先后筑成了一条西起大宛二师城、东至朝鲜平壤南部大同江入海口、全长近 1 万千米的长城。汉长城是历史上最长的长城。随着吉林省通化县境内新近发现 11 处秦汉长城遗址，秦汉长城的东北界限进一步北扩。东汉亦筑长城，但规模较小。

到了明朝，从明太祖洪武至明神宗万历，经过先后 20 次大规模的修建，以牺牲累计约 200~300 万人为代价，在累计 200 年时间内筑成了一条西起甘肃嘉峪关、东至山海关、全长 6350km 的长城，这也是现在所见的大部分长城。

2009 年 4 月，国家测绘局和国家文物局最新的完整考古研究报告显示：明长城全长 8851.8km，其中人工墙体的长度为 6259.6km，壕堑长度为 359.7km，天然险的长度为 2232.5km，墙体平均高 6~7m、宽 4~5m。

▲北京八达岭万里长城

▲北京万里长城

▲万里长城上蜂拥而至的人潮

恩情友情深似海

作者在北京朝阳区管庄原中国建筑材料工业部水泥研究院（现中国建筑材料科学研究总院）自动化室，曾经工作和生活了14年(1956年9月~1960年11月)，期间作者的业务水平得到了提高，为作者创造了很多良好的机遇，积累了非常宝贵的经验；至今作者仍与许多已有90多岁高龄的老前辈、老领导、老同事以及同龄人和亲朋好友，保持着亲密的联系。这种崇高的、真挚的恩情与友情，是多么的深厚与可贵啊！因此，纵使作者至今在大洋彼岸的美国生活与工作了20多年，对北京仍然是情有独钟，永不忘怀！

▲中国建筑材料科学研究总院

▲西楼（作者曾在三楼302等办公室工作）

▲与离别38年后的老同事和老同学留影(2008年10月)

上海 SHANGHAI

上海市，简称沪，或称申，是我国直辖市和国家中心城市，也是世界上最大的城市之一，市区总人口位列世界第一。上海是我国的经济和工商业中心，地区生产总值居大中华区城市第一位、亚洲城市第二位。上海市最重要的产业为商贸流通、金融、信息、制造等。上海也是我国的铁路与航空枢纽，其港口为世界最大的集装箱港。上海正致力于建设成为国际经济中心、国际金融中心、国际贸易中心及国际航运中心。

上海位于我国东部弧形海岸线的正中间，地处长江三角洲最东部，东临东海，隔海与日本九州岛相望；南濒杭州湾；西部与江苏、浙江两省相接；最北部为处于长江入海口的崇明岛。上海是我国人口最多的城市之一，常住人口逾 2380 万，其中本地户籍人口为 1426 万人，约占总人口数的 60%。江南的吴越传统与各地移民带入的多样文化融合，逐渐形成了特有的海派文化。

先秦至元代，上海逐渐成为粮、盐产地。明代起，上海发展为重要的棉纺织基地。1843 年上海开埠后，移民从各地涌入，上海凭借独特的地理和政治环境迅速崛起，对我国近现代科技文化与工商业发展产生了很大影响，在我国近代史上有重要地位。中华民国时期，上海是亚洲最大的城市、我国最重要的工商业中心，有“东方巴黎”的美誉。中华人民共和国建立以后，上海是我国大陆地区最重要的工商业与制造业基地。1990 年起施行的浦东开发开放政策，使得上海经济快速发展，并于 2005 年设立国家综合配套改革试验区。2013 年 9 月 29 日，上海自贸区正式挂牌成立。这是我国大陆第一个自由贸易区，将为上海带来十年发展红利。上海被英国拉夫堡大学“全球化和世界城市”研究小组评为“Alpha+”级的世界城市，也是我国大陆地区唯一一个人类发展指数超过 0.9 的省级行政区。2010 年，上海市成功举办了第 41 届世界博览会。

上海，地处长江三角洲冲积平原前缘，是我国海岸线的中心位置。全市面积 6340.5km^2，南北最长处约 120km，东西最宽处约 100km，其中市区面积为 2648.6km^2。上海市全境为冲积平原，仅西南部有部分火山岩丘。海拔平均高度在 4m 左右，地势平坦，略呈东高西低，山脉少而低小。东部沿海由长江不断携带入海的泥沙沉积而成，崇明、浦东等地的面积依旧在增长中，西部有佘山、天马山等，但高度都在 100m 以下。上海市最高点是位于杭州湾内的大金山岛，海拔 103m。

上海的气候类型属于亚热带季风气候，四季分明，日照充分，雨量充沛。气候温和湿润，年平均气温 15.7℃。春（4~5 月）、秋（10~11 月）较短，冬（12 月 ~ 次年 3 月）、夏（6~9 月）较长，有春雨、梅雨、秋雨三个雨期，因而 5~9 月为上海的汛期，降水量达全年的 60% 左右。每年的 7 月进入伏旱天气，较之日常月份显得潮湿酷热。每年 1 月为全年最寒冷的季节，平均气温 3.5℃。受北方蒙古高原和西伯利亚的冷空气影响，有时会出现霜冻现象；如遇强冷空气来袭并恰逢暖湿气流，上海也会出现雨夹雪或降雪天气。

上海，地处江南水乡，位于长江入海口，亦不处于主要地震带上，因此如地震、洪水以及地质类灾害鲜有发生。上海市境内河道纵横，曾经为鱼米之乡，大陆东侧的海岛上拥有大片湿地和滩涂，是候鸟重要的栖息地和上海重要的生态屏障。由于地处东南沿海，位于西太平洋台风行经路线上，每年夏天和初秋时节常会有来自太平洋上的热带气旋（台风）过境或影响，造成大风、高潮及暴雨。

随着经济发展及外来人口大量涌入，上海也正面临种种环境污染问题，空气污染与噪音污染时常被市民投诉，也出现了环境污染损害市民健康的事件。上海是一个典型的水质型缺水城市，由于水质的逐步恶化，自来水厂的水源地屡次搬迁。另外，上海属于软土地基，过量开采地下水、修建高层建筑和地下设施等原因导致了地面沉降。上海市对于所出现环境问题采取了许多相应的改善措施。市区汽车鸣喇叭已用法律进行规范，高架旁则树立了隔音屏以降低对居民住宅的影响。曾受污染严重的苏州河，自 1990 年代以来进行了三个阶段的大规模治污工程，污染现已基本消除，河流生态亦得到恢复。对于地下水的过度开采，则采用自来水回灌的手段达到基本平衡，但是地面依旧以每年 6mm 的速度沉降。

上海市现辖 16 个市辖区、1 个县，下辖 98 个街道、108 个镇、2 个乡，细分为 3914 个社区和 1613 个村。其中黄浦、徐汇、长宁、静安、普陀、闸北、虹口、杨浦为传统中心城区，现今包括浦东部分区域在内的外环以内地区亦属上海中心城区范畴。据 2001 年的统计，上海市区面积约占全市总面积的 50%（其中中心城区占 4%，城乡结合区占46%)，市区人口占总人口的80%以上。

上海市人民政府在1949年5月成立时，总辖区面积仅为现在的1/10。今日的市域大致位于外环线以内，面积663.5km^2。1958年，江苏省10个县划归上海市，基本形成当今的辖区范围。1988年开始，除崇明外其余郊县撤县建区。2000年，浦东新区人民政府正式成立，是我国第一个副省级区。市中心区的行政区划则几经改变，形成现在八个区的格局。

浦东新区

“浦东”，顾名思义，即为“浦西”之对应，它的范围包括黄浦江以东到长江口之间的区域，西南面与奉贤区、闵行区接壤，西面与徐汇区、黄浦区、虹口区、杨浦区、宝山区等六区隔黄浦江相望，东北面与崇明县隔长江相望。全区面积1429.67km^2，2012年常住人口518.72万人，是上海市人口最多的行政区。

1990年4月18日，中华人民共和国政府作出浦东开发开放的决策，并于1992年10月11日批准设立浦东新区行政区划，在浦东进行了一系列大型开发建设。2009年5月，原南汇区并入浦东新区，使得浦东新区成为上海市第二大的行政区。当前，浦东新区是我国大陆经济产业最发达的地区之一。

浦东新区，位于上海市陆地部分最东处，西隔黄浦江与浦西上海老城区相望；北扼黄浦江汇入长江的吴淞口；东临长江口；东南部的南汇嘴地区是上海市陆地最东端；往西与闵行、奉贤陆地接壤；西南与杭州湾相邻。浦东新区有100多公里长的海岸线，其中外高桥临江面海，是天然的深水良港。浦东新区土地资源丰富，仅有1/5的下辖土地已经完成城市化，农村地区面积约占80%。浦东新区也有丰富的海涂资源，沿海海岸滩地由于长江口淤泥常年堆积，每年可外移扩展数十米，滩涂盛产秧草、芦苇，且为上海提供了天然的新生土地资源，可围涂造地。

黄浦江，是流经浦东新区境内最宽大的河流，也是上海市境内最大的河流，被称为“上海的母亲河”，宽约300~700m，终年不冻，是上海的重要水道。黄浦江市区段水深10m左右，最深处17m左右，曾是上海航运业的核心水道，有著名的十六铺码头。现今浦东新区核心的陆家嘴金融贸易区，以及塘桥、南码头、洋泾、金杨等传统居民区均是沿着黄浦江而建。从二十世纪起，黄浦江这条黄金水道不可替代地承担着上海城市工业发展的支持功能，引领上海确立了在我国经济发展史上的重要历史地位。

浦东新区，还有不少中小型水道。川杨河是位于上海市的一条人工河。其东出三甲港水闸入长江口，西经杨思港水闸通黄浦江，全长 28.77km，河宽 70m。川杨河沟通了浦东境内被钦公塘所分隔的两大水系，并使周边 35 万亩农田受益。同时也成为了重要的水上运输通道。浦东运河与赵家沟、张家浜、川杨河、江镇河 4 条东西向干河相交接，增强了川沙县排蓄水能力和航运能力。此外，还有大治河、张家浜、白莲泾、三八河等用于灌溉、景观的小型河流。浦东新区境内的主要湖泊多为人造或人工扩建。滴水湖位于南汇东南部，是浦东新区规模最大的湖泊，也是一个人工湖泊。它紧邻海滨，夏天酷暑难耐之时，滴水湖附近的气温有时可以比上海市中心低 10℃，是上海市不可多得的避暑和观景之地。

▲上海浦东陆家嘴风光

东方明珠广播电视塔

东方明珠广播电视塔，简称“东方明珠”，又名上海广播电视塔，位于上海市浦东陆家嘴，与外滩隔黄浦江相望。东方明珠，由华东建筑设计研究院设计，1991 年动工，1994 年落成，总高 468m。在 1994—2007 年间，是我国大陆地区的最高建筑，2007 年被上海环球金融中心超越。东方明珠自落成以后，便成为上海天际线的组成部分之一，是上海的地标性建筑，同时也是国家 5A 级旅游景区。

1991 年 12 月 14 日，上海广播电视塔开工打桩，由上海建工集团一公司负责主要施工，工业设备安装公司、基础工程公司、机械施工公司、建工材料公司等共同参建。至 1993 年 12 月 14 日，电视塔已经完成主体结构并加速各球体的安装。翌年 4 月 20 日起，高达 118m 的发射天线开始装吊，至 5 月 1 日，天线到达预定位置。11 月 18 日，东方明珠开始对外试营业，但观光层和太空舱并不属于试营业范围。1995 年 5 月 1 日，正式举行落成和发射典礼，同时观光层也对外开放。

▲上海东方明珠

▲上海东方明珠入口大门前

▲从东方明珠下球体向下眺望对岸外滩美景

东方明珠，由三个相距 7m、呈品字形排列的圆筒体和三个与地面成 60°、直径达 7m 的斜撑构成主体，期间排列贯穿了 11 个大小不等的球体。圆筒体直径 9m，内置 6 部高速运行的电梯及管线，由钢筋混凝土筑成。11 个球体为球形钢空间网架结构，并采用国产新型铝蜂窝金属幕墙板贴面围护。最底层为混凝土基座，观光层、客房、餐厅、展览馆、广播电视发射设备分布于球体和基座内。

▲从东方明珠下球体向下眺望金茂大厦风光

东方明珠的基层为零米大厅，主要为广播电视塔的入口，同时也包含上海城市历史发展陈列展示馆。展览面积达 $10000m^2$，主要展现自上海开埠以来的城市风情和发展概况。

东方明珠的圆筒形结构，通过小球形成一个个独立区段。圆筒内设置有双层电梯一部，速度达到 4m/s，可容纳 50 人；两部速度达 7m/s、可容 30 人的电梯，40s 内直达上层球体；两部可容 30 人、运行速度为 4m/s、分层停留的电梯；最后在 250~341m 区间运行一部容纳 8 人、速度为 2.5m/s 的电梯。

东方明珠，主要分下、中、上和太空舱 4 个部分。下球球体直径达到 50m，位于 100m 的高空，主要为观光平台；中球体总计 5 个，直径为 12m，内部主要为空中客房，分布于 118~210m 的高空；上球体，位于 250 余米的高空，球体内主要安装了广播电视发射机房。另外，263m 处再设置一观光层，267m 处为著名的东方明珠旋转餐厅，转速为每小时一圈，可容纳 1600 人。自 2009 年 5 月 1 日起，在 259m 高空的球体内，增设一个环形玻璃观光通道，称之为“悬空观光廊”。整个通道采用钢结构，玻璃敷设地面与墙体，游客行走于其中，可以透过地面和外墙俯视黄浦江和陆家嘴地区的风貌；最上部为太空舱，为一个直径 16m 的球体，设置有高级观光层、会议厅和咖啡馆。一旦大气透明度允许，可在太空舱内隐约看见长江口、崇明岛甚至远郊的佘山。

世纪公园

世纪公园，曾为浦东中央公园，位于上海市浦东新区花木行政文化中心，是上海内环线中心区域内最大的富有自然特征的生态型城市公园。

▲上海世纪公园 (2004 年)

世纪公园，总体规划方案由英国 LUC 公司设计，占地总面积 140.3hm^2，总投资 10 亿元。设计思想体现了中西方园林艺术和人与自然相互融合的理念。公园以大面积的草坪、森林、湖泊为主体，建有乡土田园区、湖滨区、疏林草坪区、鸟类保护区、异国园区和迷你高尔夫球场等 7 个景区，以及世纪花钟、镜天湖、高柱喷泉、南国风情、东方虹珠盆景园、绿色世界浮雕、音乐喷泉、音乐广场、缘池、鸟岛、奥尔梅加头像和蒙特利尔园等 45 个景点。园内设有儿童乐园、休闲自行车、观光车、游船、绿色迷宫、垂钓区、鸽类游憩区等 13 个参

▲上海世纪公园绿色世界浮雕

▲上海世纪公园菊花展一角

与性游乐项目，同时设有会展厅、蒙特利尔咖啡吧、佳盅苑、世纪餐厅、海纳百川文化家园和休闲卖品部。

世纪公园位于世纪大道的一端，毗邻浦东新区政府和上海科技馆。地铁二号线纵穿过世纪公园，并在两端分别设上海科技馆站和世纪公园站。

上海人民公园

上海人民公园，位于上海的市中心地带。东临21世纪展示馆、南京东路步行街；西接大剧院；北与国际饭店、新世界商厦相望，南接人民广场，素来享有“城市绿肺”之美称。人民公园及人民广场成了全市政治活动、庆祝活动的中心，而人民公园成为上海人游量最多、活动内容丰富的市级公园。

上海人民公园所在地，原为跑马厅，1950年9月7日，当年上海市陈毅市长，就把它的南半部建造为人民广场，把北半部改造为人民公园。1952年改建后的人民公园面积为260亩，四周小河环绕，河上有10座小桥，桥旁各式凉亭、石亭、茅亭造型优美，游人可以船代步，畅游全园。公园内设有儿童园、划船、钓鱼、西菜小吃、茶室等设施。1953年，公园修整时，在公园的南部新增辟了一个荷花池，池上还装了喷泉。20世纪60~80年代，几经时代变迁，人民公园的地形、地貌、面积开始变化，面积逐渐减少到180亩。进入新世纪后，随着城市建设的整治日益规范，为使公园的环境面貌跟上城市建设的步伐，使之真正成为市中心的绿色明珠，同时展现海派园林特色。1999年，上海轨道交通2号线通车，设人民公园站，后更名为人民广场站。自2000年2月起，人民公园实施全面综合改造，并于同年7月1日正式对外开放。

▲上海人民公园

▲上海人民公园东北角的新世界城（右）

人民公园总面积10万平方米，园内以植物造景为主，提倡生物多样性，注重植物新品种引进，大量布置花灌木和色叶木。园内既有海棠园、翠碧湖、荷花池、西山瀑布等传统景观区域，又有玉兰园、百花园等色彩鲜艳、情调浪漫的现代景观区域，是一座具有综合性休闲功能的公园。东面活动区，以活动内容为主，内设有儿童园、健身锻炼场、茶室、草地、花坛等；西区游览区，地形复杂多样，有假山、水池、水榭等，以静观为主，供游客休息、游览、散步、欣赏风景、荷花观鱼等；花卉展示厅，使用面积 2000m^2，是一座具有现代气息的建筑，设计采用全透明现代幕墙式建筑，与大剧院和 21 世纪展示厅等景观建筑相呼应，形成一个和谐的整体；健康乐园，是一个椭圆型的石池，说它是石池，因为里面密密麻麻地铺满了鹅卵石，据说踩石走路可以按摩足底穴位，有益身体健康。在这片石池旁，竖立着一块特别的石头，它就是中国南极探险队队员从南极的乔治岛带回来的，很珍贵！大三角绿地，属于人民公园的附属景观绿地，设于轨道交通人民广场站上方，在这里可以欣赏南京路以及西藏中路的人流、车流、高楼等景观。

上海人民广场

上海人民广场，位于上海市黄浦区，是上海的政治、经济、文化、旅游中心和交通枢纽，具有“城市绿肺”的美誉，也是上海最重要的地标之一。人民广场总面积达 14 万平方米，过去作为全市人民游行集会的场所，可容纳 120 多万人。

1951 年 8 月 28 日，上海军管会宣布收回跑马厅。9 月，上海市人民政府将跑马厅改建成人民公园和人民广场。1954 年 5 月 31 日，跑马总会所有建筑物由人民政府接管，跑马总会大楼改为上海图书馆。1957 年在黄坡北路 190 号兴建上海体育宫。以后又在广场北侧修建了上海市人大办公楼（后重建为上海市府办公楼——人民大厦）、南侧为上海博物馆、东北侧为上海城市规划展示馆等建筑。人民大道穿越其中，广场两侧各设 17m 宽的绿化带，绿化总面积达 8 万平方米。1992 年 9 月 14 日，人民广场综合改造工程开工。1997 年，上海体育宫动迁至大渡河路 1860 号，原址被建为上海大剧院。1997 年，上海图书馆迁至淮海中路新馆，上海美术馆进驻原跑马总会大楼。

人民广场新培植绿化的布局以中心广场喷水池为圆心，逐渐向外展开。中心广场位于人民大道南侧、博物馆北侧，面积 3844m^2，广场的中央是 320m^2 的圆型喷水池，为三层 9 级下沉式，这是国内首创的大型音乐旱喷泉，红、黄、蓝三色玻璃台阶组成彩色光环，创造出美丽壮观、富有吸引力的新景观。喷水池中央凸现上海的版图，喷水池四周是 4 座紫铜花坛，用花岗石制成的 44 只石鼓灯“蹲”在中心广场上。中心广场的东西两侧有 2 个小广场，东面为旭日廊，形成旭日广场；西面为明月廊，形成明月广场。绿化带主要种植香樟、雪松、日玉兰及其他常绿灌木，总量达 40 万株，在人民广场外围拉起了长青的“手”。13hm^2 的广场，仅绿化就占了 8hm^2，使广场成为上海最大的园林广场。每天清晨，广大市民纷纷来到人民广场绿化地带练功、舞剑、打太极拳。中心广场喷水池更成为上海最大的免费舞池，常有数十对舞伴在此翩翩起舞。

▲上海人民广场及周边景观

人民广场地铁车站，坐落在人民广场的东侧，横卧在地下 14m 处，全长 368.9m，其中车站长度为 186m，总建筑面积 17.61 万平方米。整个车站分上下两层，上层为集散厅，分设 5 个出入口，下层为站台。车站的照明以人造自然光的嵌入式灯具为主，走入车站宛如进入精美绝伦的地下艺术殿堂。人民广场地铁车站是地铁一号线、二号线和八号线的交汇集散中心，在它的西侧，未来的三号线将与之擦肩而过，为上海最重要的地下交通枢纽之一。

人民广场地下商城，是我国目前最大的地下商业中心，总面积 3 万余平方米，包括地下商业街和地下商场，有两个地面出入口、两架自动扶梯和四座人行扶梯。从人民广场东南端的草坪旁，乘自动扶梯下到 8m 以下的下沉式广场，步入地下商业街。这是条长 300m、宽 36m 的长街，两旁共有近百家店铺，每间 50m^2，店铺皆用玻璃幕墙，地面全部用“印度红”和“蒙古黑”花岗石。各家店铺布置高雅，有的店内布置成温馨的居室，有小圆桌、休闲椅、沙发等，商店主要经营服饰皮鞋、钟表、眼镜、摄影、美食等，此外还有咖啡屋、银行、超市等。

上海博物馆

上海博物馆，是一座位于上海市的大型中国古代艺术博物馆，1952 年 12 月正式开放，当时展馆设在原上海跑马厅，后迁至河南路原中汇银行大厦。1993 年在马承源和汪庆正馆长的多方努力下，新馆舍在上海市中心人民广场开工，1996 年 10 月 12 日新馆正式开馆。

上海博物馆的造型具有中国“天圆地方”的寓意。它既有中国传统建筑之基座、台阶的形意，又有园林绿化的东方格调，体现了现代科技和时代精神。从远处眺望博物馆，圆形屋顶加上拱门的上部弧线，整座建筑犹如一尊中国古代青铜器；若从高处俯视博物馆，则屋顶平面犹如一面巨大的汉代规矩镜的图案。到了晚上，中间圆顶 13m 跨度的玻璃采光球，在泛光灯照射下，更似一颗熠熠生辉的夜明珠。博物馆有四座高耸的艺术雕刻拱门，记录文字和历史演变的进程。右面门前两侧 8 只狮子和天禄的艺术石雕，表达了中国文化的无比璀璨。

▲ 上海博物馆

▲ 上海博物馆大门前

上海博物馆建筑总面积为 3800m^2，地下 2 层，地面 5 层，建筑高度为 29.5m，总投资为 4 亿 3 千万元。博物馆内部按功能分 6 个区，一至四层为青铜器、陶瓷、书法、绘画、雕塑、玉器、钱币、少数民族、工艺等 12 个专馆和 2 个临时展厅，比老馆陈列面积增加 2 倍多。上海博物馆的设备设计均符合防震、防雷、防火、防盗、防虫、防潮、防干、防光、防尘、防污染的“十防”要求。

▲ 上海博物馆大门前之左侧雕像群

▲ 上海博物馆大门前之右侧雕像群

上海博物馆，馆藏珍贵文物 12 万件，其中尤以青铜器、陶器与瓷器、书法、绘画为特色；还有中外文专业书籍 20 万册，在国内有文物“半壁江山”之称，在国际上享有盛誉。此外，它还不定期引进和展出海内外博物馆和文物收藏机构收藏的珍贵文物和各类艺术品。

上海大剧院

上海大剧院，位于人民广场西北侧，占地 11528m^2，设有 1800 个座位，总投资 12 亿元人民币。在上海建造大剧院，是上海人民和广大文艺工作者的迫切心愿。

▲上海大剧院

▲上海大剧院售票中心

上海大剧院，由法国建筑界久负盛名的建筑大师设计，他运用世界上最先进的材料、灯光，以全新的构思向上海人民交出令人赞赏的设计方案。大剧院结构为简洁流畅的几何形造型，皇冠般的白色弧形屋顶弯翘向天际。上面有古典的户外剧场和空中花园，形似聚宝盆，象征着上海吸纳世界文化艺术的博大胸怀。晶莹、透明的大剧场在平台、花园、喷泉、水池的簇拥下，成为人民广场又一文化景观。

豫园

豫园，坐落于上海市中心的黄浦区南部旧城的东北角，北靠福佑路、东临安仁街、西南与上海城隍庙和豫园商城毗邻，是著名的江南古典园林。1982 年被国务院列为全国重点文物保护单位。

豫园，始建于 1559 年明嘉靖年间，是明朝时期的私人花园，占地三十余亩。园内有三穗堂、大假山、铁狮子、快楼、得月楼、玉玲珑、积玉水廊、听涛阁、涵碧楼、内园静观大厅、古戏台等亭台楼阁以及假山、池塘等四十余处古代建筑，设计精巧、布局细腻，以清幽秀丽、玲珑剔透见长，具有小中见大的特点，体现了明代江南园林建筑艺术的风格，是江南古典园林中的一颗明珠。豫园为“全国四大文化市场”之一，与北京潘家园、琉璃厂、南京夫子庙齐名。如今，它已经成为到上海观光的国内外游客常去的游览胜地。园内有江南三大名石之一的“玉玲珑”、1853 年小刀会起义的指挥所“点春堂”，园侧有城隍庙及商业街等游客景点。豫园于 1961 年开始对公众开放，它附近有多家著名食店，包括以小笼包闻名的南翔馒头店、绿波廊及上海老饭店。

现在的豫园，可分成六大景区，每个景区都有其独特的景色。入园不久就可以看到一座大型假山，它以武康黄石叠成，出自江南著名叠山家张南阳之手，享有“江南假山之冠”美誉。“萃秀堂”是假山区的主要建筑物，位于假山的东麓，面山而筑。自萃秀堂绕过花廊，入山路，有明代祝枝山所书的“溪山清赏”石刻。到达山顶时有一个平台，于此四望，全园景物，一览无遗。此外，豫园内还收藏上百件历代匾额、碑刻，大都为名家手笔。

豫园的绿化布局合理，植物配置得当，层次分明，其特点是古树名木多、大盆景多、摆花多。全园共有乔灌木670余株，常绿和落叶树约各占一半。古树名木有27株，其中百年以上20株，200年以上5株，300年以上2株。

▲上海豫园内假山一角

▲上海豫园“海上第一茶楼”

▲上海豫园内“宛在轩”餐厅

▲上海豫园附近“绿波廊”（右）

景云里

景云里的地址，为虹口区横浜路35弄，只有坐北朝南的3排三层小楼，是上海很普通的石库门，弄口竖有一块清晰可见的石碑：“景云里建于1925年，为砖木结构石库门房屋。二、三十年代鲁迅、陈望道、茅盾、叶圣陶、冯雪峰、周建人、柔石等一大批名人居住在此，从事创作、编刊、领导和组织革命文学活动，有历史文化名里之称。”

鲁迅曾经住过的景云里 23 号一如当年的模样。1927 年 10 月 3 日，鲁迅和许广平刚从广州来到上海，入住外滩附近的共和旅馆，当时他的三弟周建人住在景云里，曾告知鲁迅：他的邻家还有叶圣陶和茅盾，鲁迅很在意邻居，于是在 5 天后就搬来景云里，而且一住就是 2 年多。那时的横浜路尚属闸北区，景云里则是横浜路上一条新建的弄堂，西通宝山路、东临窦乐安路（今为多伦路），弄内有三排坐北朝南、砖木结构的石库门三层楼房。

就在景云里石库门内，名传青史的中国左翼作家联盟是在这里酝酿成立；鲁迅用“横眉冷对千夫指，俯首甘为孺子牛”的豪迈气概，一扫当时上海文坛的媚俗之风；热血青年柔石，也拿出了被鲁迅先生所赞赏的、堪称中国早期写实主义杰作的《二月》等优秀作品，影响深远。

▲上海景云里石碑

▲上海鲁迅故居

外滩夜景与夜游黄浦江

外滩，是上海市中心的一个区域，由一段沿黄浦江的马路和沿路的建筑和设施构成。全长 1.5km，南起延安东路，北至苏州河上的外白渡桥，东连黄浦江，西面是旧上海金融、外贸机构的集中地，沿路耸立着 20 多座古典复兴大楼，被誉为“万国建筑博览群”。近年来，上海外滩天幕的后方，又不断新建了许多摩天大楼，今非昔比，变化惊人！

外滩，原是上海租界区，也是整个上海近代城市开发的起点。在 1843 年以前，这里还是黄浦江边的一片泥滩。自 1943 年起，外滩的正式路名为中山东一路。从 1844 年起，这一带被划为英国租界，英国人使用这块地区作为码头，不久，在这里开设了最早的一批洋行；至 1846 年上海辟为商埠以后，许多外国的银行、商行、总会、报社，都云集于此。1928年7月1日，外滩公园正式中国人开放。1930年代，上海外滩的天幕基本成形，并持续繁荣至20世纪40年代。

解放后，从1950年代起，上海外滩大多数建筑，都被国家或城市政府机构使用。到20世纪80年代为止，上海外滩的外貌变化不大。80年代“改革开放”开始之后，在上海建立了许多新的摩天大楼，有些大楼直接建造在旧建筑物的后面，与这些新建筑相比，外滩的老建筑显得非常矮小，大大地改变了外滩的面貌。在外滩的最北段苏州河注入黄浦江处，还建造了一个人民英雄纪念塔。

从2008年3月1日起，上海外滩开展一系列针对交通流量的改造工程，如对外滩北段外白渡桥与外滩恢复至上世纪原貌的工程，并于2009年初完工。后来，为了增加外滩的公共步行道路与绿地空间，把外滩原8车道缩减为4车道，并兴建从吴淞路至中山南二路的外滩隧道，把通过外滩的快速车流地下化，又把延安东路以北双层双向改为6车道，其以南改为单层双向4车道。这样，外滩于2010年3月28日起施工完毕，恢复对外开放。

2004年10月31日晚上，我们有幸在上海国际客运码头乘坐豪华游轮，历时约1h，饱览上海外滩和浦东陆家嘴的绚丽多彩的美妙夜景，流连忘返，留下了难忘的记忆！

▲上海外滩夜景

▲从夜游黄浦江船上眺望上海外滩夜景

▲从夜游黄浦江船上眺望上海浦东陆家嘴夜景

朱家角

朱家角，即朱家角镇，属于上海市青浦区内，是典型的江南水乡古镇，2000年原沈巷镇并入朱家角。朱家角面积为138km^2（包括水域），318国道贯穿镇境，人口约6.6万人（2003年），号称“上海第一大镇”。朱家角历史悠久，旅游资源丰富，被列为上海四大历史文化名镇之一。名镇朱家角迷人之处，还在于世人皆知的“三多”:名人多，明清建筑多，河埠、缆石、茶馆多。朱家角素有“上海威尼斯”及“沪郊好莱坞”之美称。

▲上海朱家角风光之一

▲上海朱家角风光之二

古镇区已开发开放了放生桥、课植园、大清邮局、城隍庙、园津禅院、童天和药号、北大街、朱家角人文艺术馆、延艺堂等20多个景点。古镇九条老街依水旁河，千余栋民宅临河而建，旧式民宅鳞次栉比，粉墙灰瓦错落有致，窄窄街道曲径通幽，石板条路逶迤不断，老店名店两旁林立，展现了一幅古意盎然的江南水乡风情画卷。2011年，以古镇旅游为依托的第三产业蓬勃发展，完成增加值25.57亿元，同比增长7.74%，全年古镇旅游接待220万人次，重大接待38批次、978人次。

放生桥

位于上海朱家角镇，是江南地区最大的五孔大石桥，明隆庆5年（公元1571年）始建，清嘉庆十七年（公元1812年）重建。全长70.8m，宽5.8m，五孔联拱，是上海最大的一座石拱桥。构造精巧，形状美观，是朱家角十景之一。论构筑和工艺，朱家角中和桥和西栅桥较周庄双桥更精美，而那些特色桥更是周庄无法比拟的。放生桥顾名思义，就是放生积德从善。僧人性潮曾规定在桥下只准放生鱼鳖，而不得撒网捕鱼。今天，在

▲上海朱家角放生桥

这里常有人兜售活鱼供游人购买放生。

课植园

位于朱家角镇西井街147号，1912年始建，历时15年，花费银两30万。这是一处庄园式的园林建筑，园主马维骐，自号农圃。园取“耕读”之意，题名“课植”，俗称马家花园。园内建有书城，又辟有稻香村，园中亭台楼阁、廊坊桥树、厅堂房轩，一应俱全。花园坐西朝东，正墙门面对西井街巷。沿河有船舫、河埠、石驳岸。

▲朱家角课植园五层逍遥楼（后）

▲上海朱家角课植园内花园及亭台楼阁

▲上海朱家角课植园廊坊桥树及池塘

▲上海朱家角课植园内之花园一角

整个庄园，由厅堂区、假山区、园林区三部分组成。各种建筑200余间，占地5.3万平方米。布局错落有致、疏密得体、构思精巧，在私人园林建筑中实属罕见。

厅堂区在北面，它的第一进为轿厅，其余为头厅、二厅、三厅和迎宾厅四进。二厅为二层楼建筑，楼上为马氏生活区。迎宾厅北为书城楼。围墙上饰有城垛，似小城楼。围墙中间和两旁有圆形月洞门。正南面月洞门后建一拱形旱桥；假山区在南面，内有打唱台、逍遥楼、观戏厅、荷花池、藕香亭、课植桥、钓鱼台、蝙蝠亭等。园内建筑结构精巧、气势雄伟、布局优雅。登上高五层的逍遥楼顶，远眺四方，全镇景色一览无遗，令人心旷神怡；园林区在荷花池西面，亦称稻香村，内有数十亩各种花卉树木，它的北部有“耕九余三堂”，西南面是小游览区，有小假山、荷花池、九曲桥和倒挂狮子亭等。

▲上海朱家角课植园内马头雕像

▲上海朱家角课植园附近的沿河船舫

大清邮局

原是清光绪 22 年（公元 1896 年）开办的邮局，现为朱家角邮局，位于朱家角镇西湖街 35 号。光绪 29 年（公元 1903 年），它正式成为朱家角邮寄代办分局。朱家角邮局，是华东地区地区最早的邮政机构，是当时上海 13 家主要邮站之一，也是华东地区保留下来的唯一大清邮局旧址。据报道，我国邮驿历史悠久源远流长，是世界上最早建立有组织的信息传递的国家之一。在漫长的岁月中，邮驿对传播政令、飞报军情、运送物资及中外经济交流，起到了极为重要的作用。清朝于 1786 年发行我国第一套邮票——大龙邮票。清末，由于近代邮政逐渐兴起，驿站的作用日渐消失。1913 年 1 月，北洋政府宣布撤消驿站。

朱家角邮局，分为上下两层，一楼是我国邮局的历史演变的介绍，内设有国际、国内邮寄大清邮局纪念明信片服务，寄出的明信片加盖大清邮政印章；二楼是多个朝代邮政，展示清代至民国的珍贵明信片和信件原稿。

至今，门外仍有一个在使用中的清代铜制铸龙邮筒，特别引人注目。

▲上海朱家角大清邮局铭牌之一

▲上海朱家角大清邮局铭牌之二

天津

TIANJIN

天津市，简称津，是中华人民共和国的直辖市、中国北方最大沿海开放城市，面积 11920km^2，人口 1400 万。天津位于华北平原的海河各支流交汇处，东临渤海，北依燕山，有海河在城中蜿蜒而过，跨越海河的各式桥梁形成了“一桥一景”的景致。

天津自古因漕运而兴起，明永乐二年 11 月 21 日（公元 1404 年 12 月 23 日）正式筑城，是中国古代唯一有确切建城时间记录的城市。自 1860 年天津开放为通商口岸后，西方多国在天津设立租界，洋务派亦在天津兴办实业，使天津成为我国北方开放的前沿和近代中国洋务运动的基地。同时，天津近代工业、商业、金融业等发展迅速。由天津开始的军事近代化，以及铁路、电报、电话、邮政、采矿、近代教育、司法等方面建设，均开我国之先河。天津成为我国当时第二大的工商业城市和北方最大的金融商贸中心。

▲京津城际铁路示意图

▲北京至上海高速铁路平面示意图

天津市位于中纬度欧亚大陆东岸，属温带季风气候，主要受季风环流影响，四季分明。

2006 年 3 月 22 日，国务院批复的《天津市总体规划》将天津发展定位为“国际港口城市、北方经济中心、生态城市”，并将“推进天津滨海新区开发开放”纳入国家发展战略，设立国家综合配套改革试验区，使天津成为“中国经济的第三增长极”，经济增速连续多年位于全国领先位置，已经初步形成了“双城双港”的城市形态。

2008年8月1日，我国第一条时速350km的高速铁路京津城际铁路开通。2014年12月，国务院决定在天津特定区域设立中国（天津）自由贸易试验区。天津市举办了2013年的第六届东亚运动会，并即将承办2017年的第十三届全运会，同时天津也是夏季“达沃斯”论坛的常驻举办城市。

古文化街

古文化街，是天津市南开区一条由仿清代民间小式店铺组成的商业步行街，位于南开区东北隅东门外海河西岸，北起老铁桥大街（宫北大街），南至水阁大街（宫南大街）。北面和南面街口各有牌坊一座，上书“沽上艺苑”和“津门故里”，长687m、宽5m，1986年元旦建成。它一直坚持“中国味，天津味，文化味，古味”的经营特色，以经营文化用品为主，内有近百家商店。2011年，天津市规划局将这里纳入历史文化街区规划，定名天津古文化街。

▲天津市古文化街及“沽上艺苑”牌坊

▲天津市古文化街“津门故里”牌坊

▲杨柳青画店

▲蹦豆张

自古以来，这一带就是天津最大的集市贸易和年货市场，每年春季，天津规模盛大的皇会——娘娘诞辰吉日就在这里举行，届时表演高跷、龙灯、旱船、狮子舞等。

新建的古文化街内除两端牌坊及宫前戏楼为仿清大式建筑外，其余近百栋房屋皆为仿清民间小式古建筑。

古文化街无论是建筑风貌、店铺装修、匾额楹联还是经营商品，都带有浓郁的艺术气息。士宝斋前木雕取意《清明上河图》几处波澜起伏、情节变化的画面，漫步古文化街上足以赏心悦目；而古玩、字画、文房四宝、碑帖、古籍、杨柳青年画、天津风筝等专业店铺丛聚本街，供游人观赏、选购。此外，还有多家津门老字号店铺蹦豆张、泥人张、果仁张、皮糖张等全国闻名的老字号招牌。至于中西乐器、艺术陶瓷、装潢小件也都有专店。

1989 年，以经营景泰蓝、苏绣、内画水晶为主的乔香阁落户古文化街。20 多年来，乔香阁适时扩大经营范围，并将销售渠道扩展到了德国布莱梅、柏林、吕贝克、日本大阪、马来西亚及吉隆坡等地。现今，乔香阁内的商品种类增多至景泰蓝、苏绣、内画水晶、珍珠、翡翠、工艺伞、工艺宝剑、华服等许多品种。2007 年 5 月 8 日，天津古文化街旅游区（津门故里）经国家旅游局正式批准为国家 5A 旅游景区。

天津相声

天津有“曲艺之乡”之美称，是诸多曲艺形式发源、兴盛和发展的地方，其中，天津时调、天津快板、京东大鼓、京韵大鼓、铁片大鼓、快板书等曲艺形式是在天津形成；而京剧、相声、河北梆子、评剧、评书、单弦、梅花大鼓、西河大鼓等，都是在天津兴盛和发展的；相声和京剧更是天津曲艺的重要代表。现今的古文化街戏楼正是演出京剧或相声等曲艺表演的好地方。

▲戏楼

天津的相声兴始于清末和民国初期。20 世纪 20 年代，天津出现了由席棚发展而成的书场、茶社，并逐渐接纳了相声演员演出。1949 年以后，天津的传统相声艺人逐渐转型，将相声的内容加以改造，去掉不良的内容，使相声迅速普及、家喻户晓。现今在天津的许多小剧场与茶馆都可以听到传统相声。天津著名的相声艺术大师及演员有：马三立、侯宝林、常宝堃、高英培、马季、冯巩、郭德纲等。

泥人张

“泥人张”彩塑是天津重要的民间艺术代表，其创作题材主要来源于民间习俗、舞台戏剧、民间故事、文学名著等。所塑作品用色简雅明快、用料讲究、神形兼具，它创始于清代道光年间，泥人张的创始人张明山，从小和父亲学习泥塑制作，18 岁时便得“泥人张”的艺名，并开始经营泥塑作坊，名为塑古斋。

1915 年，张明山的彩塑作品《编织女工》获巴拿马万国博览会一等奖，泥人张第二代传人张玉亭的作品也获得巴拿马万国博览会荣誉奖。此后，经过张玉亭等之后的五代泥人张传人的精心传承，泥人张成为天津乃至中国北方泥塑艺术的精粹。

▲ “泥人张世家”彩旗

▲ “泥人张世家”商店

解放后，泥人张彩塑得到了天津人民政府保护和扶持，从家庭作坊走向学校和社会。泥人张第二代传人张玉亭被聘为天津市文史馆馆长，泥人张第三代传人张景祜任教于中央美术学院，并在天津建立泥人张彩塑工作室。现今，“泥人张”商店入口大门左右两侧的标志牌阐述：泥人张第五和第六代传人，自幼得到祖父和父亲等长辈亲传，从事泥人张彩塑创作几十年，至今有的已是高级工艺美术师，作品曾在全国工艺品展览会获一等奖，有的是天津市泥人张彩塑工作室创作人员，曾出访新加坡、传播天津泥人张彩塑艺术。近来，泥人张的彩塑作品《亲友》获第六届中国民间文艺山花奖、民间工艺奖优秀奖。

▲ “童子献寿桃”彩塑

作者曾在“泥人张”商店喜购一件“童子献寿桃”泥塑，以作留念！啊！天津泥人张的“孩童献寿”与久负盛名的“无锡泥人”，正好在神州大地上南北遥相呼应，相映成趣，大有异曲同工之妙呀！

天津大学

天津大学，简称天大，属公立科研型综合大学，它的前身为北洋大学（北洋大学堂），北洋大学创建于1895年10月2日，天津大学坐落于天津市南开区七里台。天津大学的校训是“实事求是”。

1951年9月，北洋大学与河北工学院合并，定名为天津大学（1958年，河北工学院重建）。1952年，高校院系调整，地质、冶金、采矿、航天等院系外迁，吸纳了南开大学等转移的工科，成为多学科性工业大学。目前，天津大学是国家985工程、211工程和教育部直属重点综合性高校。天津大学正在海河教育园区内兴建新校区，预计2015年起一期工程投入使用。天津大学也是建筑老八校、卓越联盟、111计划等高校，现有18个学院、54个本科专业、35个一级学科硕士点、27个一级学科博士点、21个博士后科研流动站、一级学科国家重点学科7个。二级学科国家重点学科8个、天津市重点建设学科25个。现有教师2000人，学生29000多人，本科生15075人，研究生10100多人。天大占地面积182万平方米，建筑面积138.9万平方米。学校有中国科学院院士5人、中国工程院院士9人、双聘院士12人，博士生导师457人。

▲北洋大学堂

▲天津大学新建的老师住宿高楼

▲住宿高楼之间的小区花园和地下停车场

天津大学著名校友有：张太雷、马寅初、徐志摩、贾庆林、王守业、陈立夫等。

作者夫妇于 2008 年 10 月 19~21 日，从北京赴天津大学拜访了原在华南工学院（现为华南理工大学）的老同学、程经科教授及其夫人张可信教授；程经科教授在大学毕业后于 20 世纪 50 年代末至 60 年代初曾去前苏联留学，回国后一直在天津大学任教直至退休，现住在新建的教工高层楼房，周围环境很好。

南开大学

南开大学，简称“南开”，是由近代著名爱国教育家严修、张伯苓创办，始于 1904 年，成立于 1919 年，成立之时设文、理、商三科，后发展为综合性大学。日本侵华战争期间，南开大学大部分校舍毁于战火，与清华大学、北京大学共同迁往昆明，组成国立西南联合大学，直至战后，回到天津八里台原址复校并改为国立大学。

▲周恩来题字：“我是爱南开的”

▲南开大学游泳馆

1952 年，全国高校院系调整，南开大学由全门类的综合性大学改为文理并重的全国重点大学。1978 年后，逐步恢复工科、商科等曾被撤销的科系。1990 年代后，天津对外贸易学院和中国旅游管理干部学院先后并入南开大学。截止 2013 年，南开大学有 22 个专业学院，学科覆盖文、史、哲、经、管、法、理、工、农、医、教、艺，是一所学科门类齐全的综合性、研究型大学。现今，全校有学生约 24300 多人，其中本科生约 12800 多人、研究生约 8100 人、博士生约 3200 人。学校总面积为 456.1 万平方米，建筑面积为 124.2 万平方米。

南开大学的校训为“允公允能，日新月异”，办学理念为“文以治国、理以强国、商以富国”，办学宗旨为“知中国，服务中国”。目前，南开大学法定住所地址为天津市南开区卫津路 94 号，是国家 985 工程、211 工程和教育部直属重点综合性研究型大学，学校设有八里台校区、津南新校区和泰达校区。

著名校友有：周恩来，王毅，吴大猷，陈省身，杨石先，郭永怀，竺可桢，曹禺，范曾等人。

天津科技大学

天津科技大学始建于 1958 年，前身为天津轻工业学院，是教育部与天津市共建、以天津市管理为主的公办全日制普通高等院校，是天津市重点建设的以工为主，工、理、文、经、管、法等学科协调发展的多科性大学。现今，在校学生约 17300 多人，教师约 1500 人（专职），学校具有学士、硕士和博士学位授予权以及培养博士后、接收国内外高级访问学者和外国留学生的资格，是为军队培养后备军官的签约高校。2017 年，天津科技大学将整体搬迁到滨海新区。

2008 年 10 月 19 日，作者和雷丹青夫妇以及陈农方和陈宝琪夫妇一起，由北京乘坐高铁，约半小时到达天津，专程探望 90 高龄的杨念椿和崔良洁夫妇。杨老夫妇于 20 世纪 70 年代末、即“文革”后期，与我们一起从北京“下放”到广西柳江造纸厂（随后的轻工业部南宁设计院），在 80 年代初他从南宁调往天津轻工业学院（现为天津科技大学）任教，我们共同渡过了其间 10 多年令人难忘的岁月。尤其是杨老对作者首部《制浆造纸工业自动化》一书的公开出版发行以及作者当时被轻工业部首批评定为“高级工程师”职称，都给予大力的支持与帮助，笔者铭记心中，永生难忘！

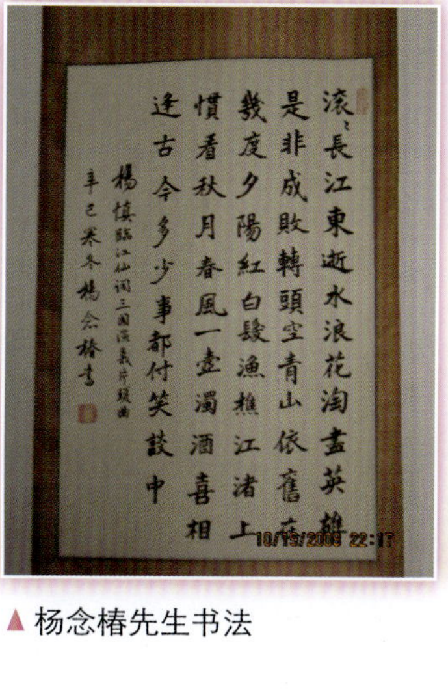

▲ 杨念椿先生书法

▲ 前排左起：杨念椿、崔良洁
后排左起：雷丹青、莫芳灿、陈农方、陈宝琪

重庆

CHONGQING

重庆，简称“渝”，是中国四大中央直辖市之一，地处中国内陆之西南，位于长江上游，现辖 19 个区、17 个县、4 个民族自治县，总人口 3144 万。

重庆气候温和，属亚热带季风性湿润气候，是宜居城市，年平均气温在 18℃左右，冬暖夏热，无霜期长、雨量充沛、常年降雨量 1000~1500mm。

▲烟雨迷雾中的重庆市人民大礼堂

重庆是中国西部地区唯一集水、陆、空交通资源的特大型城市。市内建有以汽车、摩托车为主体的机械工业，以天然气化工和医药为重点的化学工业，并且形成了冶金、机电设备、电子信息、仪器仪表、食品加工、建筑建材、日用玻璃陶瓷等一批企业。

在重庆的高等院校共有 55 所，其中重庆大学和西南大学为国家 211 工程院校，重庆大学还是国家 985 工程学校。

重庆历史悠久，旅游资源丰富，既有集山、水、林、泉、瀑、峡、洞等为一体的壮丽自然景色，又具有融巴渝文化、民族文化、移民文化、三峡文化、都市文化于一体的浓郁文化特色。

重庆是西南美丽的山城，旧地重游，感慨万千，变化之大，赞声不断！忆往昔，这次是我们第二次或第三次重游重庆：作者第一次是在 1976 年 2 月初因公出差路经重庆，并抽空游览了当年的“重庆八路军办事处”“中美合作所”、白公馆、渣滓洞等历史古迹，可惜现今已找不到它们的照片。我太太雷丹青已是第三次到重庆啦：第一次是 1958 年 10 月，她刚从大学毕业到北京，参加轻工部造纸小组群西南工作组，到四川、贵州，云南开展工作，那次经重庆乘汽车到贵阳，玩了几天，留下深刻印象，当时重庆多是斜坡的石板路，多用挑或竹背囊，汽车较少，当年朝天门有缆车，乘缆车到市区，观看抗日时的陪都、纪念碑、新建的人民大礼堂；第二次到重庆是 20 世纪 70 年代中，到宜宾经重庆乘火车回南宁；这次我们在重庆朝天门上船，天下雨，缆车没有了，导游说缆车失修，坏了拆了，我们请了一个挑夫帮忙挑行李，踏上几十级石梯，花了 15 元（导游说应 10 元，我们又多给 1 元，共 16 元），挑夫连声多谢，说我们是大好人、大好人。到达后，品赏了著名的重庆火锅，参观了重庆历史博物馆，在重庆市人民大礼堂广场前照相，汽车所经之处，堵车严重、高楼林立，一片繁荣昌盛、欣欣向荣景象。

▲住进海棠溪别墅眺望嘉陵江（1958.10）

▲重庆南泉（1958 年国庆）

重庆八路军办事处旧址

八路军重庆办事处旧址，位于重庆市渝中区化龙桥附近，一般称为红岩村，包括红岩村 13 号、曾家岩 50 号和桂园三处旧址，它为前中共中央南方局和八路军驻重庆办事处所在地。旧址所在地原为爱国知识妇女饶国模经营的一片花果农场、重庆市郊（现已为城区）化龙桥附近的“大有农场”内。

八路军驻重庆办事处办公大楼座落在“大有农场”西北坡上。是一幢外看二层、实际三层的深灰色大楼，占地 800m^2。整幢楼房为土木穿斗结构，两楼一底，有大小房间 54 间。

底层是对外办公的机关八路军驻重庆办事处（皖南事变前新四军驻重庆办事处也在此办公）。二楼是南方局周恩来等同志的办公室兼卧室。二楼最大的一间屋，是南方局和办事处的图书室。三楼是南方局、办事处的机要科和秘密电台，主要负责与延安及各地有关电台的联系及机要文件的传送。

1939 年初，中共中央南方局和八路军驻重庆办事处在重庆成立，周恩来任书记，董必武、叶剑英、秦邦宪、凯丰、吴克坚等为常委。因为国民政府不允许中共党组织公开活动，所以南方局是秘密的，设在公开机关八路军驻重庆办事处内。这里的地质结构地形酷似伸向嘉陵江边的山嘴，因此又叫红岩嘴。

抗日战争胜利后，毛泽东代表共产党与蒋介石进行著名的重庆谈判，居于此处 40 日。1958 年，以红岩村 13 号南方局、八路军办事处大楼为主体的红岩革命纪念馆建立并对外开放。1961 年 3 月，国务院公布此楼为第一批全国重点文物保护单位。

“中美合作所”旧址

中美合作所，全称为“中美特种技术合作所”，1943 年国民党政府和美国政府签订秘密协定，成立中美特种技术合作所，搜集有关对日作战情况、为国民党当局训练特种技术人员。该所地址原是国民政府军事委员会调查统计局（简称“军统局”）关押政治犯设立的看守所，位于重庆市西北郊歌乐山到沙磁区，毗连起伏的丘陵、广阔的山谷地带，长达 7.5km，纵横 20 余里，包括白公馆、渣滓洞、五灵观、步云桥、岚垭等地。

这个秘密隐藏的营地周围有电网环绕、武装巡逻守卫，对擅入者格杀勿论。从步云桥到歌乐山的村落，全被封锁，禁止通行。抗日战争胜利后，这里完全成为国民党当局关押、刑讯、残杀革命人士和共产党员的集中营，新四军军长叶挺曾被囚禁于此。著名共产党人罗世文、车耀先、江竹筠（江姐）、爱国将领杨虎城、黄显声、革命志士宋绮云等，均在此被杀害。1949 年 11 月 27 日国民党撤离大陆前，对关押在此的 300 多位革命人士进行了残酷的集体大屠杀，制造了震惊中外的“11.27”大惨案，仅 15 人脱险。文艺作品《烈火中永生》《红岩》《江姐》等以此为背景，有详尽描述。

中华人民共和国建立后，人民政府收殓烈士遗骨，修建了烈士墓，建立纪念碑，恢复部分旧址原貌。1963 年成立专门机构，建立了展览馆。1988 年国务院公布它为全国重点文物保护单位。

白公馆

白公馆旧址位于重庆沙坪坝区歌乐山，是一处使后人缅怀英烈并为之扼腕叹息的革命遗迹。原为四川军阀白驹的郊外别墅。1939 年，戴笠在歌乐山下选址时看中了它，便用重金将它买下，改造为迫害革命者的监狱。它和渣滓洞一并被人们称作“两口活棺材”。但是它们又有所区别，白公馆里关押的都是军统认为“案情严重”的政治犯。

白公馆，为一楼一底的砖木结构房屋，总建筑面积为 1200m^2，共有牢房 16 间，包括一间终日不见阳光的地牢。白公馆曾关押过黄显声、同济大学校长周均时、廖承志、中共党员宋绮云、徐林侠夫妇及幼子“小萝卜头”宋振中等，关押的政治犯最多时达 200 余人。

渣滓洞

渣滓洞在重庆市歌乐山麓，距白公馆 2.5km。渣滓洞原是重庆郊外的一个小煤窑，是程尔昌于 1920 年开办的，因渣多煤少而得名。渣滓洞三面是山，一面是沟，位置较隐蔽。1939 年，国民党军统特务逼死矿主，霸占煤窑，在此设立了监狱。分内外两院，外院为特务办公室、刑讯室等，内院一楼一底 16 间房间为男牢，另有两间平房为女牢。总建筑面积约 1300m^2。

▲重庆洪崖洞入口

▲吊脚楼新貌一角

吊脚楼

2014 年 3 月 24~28 日 5 天期间，我们随世纪旅游团由广州赴长江三峡旅游，于 3 月 25 日下午参观了重庆洪崖洞旁的吊脚楼。吊脚楼是巴蜀文化的象征之一，洪崖洞，位于嘉陵江岸边的渝中区沧白路旁，其地势险要，下临嘉陵江边，上至山顶解放碑，因地形狭窄，重庆人就开山斫石，以树干木桩作础，用捆绑或穿斗的形式，建起了三面临江的吊脚楼。屹立了2300多年，由于种种原因，吊脚楼在19世纪80年代逐渐式微，后终不见踪影。2005年，在原址上，仿当初洪崖洞吊脚楼的形式修建了洪崖洞民俗风貌区，面积约4.6万平方米，现依山而建，共有10层，多部电梯可通达。内有名特产、小吃、烧烤、工艺品，停车场等。

奇美·东北地区

Chapter 2

辽宁

吉林

黑龙江

辽宁沈阳

LIAO NING SUEN YANG

沈阳市，简称沈，辽宁省省会，位于东北平原南缘，南连辽东半岛，北依长白山麓，位处环渤海经济圈之内。沈阳市现辖九区、一市、三县，总面积约 1.3 万平方公里，市区面积 3495km^2，截至 2013 年，常住人口 825.7 万，按城镇人口计算是东北地区的最大城市。

沈阳历史悠久，有 7200 多年历史的新乐遗址是沈阳地区最早的人类活动遗迹。沈阳于汉代建侯城，经辽金元明历朝增筑，发展为东北地区的政治文化中心。1625 年，清太祖努尔哈赤迁都至此，并命名为“盛京”，沈阳遂成为清朝入关前的国都及入关后的陪都。

沈阳市现下辖 9 个市辖区、1 个县级市、3 个县，其中，和平区、沈河区、大东区、皇姑区、铁西区通常被合称为市内五区。

中华人民共和国成立后，沈阳被列为第一个五年计划的重点城市，工业得到快速发展，并以铁西区为中心，建成我国最重要的机械装备基地。天安门城楼上的国徽、我国第一架喷气式战斗机、第一枚地空导弹，第一台火箭发动机、第一台数控机床、第一台水下机器人、第一架航母舰载战斗机等均产自沈阳。目前，沈阳工业主要以汽车及零部件制造、装备制造、电子信息、医药、化工、食品及农产品深加工、航空、钢铁、有色金属深加工等行业为主。在航空工业领域，沈阳飞机工业集团是我国航空工业飞机设计和制造的主要基地之一；在装备制造工业领域，沈阳机床集团为世界上销售额最大的机床企业，北方重工集团是我国最大的国防装备制造企业；此外，高新技术产业中的东软集团已经发展为我国最大的软件外包提供商；而在交通工业方面，华晨汽车集团已发展为中小型乘用车生产的重要基地，而宝马铁西工厂则是宝马在世界最大规模的制造基地。现今，沈阳是我国东北地区的经济、金融、文化、交通、信息和商贸中心。

▲沈阳市邮政大厦及广场

▲北站中心商务区

沈阳故宫博物院

沈阳故宫博物院，又称沈阳故宫，位于沈阳市沈河区明清旧城中心，是后金入关前的沈阳（盛京）皇宫和清朝迁都北京后的盛京行宫（或称奉天行宫），始建于1625年，初成于1636年。至乾隆时期又有较大规模的改建与增修，占地约6万平方米。1926年以后，其建筑群陆续辟作博物馆。1961年被国务院确定为首批全国重点文物保护单位，2004年7月列入《世界遗产名录》“北京及沈阳的明清皇家宫殿”项目。

▲沈阳故宫

▲清沈阳故宫标志牌

与北京故宫相比，沈阳故宫建筑风格具有独特的满、蒙、藏特色。东路大政殿、十王亭建筑群布局仿照八旗行军帐殿（大幄次）的布局。中路的特点则是“宫高殿低”；居住部分位于高台之上，俯瞰理政的正殿区域，这是来源于满族人喜居于台岗之上的生活习惯；西路以及中路的东西二宫则是完全的汉式建筑。

大政殿

原称“大殿”，崇德元年（公元1636年）改名“笃恭殿”，康熙时改为今名。为重檐八角亭式建筑，内部结构为彻上明造，下有大青石修建的须弥座台基。殿顶为绿剪边黄琉璃瓦，中央为宝瓶火焰珠攒尖顶。殿内有宝座、藻井。殿北有5间銮驾库，存放皇帝仪仗，乾隆时期扩建为13间，后拆为11间。

▲大政殿

崇政殿

位于大清门之内，又称“金銮殿”，通称“正殿”，是皇太极处理政务、接见使臣的场所，清代历朝皇帝东巡祭祖时也在此听朝理政。崇政殿面阔5间，绿剪边黄琉璃瓦，单檐硬山顶，前后有出廊，围以石护栏。殿内为彻上明造、和玺彩绘，宝座后有贴金龙扇屏风，旁为贴金蟠龙柱。崇政殿东为左翊门、殿西为右翊门，均面

▲崇政殿

▲崇政殿内景

阔 3 间，中一间辟门道，左右两间为火炕。崇政殿南为丹陛，上陈日晷、嘉量。殿后为庭院，院东为飞龙阁和东 7 间楼，院西为翔凤阁和西 7 间楼。

凤凰楼

位于崇政殿之北，原名“翔凤楼”，为清宁宫内院的门楼。高三层，歇山顶，面阔、进深各为 3 间。曾是皇帝计划军政要事和举行宴会之地，清朝入关后改为存放历代实录、玉牒、“御影”以及玉玺的场所。楼南东侧为三开间的日华楼和五开间的师善斋，西侧为霞绮楼和协中斋。

▲凤凰楼

▲宫内走廊

▲武功坊

福陵（东陵）

福陵，因于其位市区的东部而得名东陵，坐落在沈阳市的东北郊外，南临浑河，北靠天柱山，为盛京三陵之一，是清朝（后金）的开国皇帝努尔哈赤的陵墓。另有努尔哈赤的后妃叶赫那拉氏、博尔济吉特氏等人葬于此处。1988 年，福陵被中华人民共和国国务院公布为第三批全国重点文物保护单位之一。2004 年，包括福陵在内的盛京三陵作为明清皇家陵寝的拓展项目，被列入“世界文化遗产”。

整个陵园背靠山峦，气势宏伟，风景优美。福陵的布局严谨，规模宏大，总面积约 19.48 万平方米。形制为外城内郭，由前院、方城和宝城三部分构成，自南而北渐次升高。这既不同于明朝的陵墓，也不同于清朝入关后建造的陵寝。陵园的四周环绕着红色缭墙，平面为长方形，南北长 900m，东西宽 340m。南面墙正中开三楹歇山式的正门，称正红门，两边墙壁上镶嵌有五彩琉璃蟠龙。门外两侧有下马碑、牌坊、石狮和华表等，原为木制，乾隆时改为石制。门内神道旁排列着狮、马、驼、虎等四对石象生。

自神道终点起，地势逐渐升高，先后为 108 磴台阶、石桥和碑楼。碑楼建于康熙二十七年（公元 1688 年），内立康熙帝撰文、用满文和汉文两种文字书写的《大清福陵神功圣德碑》。碑楼左右有茶果房、涤器房、省牲亭、斋房等辅助建筑。方城位于碑楼后，是一座城堡式建筑，为陵园的主体。城中央有隆恩殿和东西配殿，是祭祀之所。隆恩殿坐落在须弥座台基上，面阔、进深俱为三间，单檐歇山顶，供奉木主神牌。殿前有焚帛楼，殿后有石柱门和石五供。配殿东西各五间，均为周围廊、歇山式建筑。方城城墙高约 5m，周长约 370m，南有隆恩门，北有明楼，四周都设角楼。隆恩门是一座三层歇山顶式的门楼。明楼内竖“太祖高皇帝之陵”石碑，楼下为石洞门。方城内的建筑都用黄琉璃瓦铺顶，廊柱俱是朱红色，廊枋间有“和玺”式彩绘壁画。

▲福陵

▲隆恩殿门楼

方城之后为周长约 190 米的月牙形的宝城，又称月牙城。城正中是高 2m 的宝顶，其下即为安葬努尔哈赤和孝慈高皇后叶赫那拉氏以及三个殉葬嫔妃的灵柩地宫。

张氏帅府博物馆暨辽宁近现代史博物馆

原名张氏帅府，又称“大帅府”或“少帅府”，于 2002 年正式更名为张氏帅府博物馆暨辽宁近现代史博物馆，是张作霖及其长子、伟大爱国者张学良的官邸和私宅。

原张氏帅府始建于 1914 年，总占地 3.6 万平方米，总建筑面积为 2.76 万平方米，是由东院、中院、西院和院外建筑等四个部分组成的庞大建筑群，其中既有中国传统风格的四合院、水榭亭台的花园，又有欧式风情的大青楼、边业银行、红楼群，以及中西合璧式的小青楼和赵四小姐楼。张氏帅府内大量的石雕、木雕、砖雕和壁画作品饱含了浓郁的东北民俗风情，它们取材广泛、寓意深远、制作精美，个个栩栩如生，是研究我国建筑艺术与民间习俗的珍贵艺术资料。这是迄今东北地区保存最为完好的名人故居，是全国重点文物保护单位。

1988 年，原张氏帅府被定名为张学良旧居陈列馆暨辽宁省近现代史博物馆，对外开放。1991 年，它被列为我国优秀近代建筑群。

▲ 张学良将军雕像

▲ 张氏帅府博物馆暨辽宁近现代史博物馆

大连
DA LIAN

大连市，别称鲲城、滨城，位于辽东半岛南端，东濒黄海，西临渤海，是全国14个沿海开放城市之一，也是东北亚国际航运中心。

大连市背依东北腹地，冬无严寒、夏无酷暑，素有“东北之窗”“北方明珠”“浪漫之都”之称。2001年大连成为我国第一个被联合国环境规划署授予“全球环境500佳”的城市。2006年与杭州和成都一起被评为“中国最佳旅游城市”。2009年大连获得全球“国际花园城市”最高级别组的第一名。

大连现辖6个市辖区（中山区、西岗区、沙河口区、甘井子区、旅顺口区、金州区）和一县三市（长海县、瓦房店市、普兰店市、庄河市）。

大连市全市常住人口为669万人(2010年)。全市总面积12574 km^2，其中老市区面积2415km^2。

大连的主要产业有：机械制造、石化、金融、软件、炼油及电子等。该市的17家企业分别在造船、内燃机、成品油和轴承领域是中国同类企业中规模最大的企业。同时，大连也正在成为我国重要的IT和软件中心，金融业和其他服务业也是大连的重要产业。世界500强企业已有89家进驻大连。大连也是航运枢纽和国际物流中心，为我国四个首选的沿海开放城市之一。

大连自然资源丰富，是我国重要的水果和水稻的产地。苹果、桃的产量在全国排名高位，素有“苹果之乡”。大连面临渤海和黄海两大海域，渔产丰富，渔业发达，是我国重要的水产品基地。鲍鱼、对虾、海参、扇贝、螃蟹等海珍品远销海外，虾夷扇贝、海胆、刺参和裙带菜的产量占我国总产量的90%以上。

大连地区是东北亚乃至全亚洲最早工业化的地区之一。早在20世纪初就开始了现代化城市的建设。中华人民共和国政府成立后，大连是东北地区工业化的龙头。目前，大连是东北地区的金融中心和外汇结算中心，外汇交易额、结算总额、国际收支总额均占辽宁省的 2/3 以上。

哈大高铁于 2007 年 8 月 23 日正式开工建设，2012 年 12 月 1 日正式载客运营，哈大高铁为复线电气化铁路，基础设施按 350km/h 的速度建设。大连港，建于清末 1898 年，是一个世界闻名的天然不冻的良港，亦是我国南北水陆交通运输枢纽和东北亚的主要港口之一，在国际贸易和国内物资交流方面起着重要的作用。

▲ 大连市风光

大连是旅游城市，旅游资源丰富，被称为浪漫之都。历史因素使大连市内有着 19 世纪欧洲殖民主义时期建筑，另外大连市亦经历过近半世纪的时代变迁和战乱，重建、更新建筑和旧建筑并存，形成不同风格的建筑形式。大连于 2006 年和杭州和成都一起被评为“全国最佳旅游城市”。2009 年，大连力压迪拜、利雅得等城市，获得联合国环境规划署与国际公园协会（IFPRA）联合主办的全球“国际花园城市”最高级别组（E 类 100 万人口以上的城市）第一名。

▲ 旅顺口清代南子弹库

▲ 旅顺口古炮台

旅顺口区，是大连市的一个市辖区。面积 506km^2，人口 21 万。该区位于辽东半岛最南端，东临黄海、西濒渤海、南与山东半岛隔海相望，距大连市区 45km。旅顺口区是国家级名胜风景区、国家级自然保护区、国家级森林公园。境内有举世闻名的天然不冻旅顺港，为京津海上门户和东北的天然屏障。新开辟的旅顺新港是沟通辽东半岛和山东半岛的“黄金水道”。旅顺港是北太平洋地区的重要海军基地，也是北海舰队驻扎地。

1958 年元旦，作者有幸从大连乘车到旅顺港游玩。在白玉山上，眺望旅顺港雄伟险要的英姿，参观了山上纪念馆的文物以及馆前放置的战车、马车、火炮等军械，聆听导游讲解当年“日俄战争”的惨痛历史：“当时，俄军死守山头阵地，用猛烈炮火密集轰击抢滩登陆的日军；一批又一批的日军倒下去，而一批又一批的日军又从舰艇上跳下来，拼命地往山头上的俄军阵地轮番冲锋。最后，俄军弹绝无援，火炮通红，寡不敌众，终于失守，日军获胜，双方伤亡极大，损失惨重！”

吉林长春

JILINCHANGCHUN

长春市，位于东北地区的“天然地理中心”，是我国重要的工业基地城市，也是我国四大园林城市之一，同时又是沿边开放城市。市区面积 4906km^2，总人口约 790 万人 (2010 年)，长春的居民包括汉、满、朝鲜、回、蒙古、锡伯等 38 个民族。

长春位于东北平原中部，处于松嫩平原和松辽分水岭的结合部，属大陆性季风气候区，在全国干湿气候分区中，地处湿润区向亚干旱区的过渡地带。气温自东向西递增，降水自东向西递减。春季较短，干旱多风；夏季，西太平洋副热带高压常与东南移动的贝加尔湖的冷空气交汇于此，东南风盛行，也有渤海补充的湿气过境，温热多雨，降水量占全年的 60% 以上；秋季，天高气爽，可形成持续数日的晴朗而温暖的天气，温差较大，风速也较春季小；冬季漫长，在强大的蒙古高压控制下，气候寒冷而干燥。具有四季分明，雨热同季，干湿适中的气候特征。

长春市共有公路 569 条，总里程达 7094.8km。其中高速公路 5 条、国道 6 条、省道 7 条，县道、乡道等共几百条、专用车道 8 条，交通十分便利。

长春地区处于吉林省铁路的核心位置，位于京哈线铁路大动脉上，是长春至大连、哈尔滨、白城、图们这 4 条铁路干线的交汇点。现已开通直达北京、广州、西安、上海等地的特快、直达列车。

2005 年 8 月长春市开始启用了位于九台市龙家堡镇与东湖镇交界处的新机

▲ 长春市中国人民银行

▲ 长春市吉林省宾馆

场——龙嘉国际机场。目前已经开辟了 50 多条国内外航线，国内航线包括至北京、上海、成都、昆明、厦门、西安、桂林等主要城市。国际上已开通至首尔、仙台、东京、香港、新西伯利亚等航线。

长春地区是全国重要的产粮区，2004 年全国十大产粮县排名，长春地区占三个；其中，榆树市以 23.2 亿公斤粮食产量名列榜首。

对长春市而言，工业仍然是长春经济的主导力量，主要的产业有：汽车工业、农副食品加工业、光电信息、生物医药、能源、建筑和材料制造等。它是我国最大的汽车工业城市和最早的电影工业基地。

汽车工业占工业产值比重超过 70%。一汽集团是我国第一家汽车厂，1953 年始建，1956 年出车，生产了我国第一辆汽车、第一辆轿车，现已成为我国汽车工业规模最大、品种最全、技术最先进的现代化汽车生产科研基地。长春客车厂生产了我国第一辆轨道客车、第一辆有轨电车、第一列地铁和第一辆磁悬浮列车。产品包括北京地铁、武汉轻轨、重庆轻轨、广州地铁、平壤地铁、德黑兰地铁以及中国很多铁路客车。

长春的星级宾馆数量众多，五星级的有香格里拉大饭店、紫荆花大饭店等 16 家；四星级的有吉林省宾馆、长春市宾馆等 10 多家。长春由于历史上受俄、日国家的影响，很多建筑都是满洲国新京时期的遗留，所以存在中西结合、多种文化混合的特点，成为城市建筑的主要特色。

牡丹江

MUDANJIANG

牡丹江水泥集团有限责任公司

牡丹江水泥集团有限责任公司的前身，就是牡丹江水泥厂。50 多年前，即 1959 年夏秋间，作者曾只身从北京建材研究院奔赴牡丹江水泥厂，对立波尔窑运行中多个重要参数的自动检测与控制，进行了深入细致的科研试验工作，取得良好的效果。时光飞快流逝，不觉已过去半个多世纪，但当年在现场战斗的日日夜夜，尤其是当年全国劳动模范、全国青联委员、青年看火技师刘培顺的言传身教以及五四纪念奖章获得者黎金城和高同绪等技术员的大力支持与帮助，至今仍牢记心中，他们的这种高贵品质和助人为乐的精神，永不忘怀！

牡丹江水泥厂从一家有着 60 年水泥生产历史和管理经验的老企业，从 20 世纪 90 年代初开始，积极进行了产权制度改革的探索，先后实行了集团化改组和股份制改造，仅一墙之隔的牡丹江水泥厂和牡丹江建设水泥厂实行资产一体化，进行强强联合，依法组成牡丹江水泥厂。通过资本运营，走兼并、联合之路，牡丹江水泥厂在不断发展壮大。目前，已拥有牡丹江水泥多彩有限公司、众成经济贸易公司、建筑安装公司、水泥机械厂、利健实业公司等十五个成员企业，采取母子公司、母分公司等多元化管理体制。初步形成以水泥生产和销售为主，多产业并举，融科、工、贸为一体的综合型企业，曾获“全国建材行业经济效益最佳企业”称号、“黑龙江省百面红旗标兵企业”，是黑龙江省牡丹江市财政支柱企业之一，被授予全国“五·一”劳动奖状。如今，牡丹江水泥集团有限责任公司，已逐步攀升为国家建材行业大型 I 档企业，成为 520 户国家重点企业。

忆往昔，看现状，想未来，这怎能不令人自豪、高兴万分啊！

黑龙江

HEILONGJIANG

哈尔滨

哈尔滨，黑龙江省省会，东北北部的政治、经济、文化中心。全市人口 994 万人 (2014 年)，全市总面积约为 5.384 万 km^2，其中市辖区面积 10198km^2，辖 9 个市辖区（道里、道外、南岗、香坊、平房、松北、呼兰、阿城、双城）、7 个县（宾县、巴彦、依兰、延寿、木兰、通河、方正）、2 个县级市（五常、尚志）。

哈尔滨地处东北亚中心地带，被誉为欧亚大陆桥的明珠，是第一条欧亚大陆桥和空中走廊的重要枢纽，也是我国著名的历史文化名城、热点旅游城市和国际冰雪文化名城。有“冰城”“文化之都”“音乐之都”“冰城夏都”的美誉。

哈尔滨市区及双城区、呼兰区地域平坦、低洼，东部县（市）多山及丘陵地。东南临张广才岭支脉丘陵；北部为小兴安岭山区；中部有松花江通过，山势不高，河流纵横，平原辽阔。

哈尔滨位于最北端，是我国纬度最高、气温最低的大城市。四季分明，冬季漫长寒冷，而夏季则显得短暂，春、秋季气温升降变化快，属于过渡季节，时间较短。

哈尔滨地域广阔，土地肥沃，雨水充沛，空气清爽，是我国重要的商品粮生产基地，是发展食品加工业和农业经济的理想地点。这片广阔的黑土地堪称我国最肥沃的土壤，适合种植各种食用和纺织用农作物。大豆、马铃薯、亚麻、甜菜等农产品产量居全国之首。

哈尔滨矿产资源丰富，已发现各类矿产 63 种，已探明可供工业利用的 25 种。其中煤炭、天然气、铜、锌、钨、钼、硫铁矿、熔炼水晶、蛇纹岩、砷、建筑用石、矿泉水等 20 种矿产资源在黑龙江省占有重要地位。

工业装备制造、医药、食品、石化四个主导产业以及新能源、新材料、新型环保、生物、信息、现代装备制造六大新兴产业，发展很快，利润丰厚。

哈大高铁哈尔滨西站，2012 年开通运营，同津秦客运专线以及秦沈客运专线连接京沪高速铁路。公路主要有绥满高速公路、京哈高速公路、哈佳高速公路、五右高速公路、哈同公路（同江）、吉黑公路（黑河）、鹤哈高速公路等。哈尔滨太平国际机场，地处东北亚中心位置，是我国东北地区乃至东北亚的重要空中交通枢纽。由哈尔滨太平国际机场可以到达北京、香港、台北、上海、深圳、广州、天津、西安、沈阳、乌鲁木齐等各国内主要城市，以及东京、大阪、新潟、首尔、叶卡捷琳堡、哈巴罗夫斯克、符拉迪沃斯托克、安克雷奇等国际城市。

哈尔滨素来有“东方小巴黎”“东方莫斯科”的美名，市内建筑中西合壁，是一座中西文化结合的名城。哈尔滨市著名景点有：太阳岛、中央大街、亚布力滑雪场、冰雪大世界、中华巴洛克等。区内有圣索菲亚教堂、尼古拉教堂、俄罗斯木屋、歌特式楼宇、中央大街，一年一度的“哈尔滨之夏”音乐会、“冰雪节”国际冰雕雪塑比赛、以及“国际经贸洽谈会”等均在此举办。

▲ 冰城哈尔滨夜景之一

▲ 冰城哈尔滨夜景之二

哈尔滨国际冰雪节，是我国历史上第一个以冰雪活动为内容的国际性节日，每年一月五日开幕，持续一个月。中国 · 哈尔滨国际冰雪节与日本札幌雪节、加拿大魁北克冬季狂欢节和挪威奥斯陆滑雪节并称世界四大冰雪节。自 1985 年 1 月 5 日创办以来，智慧、勤劳、勇敢的哈尔滨人化严寒为艺术、赋冰雪以生命，将千里冰封、万里雪飘的北国冬天，创造成融文化、体育、旅游、经贸、科技等多领域活动为一体的黄金季节，成为世界著名的冰雪盛会。经地方立法，1 月 5 日已成为哈尔滨人的盛大节日，吸引了大批国内外游客前来观光游览。

锦绣·华北地区

Chapter 3

河北

山西

河北承德

HEBEICHENGDE

承德市，是河北省东北部下辖的一个地级市，又名热河。市区面积 709km^2，市区常住人口 45.73 万人，是中国普通话标准音采集地、中国国家历史文化名城。

1703 年，康熙在承德建避暑山庄以后，这里就成为清朝皇帝避暑或出巡围猎时办公的地方。

承德地区境内自然资源丰富。有滦河、潮白河、辽河等四大水系，是京津唐的重要供水源地，武烈河流经城区。林地面积占河北省的 43.4%，草地面积占 40%，森林覆盖率 48%。承德是华北地区最大的食用菌生产基地、我国北方地区重要的中药材生产基地。目前已发现的矿产有 98 种，开发利用 50 种，是我国大陆除攀枝花外唯一的大型钒钛磁铁矿资源基地。黄金产量居河北省第一位，钼、银、铜、铅、锌和花岗岩、大理石等资源丰富。

承德地区属于温带大陆性季风气候。由于区内复杂地形的影响，本地区降水、光照、气温分布亦有一定区别。自然灾害多为旱涝、风灾、霜冻、冰雹等。

避暑山庄和外八庙

承德避暑山庄和外八庙，位于承德市中心区以北，是指承德避暑山庄及周围庙宇被联合国教科文组织评定为“世界文化遗产”时使用的登录名称，其中的避暑山庄是我国现存最大的皇家园林。它是清朝皇帝的夏季行宫以及按照西藏、蒙古、新疆的藏传佛教寺庙的形式修建的寺庙，位于承德市中心区以北。

避暑山庄与周围寺庙构成了紧密关联的有机整体，风格迥异，山庄内朴素淡雅，周围寺庙金碧辉煌。正是由于存在众多历史和文化遗产，使承德避暑山庄及其周围庙宇成为全国重点文物保护单位、首批 24 个历史文化名城之一和 44 个名胜风景区之一、中国十大风景名胜、首批国家 5A 级旅游景区之一。在 1994 年，承德避暑山庄和周围寺庙根据联合国教科文组织的文化遗产遴选标准 C(II)(IV) 被列入“世界文化遗产”。

避暑山庄从清朝康熙四十二年(公元 1703 年)开始建造，至康熙四十七年(公元 1708 年)已初具规模。康熙五十年(公元 1711 年)，康熙帝赐名并题写“避暑山庄”匾额。历经康熙、雍正、乾隆三代皇帝，费时 89 年（公元 1703—1792 年)，才算基本完工，并在山庄外周边修建了“外八庙”。

避暑山庄

避暑山庄又称“热河行宫”，或称“承德离宫”。总面积 564 万平方米，由众多

▲ 避暑山庄门前

▲ 一群孩子在结冰的湖面上玩耍

▲ 避暑山庄雪景风光

▲ 避暑山庄公园冬湖亭阁景色

▲ 避暑山庄内

的宫殿、楼阁、亭榭以及其他处理政务、举行仪式的建筑构成一个庞大的建筑群，总建筑面积 10 万多平方米，共有建筑 120 余组，山庄周边宫墙高 3m、长 10km，形似长城，故又称“小长城”。避暑山庄主要分宫殿区和苑景区两部分，苑景区又分为湖泊区、平原区和山峦区，利用了原有的自然山水，吸收江南、塞北之风光。避暑山庄东南多水，西北多山，有草原风光，也有森林景象，所以亦有人认为是取清朝疆域自然地貌的缩影。

清朝前期许多重要的政治、军事、民族和外交等国家大事，都在这里处理。每年夏季四、五月至九、十月份，清朝皇帝到“避暑山庄”避暑，因此，避暑山庄就成了北京以外第二个政治中心，连同周围寺庙又是接见边疆少数民族政教首领、处理民族关系和外国使节的地方，对安抚和团结中国边疆少数民族、巩固国家统一起到了重要作用。

20 世纪 80 年代中期，作者因公到承德出差之余，虽没有在酷暑天到此享受“避暑”之乐，但能在严冬时节慕名而来、亲历其境并照相留影，也甚感欣慰与满足！

外八庙

外八庙，是指清朝在承德避暑山庄周围修建的十二座佛教寺庙群：普陀宗乘之庙、须弥福寿之庙、殊象寺、普宁寺、广缘寺、安远庙、普乐寺、溥仁寺；以及大部分已毁的罗汉堂、广安寺、普佑寺或已毁的溥善寺，这些寺庙建筑风格分为藏式寺庙、汉式寺庙和汉藏结合式寺庙三种，具有鲜明的政治功用。

由于这些寺庙都在古北口外，故统称“外八庙”，亦成为这十二座寺庙的代称。其中的普陀宗乘之庙、须弥福寿之庙、普宁寺、普乐寺根据《国务院关于公布第一批全国重点文物保护单位的通知》于 1961 年 3 月 4 日被列为首批全国重点文物保护单位。

普陀宗乘之庙

普陀宗乘之庙，指普陀山观世音菩萨的道场，位于避暑山庄北面狮子岭南麓，建于乾隆三十二年（公元 1767 年），乾隆三十六年（公元 1771 年）建成，是乾隆皇帝为了庆祝他本人 60 寿辰和他母亲皇太后 80 寿辰而建的。占地面积 22 万平方米，由一道曲折蜿蜒的宫墙包围。它有建筑 60 多处，依山峦地势建筑，色彩鲜明，气势雄伟，是我国古代皇家庙宇的代表作。其主要建筑包括：山门、乾隆御碑亭、五塔门、琉璃牌楼、白台、大红台、群楼、万法归一金殿、慈航普渡等。

该寺庙是外八庙中最辉煌、规模最大的一个庙。寺庙建筑布局利用山势，自南而北层层升高，主体建筑大红台位于山巅，壮观醒目。因为这座寺庙是仿照拉萨布达拉宫形式而建，因而又称为“小布达拉宫”。它在 1961 年登录为全国重点文物保护单位，在 1994 年登录为“世界文化遗产”。

▲ “普陀宗乘之庙”山门

▲ “普陀宗乘之庙”大门前

▲ 承德市“普陀宗乘之庙”

▲ “普陀宗乘之庙”平台

普陀宗乘之庙的山门，是一座清式与藏式结合的建筑，藏式三卷门白台之上筑清式五进间黄琉璃瓦顶阁楼。

藏式三门白台，白色墙上画了三排红色盲窗，白台之上排列红、绿、黄、白、黑五色小佛塔，代表藏传佛教的红教、绿教、黄教、白教以及苯教（黑教）等教派。全庙共有三座五塔门，第一座五塔门在中轴线上近入口处，其余两座五塔门分列中轴线左右近大红台处。从“普陀宗乘之庙”平台上，可遥望五塔门的景观（图照中右）。

须弥福寿之庙

须弥福寿之庙是承德“外八庙”之一，位于避暑山庄之西、普陀宗乘之庙的东面，建于清乾隆四十五年（公元 1780 年），是为迎接从西藏六世班禅入朝贺乾隆帝七旬庆典而仿照班禅居所——日喀则的扎什伦布寺形式而兴建的，因而又称为“班禅行宫”。须弥福寿之庙，按中轴线布局，依山势建造，占地面积 3.8 万平方米。入山门不远是一座琉璃牌坊，主体建筑大红台高三层，建在一个三层台阶上。庙内有世界最大的木佛像，高 22.12m。妙高庄严殿是六世班禅讲经之所，而上覆盖镀金铜瓦的吉祥法喜殿是班禅的居所。庙的后方有一座七层高的八角形琉璃万寿塔。

1961 年被列入第一批全国重点文物保护单位名单，并于 1994 年以承德避暑山庄和外八庙的重要组成部分被评定为“世界文化遗产”。

▲ 远眺避暑山庄“须弥福寿之庙”

▲ 避暑山庄“须弥福寿之庙”前庭院内

▲ 避暑山庄“须弥福寿之庙”内

山海关

山海关，位于河北省最东侧与辽宁省接壤处，在燕山与渤海之间，距秦皇岛市区 15km。在 1990 年以前被认为是明长城的东端起点，素有“天下第一关”之称，与万里之外的西面“天下第一雄关”——嘉峪关遥相呼应，闻名天下。1961 年，万里长城——山海关被国务院公布为第一批全国重点文物保护单位之一。

山海关城平面呈方形，周长约 4km。城墙高 14m，厚 7m，内用夯土填筑，外用青砖包砌。东墙的南北两侧与长城相连，墙上有奎光阁、牧营楼、威远堂、临闾楼等建筑。东、南、北三面墙外挖掘了深 8m、宽 17m 的护城河并架设吊桥。城中心筑有钟鼓楼。

山海关的东、西、南、北四面均开辟城门，分别为“镇东门”“迎恩门”“望洋门”

和“威远门”。四个门上原先都筑有高大的城楼,但目前仅存镇东门楼。东门面向关外,最为重要,由外至内设有卫城、罗城、瓮城和城门等四道防护措施。城门为巨大的砖砌拱门,位于长方形城台的中部。城台高 12m,其上部的城楼高 13m、宽 20m、进深 11m,为砖木结构的二层楼重檐歇山顶建筑。城楼上层西侧有门,其余三面设箭窗 68 个,平时以窗板掩盖。在东面屋檐下还高悬一块巨大匾额,为明代进士萧显书写的“天下第一关”五个大字,每个字高 1.6m,字体苍劲浑厚,是山海关城的象征。

1954 年夏,作者正在广州华南工学院(今华南理工大学)化工系硅酸盐专业学习。按照教学计划要求,我班同学在这年暑期,被安排去河北省古冶耐火材料厂进行认识实习,随后到秦皇岛耀华玻璃厂参观见习。之后,我们趁机登上世界闻名的万里长城的东端起点山海关的“天下第一关”,并进行爱国主义教育,使我们思想与学业获得双丰收,实感高兴,永不忘怀! 60 年呀!它在人类历史的长河中,只不过是短暂的瞬间,但在人生拼搏的道路上,却是多么的漫长!啊!今天手捧 60 年前的旧照,不禁思绪万千,心潮澎湃;时过境迁,现今我国的国民经济迅速发展,短短几十年间跃居世界第二位,人民安居乐业,国力大增,尤其是中国人民解放军就像坚不可摧的“万里长城”那样,随时歼灭敢于来犯之敌,保家卫国,保卫世界和平!

▲ 天下第一关(1954 年 7 月)

▲ 天下第一关城楼集体照

山西太原

SHANXITAIYUAN

山西，春秋战国时为晋国之地，简称晋，因在太行山以西，故称山西。它地处黄土高原东翼，东靠太行山，西邻吕梁山，南临黄河，面积15.6万平方千米。山西有独特的语言、风俗以及历史，土地肥沃，矿产资源丰富，位处汾河沿岸一带的晋中盆地，一直被称为华北的“渔米之乡”。

太原市，简称“并”，为山西省的省会，全市辖6个市辖区、1个县级市、3个县。它是山西中部地区重要的中心城市、全国重要的新材料和先进制造业基地、历史悠久的文化古都，是山西省的政治、文化和国际交流中心，同时是山西经济金融的决策和管理中心。

太原市是一座有4700余年历史的历史文化名城，拥有众多历史名胜古迹和人文景观，亦是我国优秀旅游城市、国家园林城市，国家历史文化名城。附近有开化寺、蒙山大佛、晋祠、平遥古城、乔家大院、五台山等历史文化古迹。

开化寺

开化寺，位于山西省高平市城东北17km舍利山腰，松柏茂密，峰回路转，殿宇楼阁掩映在山峦树影之中，是一座远近闻名的佛教寺庙。开化寺创建于五代后唐同光年间（公元923—926年），原名清凉寺。北宋熙宁六年（公元1073年）建造了大雄宝殿以后，改名为“开化禅院”，后来一直被称为开化寺。

寺中有连理塔，为砖砌单层两基塔，两塔基底相连。连理塔内壁画的保存情况差别较大。东壁残损严重，部分画面已经漫漶不清，部分经后人补绘过，是用连环画形式绘成的佛传故事。另外两壁的壁画保存较好。开化寺前的寺殿遗址、铁佛殿遗址、龙王庙遗址以及山脚下御驾桥遗址，现已修复，可供游人观赏。

▲ 开化寺

▲ 开化寺连理塔

蒙山大佛

蒙山大佛，在开化寺后，利用陡直崖壁开凿而成，位于蒙山近山顶处。佛龛为摩崖敞口式，宽 29.60m，进深 17m，平面大约为半椭圆形。佛像头部已经遗失，颈部直径 5m，高 2m 余，颈部至腹部高 22m，两肘间距 22.70m。两肩平而宽，蒙山大佛自双腿下部至颈高约 30m。估计佛像头部高度大约 10m 左右，加上后世重修时增

▲ 眺望蒙山大佛

▲ 蒙山大佛近照

砌的 6m 高的基座，总高度大约 46m。这与史籍的记载有所不同。唐代的《冥报记辑书》记载蒙山开化寺大佛高 200 尺。按唐代一尺合现代 0.295m，唐代记载中蒙山大佛的高度为 66m，比蒙山大佛的实际高度多出 10 多米。若真如此，它比世界上最高最大的石刻佛像——四川乐山大佛(高 71m) 略低 5m，但比乐山大佛早开凿 162 年；又比阿富汗巴米扬大佛（高 55m）还要高。因此有媒体声称，蒙山大佛应与乐山大佛、巴米扬大佛齐名，堪称天下第一佛。

晋祠

晋祠位于太原市区西南 25km 处的悬瓮山麓，是晋水的发源处，也是我国著名的名胜古迹游览胜地。原为晋王祠（唐叔虞祠），建于北魏前，为纪念晋（汾）王及母后邑姜而兴建。

晋祠的创建年代，虽然还难以考定，但即使是从北魏算起，距今也有 1000 多年了。它经过多次修建和扩建，面貌不断改观。自从北宋天圣年间修建了圣母殿和鱼沼飞梁后，祠区建筑布局大为改观。此后，铸造铁人，增建献殿、钟楼、鼓楼及水镜台等，这样，以圣母殿为主体的中轴线建筑物就次第告成。

现今，祠内有几十座古建筑，环境幽雅舒适，风景优美秀丽，以雄伟的建筑群、高超的塑像艺术闻名于世，是集我国古代祭祀、建筑、园林、雕塑、壁画、碑刻艺术为一体的珍贵历史文化遗产。俗语说："不到晋祠，枉到太原"！ 由此可见晋祠的珍贵。

▲ "晋祠胜境"牌楼

▲ 晋祠正门与石桥

▲ 庭园楼阁之一

▲ 庭园楼阁之二

▲ 壁画浮雕

▲ 铁人及骑马雕塑像

平遥古城

平遥古城，位于山西中部平遥县内，是一座具有2700多年历史的文化名城，1997年被联合国教科文组织评定为世界文化遗产；2009年，荣获世界纪录协会“中国现存最完整的古代县城”奖；2011年，美国《纽约时报》评选出全球最值得旅游的41个地方，平遥古城因能完整保留其“老传统”而名列第37位；现在，它已成为国家5A级旅游景点。

平遥古城，始建于西周宣王时期（公元前827—782年），明代洪武三年（公元1370年）扩建。迄今为止，它还较为完好地保留着明、清时期县城的基本风貌，堪称中国汉族地区现存最为完整的古城。平遥曾是清代晚期的金融中心，其中规模最大的钱庄是创建于清朝道光年间、以“汇通天下”而闻名于世的中国第一座票号“日升昌”。

平遥城墙总周长6163m，墙高约12m，面积约2.25km^2。该城墙把平遥县城一分为二，城墙内的街道、铺面、市楼，保留明清形制；城墙以外称新城。这是一处古代与现代建筑各成一体、相互辉映的佳地。平遥古城城内、外有各类遗址、古建筑300多处，有明清民宅近4000座，街道商铺都体现历史原貌，现存有6座城门瓮城、4座角楼和72座敌楼。其中南门城墙段于2004年倒塌，除此以外的其余大部分都保存完好，是我国现存规模较大、历史较早、保存较完整的古城墙之一，亦是平遥古城的核心组成部分。

平遥城墙的城楼共有六座，创修于明代，清康熙四十二年（1703年）补修重筑。其造型古朴、典雅，结构端庄稳健。城楼是城墙顶精致美观的高层建筑，平常登高瞭望，战时主将坐镇指挥，是城池重要的高空防御设施。建于城墙四角上的城楼，是城墙顶精致美观的高层建筑，可登高瞭望，并可弥补守城死角即城墙拐角处的防御薄弱环节，从而增强整座城墙的防御能力。鸟瞰平遥古城，形同一只欲行未动的乌龟，“龟”头南尾北，东西四门比拟为龟之四足，因而它在民间有“龟城”之称。

▲ 平遥古城

▲ 平遥古城街道

▲ 古城的南大街

▲ 城墙

▲ 平遥县署偞门（衙门）

▲ 城墙四角上的城楼

乔家大院

乔家大院位于山西省祁县乔家堡村，北距太原 54km，又名“在中堂”，是清代著名的金融资本家乔致庸的住宅，也是一座具有北方汉族传统民居建筑风格的古宅。始建于清代乾隆二十年（公元 1755 年），后又经同治、光绪年间及民国初年多次增修。1985 年，当地政府在古宅的基础上建成了祁县民俗博物馆，1986 年 11 月 1 日开馆，正式对外开放。2001 年，乔家大院被国务院命名为全国重点文物保护单位，被国家旅游局评定为 5A 级旅游景区。

乔家大院占地 1 万多平方米，建筑面积 $4175m^2$。整个大院呈双“喜”字形，分为 6 个院宅，内套 20 个小院，313 间房屋。整个大院是城堡式建筑，三面临街。大门为城门洞式。大门之内，一条长约 80m、宽约 7m 的“石铺甬道”，把 6 个院宅分为南北两部分。四周高达 10 多米的全封闭水靡砖墙内，院与院相衔，屋与屋相接，院内有园。其门窗、椽檐、阶石、栏杆壁雕、屏雕、栏雕等，造型精巧，各具风采。被誉为“北方民居建筑史上一颗璀璨的明珠”，素有“皇家有故宫，民宅看乔家”之说。这里曾是电影《大红灯笼高高挂》的拍摄场地，游客众多。

▲ “乔家大院”牌楼

▲ 石铺甬道

▲ "在中堂"

▲ 亭园楼阁

阎锡山故居

阎锡山（1883 年 10 月 8 日 ~1960 年 5 月 23 日），山西省五台县人，清末举人，中华民国北洋政府将军府陆军一级上将，北洋军阀晋系领袖。曾任行政院院长、国防部部长及总统府资政等职务。

阎锡山故居，位于山西省定襄县城东北 22km 的河边村，始建于 20 世纪 20 年代初，历时 14 年建成，耗银 140 万两。整个建筑群坐东向西，原长 135.2m，宽 119.7m，占地面积 61834m^2，近 30 座院落，800 多间房屋。现存 18 座院落 575 间房屋，占地面积 38000m^2，建筑面积 18000m^2。总体设计分为上下两院，前后为东西花园。

1986 年 8 月 18 日，阎锡山故居被山西省人民政府列为省级重点文物保护单位，1988 年 8 月开辟为晋北河边民俗博物馆。

▲ "阎锡山故居"标志

▲ 登楼眺望

五台山风景名胜区

五台山风景名胜区，位于山西省五台县东北角。以台怀镇为中心，周围屹立着东、西、南、北、中五个山峰，称作五台。五峰之内称台内，它是世界佛教五大圣地之一，同时还是国务院首批公布的国家级重点风景名胜区。景区总面积达 2837km^2，最高峰北台海拔 3058m，素称“华北屋脊”。

老的花岗岩、片麻岩构成断块上升的山地，山顶平展如台，河谷溪流不断。早在东汉就在此建佛教殿堂，现存唐、辽、元、明、清寺庙及遗迹近百处。台外南禅寺和佛兴寺建于唐代，是我国现存最早的木结构建筑。

▲ 壮丽的白塔

▲ 五台山风景名胜区

五台山是我国唯一一个青庙（汉传佛教）黄庙（藏传佛教）相互辉映的佛教道场，因此汉、蒙、藏等民族在此和谐共处。五台山文物古迹众多，自东汉永平 11 年开始，代代兴修寺庙，现仍保存有北魏、唐、宋等 8 个朝代不同风格的寺庙建筑 47 处，保存有大量佛像、牌匾、壁画、佛塔、藏经等珍重文物，见证了近两千年佛教在我国的成功演变，是“中国佛教缩影”。2009 年 6 月 26 日在西班牙塞维利亚举行的第 33 届世界遗产大会上被正式列入“世界遗产名录”。

五台山著名的的标志性建筑物——大白塔，在塔院寺内，塔高 56.4m，高耸入云，通体洁白，被誉为“清凉第一圣境”。塔顶悬有两百余个铜铃，风吹时声音清脆。它建于元大德五年（公元 1301 年），由尼泊尔匠师阿尼哥设计建造，用以亿计的砖石瓦块垒起，砖缝全部用米浆、石灰搅烂后砌筑而成。它是我国古代建塔史上的一项奇迹。

白塔东边有一座小白塔，相传此塔内藏有文殊菩萨显圣时遗留的金发，因此又称文殊发塔。藏经阁在大白塔北侧，为木结构建筑，内有用汉、蒙、藏多种文字所写的经书两万多册。

五台山殊像寺，位于山西五台山台怀镇西南，是山西省文物保护单位、汉族地区佛教全国重点寺院之一。该寺创建于东晋初年，唐代、元泰定二年（公元 1325 年）、明代弘治九年（公元 1496 年）、万历年间均有重修。殊像寺的大文殊殿内有一尊文殊菩萨骑狻猊的塑像，为五台山中最高的一尊彩塑文殊像。殿内的殿壁上还塑造了五百罗汉渡江的故事。

▲ 殊像寺

▲ 大文殊殿

▲ 文殊菩萨殿

▲ 游客及朝拜的人们

大同云冈石窟

云冈石窟，是指山西省大同市以西 16km 武周山北崖的一系列石窟，从北魏兴安二年（公元 453 年）到太和十九年（公元 495 年）间兴建，它是由皇室显贵主持开凿的第一处大型石窟。整个石窟群分东、中、西三部分，东部的石窟多以佛塔为主，又称塔洞；中部“昙曜五窟”是云冈开凿最早，气魄最大的窟群；西部窟群大多是北魏迁都洛阳后的作品。这些石窟群依山开凿，在武州河北岸东西绵延 1km，主要洞窟有 51 个（其中保存较好的约 20 个）。整个石窟群共有大小佛蹲 1100 多个，大小佛像 51000 多尊，最大佛像高达 17m，最小佛像仅有 2cm 高。最大石窟是第 6 窟，由地面到窟顶高 20m。1961 年，云冈石窟被国务院列入全国重点文物保护单位。2001 年，云冈石窟被列为世界文化遗产。

云冈石窟与甘肃敦煌莫高窟、河南洛阳龙门石窟、甘肃天水麦积山石窟，统称为“中国四大石窟”；而云冈石窟与莫高窟、龙门石窟和重庆大足石刻，同时也是我国境内被列入联合国教科文组织世界文化遗产名录的四座石窟。

20 世纪 50~60 年代，作者曾在前中国建筑材料工业部水泥研究院（北京）工作，期间多次去山西省大同水泥厂进行科研试验工作，在完成任务后，曾几次赴云冈石窟观赏，因此，对它情有独钟，念念不忘！

▲ 云冈石窟一角

▲ 云冈石窟内部近照之一

▲ 云冈石窟内部近照之二

▲ 云冈石窟最大的坐佛

风情·西北地区

Chapter 4

陕西

陕西西安

SHANXIXIAN

陕西省省会西安，旧称长安、京兆，位于我国内陆腹地，是一座典型的放射型城市，我国区域中心城市之一。西安有3200余年建城史，是世界著名的历史文化名城、古代丝绸之路北线最初起点。历史上包括西周、秦、西汉、唐在内的总共13个王朝，都曾在此建都。它曾经作为我国的首都和政治、经济、文化中心长达1000多年，是我国历史上建都朝代最多、影响力最大的都城，是中华文明的发扬地、中华民族的摇篮、中华文化的杰出代表。

西安，作为东方世界历史文化的代表区域之一，有“五千年文明看西安”之美誉，曾先后有200多个国家元首以及领导人访问古都西安。

2009年，国务院批准《关中—天水经济区发展规划》，提出要把西安建设成为国家重要的科技研发中心，区域性商贸、物流、会展中心，区域性金融中心，国际一流旅游目的地以及全国重要的高新技术产业和先进制造业基地，着力打造西安国际化大都市。

西安，东近险拔峻秀的华山、西临冬夏积雪的太白、南屏地势磅礴的秦岭、北连逶迤延绵的北山。四山亭亭，沃壤广野居中，适宜农林牧业的发展，既有高山避暑、又有风光览胜，故古有“陆海丰饶”之称。西安有被称为“世界第八大奇迹”的“秦兵马佣”遗址、古代城阙遗址、77座帝王陵墓、众多名寺古塔、先民遗迹等优秀文化艺术遗产，是世界旅游热点城市之一。

秦始皇兵马俑

秦始皇兵马俑，又称秦兵马俑。秦始皇兵马俑博物馆，建设于兵马俑坑原址之上，位于西安市临潼区东 7.5km 的骊山北麓，西距西安 37.5km。

1974 年 3 月 29 日陕西大旱，临潼县村民杨志发在水井打水时意外发现了兵马俑碎片，当时村民称这些陶塑为瓦爷。在人们初次见到兵俑时，兵俑衣着、武器的颜色还十分鲜艳，历经 2000 年威武不减，但是在考古学家挖出土时，被空气氧化，数分钟内即渐渐剥落消失，只剩下现在看到的陶土色。1976—1978 年，考古队增添了考古、保护、照相、修复等人员，各项发掘工作全面开展。1979 年 10 月 1 日秦始皇兵马俑博物馆开始向国内外参观者展出，首先开放一号坑；至 1991 年 9 月，三号坑正式对外开放；1994 年 9 月，二号坑以边发掘边展出的方式向外界开放。

▲ 秦兵马俑展览馆

▲ 骑兵鞍马俑

兵马俑采用陶俑作为陪葬品，因而得名。陶俑以秦兵真人大小为模样，由工匠加工烧制，全部为手工劳动，没有使用模具，但有八种常用脸型再做细部修改，并以“装配线”方式组装起来，这八种类型是：军士俑、立射俑、跪射俑、武士俑、军吏俑、骑兵俑、驭手俑和高级军吏俑。所以现在看到的陶俑容貌各异，体态各不相同。所有陶俑的制作均按照秦军编制，包括各级军官、各兵种、战车、马匹等。在形状加工好之后，陶俑着色烧制，最后再加上真实的兵器、装备。各道加工完成后，按照秦军作战部署分兵种、级别逐一排列位置。因此，现在看到的兵马俑，是秦军的精确复制。由于兵俑完美地再现了秦军的风范，军事学者可以通过兵俑增加对“强秦”的了解。

从兵俑和所配备武器的分析中得到的结论是，秦军的弓箭部队配备多种箭矢，以应对复杂的战况，秦军兵俑不戴头盔。有专家说，“不戴头盔是为了在战场上显出英勇的气势，可以压倒敌人。”有专家说是因为当时“刀”还没有大规模装备部队。

当时的步兵武器主要是“刺杀武器”，如戟、剑。步兵作战，长距离用戟，近战用剑。因这些兵器大多用青铜制成，韧性差，砍杀时易折，故多制成刺杀兵器。使用这些刺杀武器，攻击的部位大多是胸、腹部，因此，秦兵马俑大都披有胸甲。因为作战时头部被“劈砍”的概率较小，因此秦军是不戴头盔的。

秦始皇兵马俑在美国展出

2013 年 2 月 22 日至 2013 年 5 月 27 日，在美国加利福尼亚州旧金山亚洲艺术博物馆，展出《中国兵马俑：秦始皇时代的瑰宝》，它以三个展览主题分别在三个展厅展示：第一展厅为 LEE 求仙之道；第二展厅为 HAMBRECHT 法制统一；第三展厅为 OSHER 地下军阵。这三个展厅，展示出从陕西先秦遗址和秦始皇陵园出土的 120 多套文物，这些作品展现了我国历史文明的根基。

2013 年 5 月 5 日，在太平洋彼岸的美国旧金山，我能亲历其景，“零距离”地仔细观赏，照相留影，深感幸运难得，甚感欣慰与自豪！

▲ 旧金山亚洲艺术博物馆

▲ 1 号铜马车——“立车”或“高车”（复制品）

▲ 2 号铜马车——“安车”（复制品）

▲ 铠甲跪射俑与铠甲步兵俑（右后）

▲ 鞍马俑

▲ 铜鹤

▲ 铜天鹅

▲ 青铜蟠虺纹钫（左）与云纹双耳壶

秦始皇陵

秦始皇陵，始建于公元前247年，是秦始皇在13岁即位后开始兴建的陵墓。修建过程历经他的一生，在公元前208年建成，历时39年。陵墓总面积达50km^2，包括现在的秦兵马俑和秦始皇陵。同时，它是中国第一个规模宏大、布局讲究且保存完好的帝王陵寝，现存陵冢高76m，陵园布置仿秦都咸阳，分内外两城，内城周长2.5km，外城周长6.3km。陵冢位于内城西南，坐西面东，是放置棺椁和随葬器物的地方，为秦始皇陵建筑群的核心，目前尚未发掘。秦始皇陵是世界上绝无仅有的帝陵。首先，各种材料来源要求严格，很多都是采自特定产地，由专门工匠开采、加工。在建造过程中动用了大量人力、物力，有人认为最多时有70万人参加建设工程。

据目前的考证，秦兵马俑坑位于秦始皇陵封土以东约955.5m处，普遍认为秦始皇兵马俑位于秦始皇陵的外围，有戍卫陵寝的含义，是秦始皇陵的重要组成部分。1987年，秦始皇陵及兵马俑坑被联合国教科文组织(UNESCO)批准列入《世界遗产名录》，并被誉为“世界第八大奇迹”。

▲ 秦始皇陵

▲ 远眺秦始皇陵墓

乾陵

乾陵，位于西安以西 80km 的乾县，是“唐十八陵”中保存最完整的一座皇家陵园，也是我国乃至世界上独一无二的一座两朝帝皇、一对夫妻皇帝合葬陵，里面埋葬着唐王朝第三位皇帝唐高宗李治和中国历史上唯一的女皇帝武则天，是全国重点文物保护单位。它建于公元 684 年，历时 23 年才建成。

▲ 通往乾陵几百级的石台阶

▲ 在西安乾陵石刻路上骑骆驼

乾陵，以山为陵，依梁山而建，座北朝南，由内外两城组成，占地颇广。外城遗迹已消失，内城遗迹至今完善，面积 $2.4km^2$，四面有门，门外均有石刻。陵前石刻全长 575m、宽 11m，由 3200 块陕西墨玉石砌成 526 级台阶和 18 座平台。乾陵地面文物主要是石刻，共计 114 件，多用整块巨石雕成。陵东南有 17 座陪葬墓，永泰公主、章怀太子、懿德太子墓先已发掘复原，并在永泰公主墓园内建有乾陵博物馆。

1985 年 11 月 18 日，作者有幸到此观光旅游，生平第一次乘骑骆驼，漫步山间石路，甚为有趣！

昭陵博物馆

▲ 昭陵博物馆

唐太宗昭陵，是唐朝第二代皇帝李世民的陵墓，也是陕西关中“唐十八陵”中规模最大的一座，位于陕西省礼泉县城西北 22.5km 的九嵕山上。1961 年，国务院公布昭陵为第一批全国重点文物保护单位，2002 年被国家旅游局评定为“3A”级旅游景区。

昭陵博物馆，是一座遗址型博物馆，1972 年始建，原名“昭陵文物管理所”，1978 年晋升为“昭陵博物馆”，并正式对外开放。它收藏有文物 8000 余件，现有陈列室四座，分别是：昭陵文物精品陈列室，陈列着昭陵祭坛遗址和部分陪葬墓出土的大批珍贵文物，既有瓷和红陶，又有昭陵独有的彩绘釉陶和绚丽多彩的唐三彩；唐墓壁画陈列室，展出诸多陪葬墓出土的壁画，有婀娜多姿的侍女、翩翩起舞的乐伎、神态各异的给使，还有贵夫人乘牛车出行的场面。这些都是唐代政治、外交、文化和军事活动的再现；两座碑石陈列室，昭陵碑林始建于 1974 年，共收集昭陵六骏碑、唐太宗像碑、昭陵图碑等 60 余通，其中有 22 通在 1979 年被国家文物局公布为书法艺术名碑，均为国家一级文物；此外，还有 40 多合墓志，有 26 合被定为国家一级文物。这四座陈列室，共集中展示昭陵陵园近 40 座陪葬墓出土的精品文物 400 余件（组）。

1991 年建成了长乐公主墓文管所和韦贵妃墓文管所并正式对外开放。2000 年，当地投资 750 万元，修建从昭陵博物馆起，途经长乐公主墓文管所、韦贵妃墓文管所至昭陵主峰的 14.8km 的旅游专线，使整个景区有四个文物景点，是陕西省重点景区之一。

大雁塔

大雁塔，距今已有 1300 余年。唐高宗时，玄奘（三藏法师）为贮藏从西域取回的佛经佛像和舍利，于永徽三年（公元 652 年）主持修建大雁塔，并亲自按印度窣堵坡形式设计。当时塔高 5 层，约 60m，砖面土心，不可攀登。它位于西安市大慈恩寺内，是保存比较完好的楼阁式塔，也是西安市的标志性建筑和著名古迹，是目前可供登临的少数古塔之一。

武则天长安年间（公元701—770年），该塔在原址上增高为10层砖塔，后又遭战乱破坏。五代后唐长兴二年（公元931年），对大雁塔再次修葺时降为7层，平面呈正方形，由塔基和塔身两个部分组成。后来西安地区发生了几次大地震，大雁塔的塔顶震落，塔身震裂。明代万历23年（公元1604年）在维持了唐代塔体的基本造型的基础上，在其外表完整的砌上了60cm厚的包层，使其造型比以前更宽大，即是今日所见的大雁塔造型。1964年大雁塔又经过一次整修，基本保持了原来的风貌。

▲ 大雁塔

大雁塔是砖仿木结构的四方形楼阁式塔，由塔基、塔身、塔刹组成。全塔通高64.7m，塔基高4.2m，南北长约48.7m，东西长约45.7m；塔身底层边长25.5m，呈方锥形；塔刹高4.87m。1、2两层有9间，3、4两层有7间，5、6、7、8层有五间，每层四面均有券门。底层南门洞两侧嵌置《大唐三藏圣教之序》碑与《大唐三藏圣教序记》碑，两碑建于唐永徽四年（公元653年）。《大唐三藏圣教之序》由右向左书写，置于西龛；《大唐三藏圣教序记》由左向右书写，置于东龛。两碑分别由唐太宗李世民和皇太子李治（后来的唐高宗）撰文，时任中书令的唐代书法家褚遂良书写。

小雁塔

小雁塔，位于西安市荐福寺内的一座佛塔，全名应为“荐福寺佛塔”，属于保护比较好的唐代古塔。小雁塔及其古钟“雁塔晨钟”被列入关中八景，现在是西安博物院的一部分。

小雁塔，属于密檐式砖构建筑，塔形秀丽，被认为是精美的建筑艺术遗产。原有15层，约高45.8m。明嘉靖34年（公元1556年）的大地震中，塔身中部纵裂，顶上2层震毁，现存13层。塔平面为正方形，基座为砖方台，原来在小雁塔底层环绕塔身有砖木结构的大檐棚，被称为“缠腰”。在金元交战之时，“缠腰”被毁。基座上为塔身，单壁中空。底层较高，第二层以上逐层高度递减，故塔的轮廓秀丽。

每层南北正中开券洞，塔内中空，可由砖木结构的楼梯登临。1989 年测定塔的总高度是 43.395m。塔基座南侧有清代石门坊，南额刻有“万汇沾恩”，北额刻有“不二法门”。基座下有地宫，为竖穴。

▲ 西安小雁塔

▲ 小雁塔古钟

华清池

华清池，位于西安临潼区骊山北麓，是唐代华清宫内的温泉浴池，以温泉和风景秀丽著称，更因唐玄宗和杨贵妃的爱情故事而闻名中外。华清池是国家 5A 级旅游景区。

相传 3000 多年前周幽王在此建骊宫，秦始皇时以石筑室，名为“骊山汤”，汉武帝时扩建为离宫。唐代又经唐太宗和唐玄宗的两次加大扩建，改名为“华清池”，这时的规模最为宏大，但经安史之乱后已遭毁坏。现今华清池的亭台楼阁，多为 1949 年以来修建恢复的，只占盛唐时的一小部分。

众所周知，华清池还是名震中外的“西安事变”的发生地。1936 年 12 月 12 日清晨，蒋介石在华清池“五间厅”的中间厅熟睡之际，突然被东北军张学良和西北军杨虎城军队的“兵谏”枪声所惊醒，他身穿睡衣，慌忙向骊山山上逃窜藏身。而张、杨的官兵们，当箭步追至“五间厅”时，发现蒋的被窝还是“暖和和”的，立即转身追捕寻找，最终，在山腰的巨石夹缝中抓蒋扣留，迫使蒋介石同意对外“一致抗日”。后来，在蒋介石被抓处建有一座亭子，被称为“兵谏亭”或“民族复兴亭”。

▲ 华清池

▲ 西安事变旧址五间厅

半坡遗址

西安半坡遗址，是我国黄河流域新石器时代仰韶文化的村落遗址典型代表，位于西安市东郊，背依白鹿原，是八百里秦川的中心。

半坡遗址于1954年春被发现，遗址面积约5万平方米，经C14测定：其年代为距今6800~5300年。1957年，在考古发掘的基础上，就地建立“西安半坡博物馆”，于1958年4月建成并正式对外开放。这是我国第一座新石器时代遗址博物馆，也是新中国第一座史前聚落遗址博物馆。

该博物馆面积约3000m^2，有半地穴式的房屋、窖穴、圈栏及起防护和泄洪作用的大围沟等遗迹，比较完整的保留了半坡原始社会村落的原貌。半坡建筑，已具典型中国建筑雏型，出入口朝南，并使用木制框架支撑屋顶，有方形和圆形两种形式。半坡遗址为主要的产陶地，在该处曾挖出一处窑。容器多为手工制作，有时则采用泥条盘筑法或模制法。在半坡人的经济生活中，农业生产占有很重要的地位，他们焚毁树木、开垦农田、种植粟等旱地作物。当时人们从事生产活动所使用的工具是石头、兽骨、鹿角和陶片等制造的。除粮食生产外，半坡人也已开始种植蔬菜，饲养猪与狗，并且还从事渔猎等活动。

1961年，半坡遗址被国务院公布为第一批全国重点文物保护单位；1997年，西安半坡博物馆被中宣部确定为首批“百个爱国主义教育示范基地”；1998年被西安市政府评定为“西安旅游十大景点”之一；2008年被国家文物局评定为“国家一级博物馆”。

魅力·华东地区

Chapter 5

江苏

浙江

福建

安徽

江苏南京

JIANGSUNANJING

江苏省省会南京市，简称宁，别称金陵，位于长江下游沿岸，距长江口约300km。全市下辖11区，总面积6582km^2，是江苏省的政治、经济、科教、文化中心和全省重要的工商业金融城市。自古以来它就是沟通中原与长江三角洲的交通要道，是我国重要的国家综合性交通和通信枢纽城市、全国科教中心城市之一，也是华东地区的区域中心城市，起着承东启西的枢纽作用。

南京有2500多年的建城史和近500年的建都史，是我国四大古都之一，有“六朝古都”“十朝都会”之称，历史上长期是我国南方的政治文化中心。南京有着厚重的文化底蕴和丰富的历史遗存，是我国首批国家历史文化名城和全国重点风景旅游城市。

中山陵

中山陵，是中华民国国父、民主革命先行者孙中山的陵墓，位于南京市东郊紫金山南麓，东邻灵谷寺、西毗明孝陵。孙中山1925年3月12日在北京逝世后，中国国民党遵照他的遗愿，在南京为他修建陵墓。中山陵于1926年1月开始兴建，1929年春建成祭堂等主要建筑，6月1日孙中山入葬，至1931年完成陵墓全部工程。

中山陵由吕彦直设计，整体平面呈警钟形，与孙中山“唤起民众”的政治遗嘱相吻合。陵墓设计充分利用地势，将主要建筑从低到高依次排列在紫金山南的缓坡上。南面入口处的石牌坊和缓长的墓道表现如钟下的悬索。墓道以北沿山势向上，在中轴线上依次排列着陵门、碑亭、石阶、大平台、祭堂、墓室等建筑，与四周的围墙形成了大钟的本体。最高处的祭堂是陵墓的核心建筑，到牌坊平面距离700m，垂直落差73m，祭堂后的墓室表现为大钟的钟钮。中山陵吸取了中国古代陵墓的对称布局，利用墓道和台阶将主要建筑连为轴线，并布置大片绿地，将陵墓建筑群联结成与背景山势相称的宏大整体。陵墓主体建筑采用我国古典宫殿式建筑的大屋顶造型，应用西方建筑的设计和建造技术，整个陵墓建筑都用蓝色琉璃瓦、花岗石墙面，显得庄重肃穆，表现出沉静恢弘的气度，被认为是我国近现代建筑史上融合中西的经典作品。中山陵，于1961年被列为我国第一批全国重点文物保护单位，2007年成为首批国家5A级旅游景区。

▲ 中山陵入口石牌坊

▲ 中山陵陵门

中山陵的入口，位于墓区最南端，是一座三间四柱三楼的花岗石牌坊。牌坊顶端覆盖蓝色琉璃瓦，下面的四方框内镌刻有金色“博爱”二字，四根石柱底部为长方形大石座，牌坊上刻莲瓣、云朵和古代建筑彩绘图案。牌坊以北的墓道是一条长约480m、宽约40m的缓长坡道，通往中山陵的陵门。墓道有三条平行路面，正中是钢筋水泥路面，宽约12m，左、右各是宽4.2m柏油路面，车辆可以沿左右车道直达陵门。

陵门，是中山陵的正门，处于中山陵中轴线正中。陵门坐北朝南，平面为长方形，宽27m，高16.5m，进深8.8m，上覆蓝色琉璃瓦，南北面各有三道拱门，两边的拱门略小，凸显出中门的高大。在南面正门的上方镶有一方石额，上刻孙中山手书的“天下为公”四个鎏金大字。陵门南面的东西两侧，安放了一对高约3m的汉白玉石狮。

▲ 中山陵祭堂

中山陵的主要建筑依山而建，依次分布在紫金山中茅山南坡的轴线上，建筑师用台阶将这些建筑连为整体。整个轴线上共有台阶 392 级，全部用苏州金山花岗石砌成。其中从碑亭到祭堂前平台的石阶共 290 级，分成 8 段，各段之间设置一个平台。这些平台既为祭奠活动提供了空间，又赋予这条石阶路以节奏的变化，使人在登临的过程中不至于感觉枯燥。祭堂，是中山陵最高的建筑，位于中茅山顶海拔高度 158m 的第十层大平台正中。大平台东西宽 162m，南北进深 38m，平台入口两侧分设孙科赠送的青石鼎一座。祭堂两侧耸立着一对花岗石望柱，高 12.6m，下部直径 2m，上部直径 1m，断面为六边形，六面都用卷云纹浮雕装饰。祭堂坐北朝南，是仿木结构的石造宫殿式建筑，长 28m、宽 22.5m、高 26m，重檐歇山顶覆蓝色琉璃瓦，檐下筑石斗拱飞檐二层，是整个陵园中体量最大、等级最高的建筑。祭堂门楣上方的额枋上从东到西分别为“民族”“民权”“民生”六个篆书金字，代表孙中山创立的“三民主义”的三个组成部分。正中的拱门略大，上下重檐之间嵌有直额，上刻孙中山手书“天地正气”四个金字。

墓室设在祭堂后方，与祭堂通过墓门相连。墓门分内外两道，第一道是美国造双开紫铜保险门，开在祭堂孙中山坐像身后，用黑色大理石砌成外框，横额上是孙中山原为“黄花岗七十二烈士墓”题写的“浩气长存”四字；第二道是独扇铜门，门上镌有张静江书写的“孙中山先生之墓”七个篆字。墓室为半球形建筑，直径 18m，高 11m。墓室外壁为香港花岗石，中间浇筑钢筋混凝土，内壁为妃色人造石贴面，穹顶用彩色马赛克镶嵌成青天白日满地红图案。墓室中央设圆形下沉式墓圹，直径 4.3m，四周用白色大理石围栏。墓圹深 1.6m，底部用白色瓷片铺地，正中陈设白色大理石雕刻的孙中山卧像，由捷克雕刻家高崎用北京大理石按照孙中山遗体形象雕塑而成。孙中山遗体用铜棺盛殓，安葬在卧像下方 5m 处的墓穴内。

灵谷寺

灵谷寺，位于中山陵以东约 1500m 处。1983 年被定为汉族地区佛教全国重点寺院。灵谷寺最初为南朝梁武帝为尊崇宝志禅师兴建的“开善精舍”，位于紫金山独龙阜玩珠峰南麓，建成于南朝天监13年（公元514年），寺内还建有宝公塔。唐朝乾符年间改名为“宝公院”，北宋太平兴国5年（公元980年）改称“太平兴国寺”，到明朝初年时被称作“蒋山寺”。明太祖朱元璋选定此处修建明孝陵，于洪武14年（公元1381年）将原寺移到灵谷寺现址，命名为“灵谷禅寺”。当时灵谷寺规模很大，占地500余亩，但是建筑大多毁于清朝咸丰同治年间清军与太平军的兵火之中。虽然同治年间寺院得以重建，但规模已大不如前。1928年，国民政府在灵谷寺原址建设国民革命军阵亡将士公墓，原灵谷寺则迁至东侧同治六年所建的龙神庙。1949年中华人民共和国成立后，这一带被改为“灵谷公园”。

▲ 灵谷塔

灵谷寺,有采用砖石砌成的无量殿（又称无梁殿）、灵谷塔和三绝碑等。玄奘纪念堂中，供奉玄奘法师坐像，像前的玄奘法师顶骨纪念塔中有玄奘顶骨舍利。

总统府

南京总统府，位于南京市长江路292号，是明代汉王府、清代两江总督署和太平天国天王府遗址，1853年，太平天国在南京定都后，洪秀全将总督署改建为宏大奢华的天王府。清军攻陷南京后，曾国藩下令将天王府彻底焚毁，1870年重建符合封建礼制的两江总督署。

1911年辛亥革命爆发，次年1月1日孙中山在这里就任中华民国临时大总统，把原两江总督署改为临时大总统府。4月孙中山卸任后，改为南京留守府。1927年，国民政府定都南京，这里为办公厅之地。1937年抗日战争爆发，11月国民政府迁往重庆。1946年国民政府迁回南京，1947年行宪后，蒋中正就任中华民国总统，这里改为中华民国总统府。

1949年初，在解放战争中面临失败的国民政府，迁往广州。4月，中国人民解放军发动渡江战役,24日凌晨占领总统府。1949年10月1日中华人民共和国成立后，这里一直是江苏省政府、政协等政府机关的办公场所。20世纪80年代开始，政府单位陆续迁出。1982 年，以“太平天国天王府遗址”名义，其成为全国重点保护文物，2003 年 3 月改为“南京中国近代史遗址博物馆”。

该博物馆占地面积 9 万平方米，共分东、中、西三个区域，设有一系列展馆和史料陈列。东区主要是行政院旧址、马厩和东花园；中区主要是国民政府、总统府及所属机构；西区是孙中山临时大总统办公室、秘书处、西花园与参谋本部等。2004 年，它被评为国家 4A 级旅游景区，对外开放。

▲ 总统府大门前

2005 年 4 月 27 日，中国国民党主席连战在访问我国大陆期间，到博物馆内孙中山临时大总统办公室及蒋介石办公室等原址参观，并题字“和平奋斗救中国”。这是中国国民党主席自 1949 年以来第一次参观南京总统府。

紫金山天文台

紫金山天文台，全称中国科学院紫金山天文台，简称“紫台”，位于南京城东紫金山第三峰上，海拔 267m。它的前身为 1928 年成立的中华民国国立中央研究院天文研究所与 1934 年建成的紫金山天文台，是我国近现代天文学的发祥地，被誉为“中国现代天文学的摇篮”。

1927 年 4 月，中华民国国立紫金山天文台开始筹建，1931 年 5 月，“紫台”动工兴建，至 1934 年 9 月 1 日竣工，天文研究所由鼓楼迁到山上办公。1934 年，紫金山天文台从德国蔡司公司购置 600mm 反射望远镜，附石英分光镜与观测升降台，这是当时我国乃至远东口径最大的天文望远镜。1937 年 8 月 ~1946 年 5 月由于抗日战争曾一度搬迁到云南省昆明凤凰山，后来，成立云南天文台。1949 年 11 月，中国科学院成立，该天文研究所归科学院领导。1950 年 5 月 20 日，由政务院任命张钰哲为中国科学院紫金山天文台台长，此后，天文研究所名称被取消。

▲ 紫金山天文台

▲ 天文台牌楼

1951—1954 年曾成立中国科学院紫金山天文台，地球物理所上海联合工作站、徐家汇观象台、佘山观象台直属紫台。紫台在文革时未能幸免，几乎所有原始信件往来记录均被抄走，另外变星仪室碑亦被毁，其发行刊物《天文学报》也在 1966—1974 年间停刊；“文革”初期（1966—1969 年）紫台的人卫室为国家“651 任务”中东方红一号卫星预报方案，除此之外其他项目几乎都瘫痪；70 年代起陆续恢复天文观测、拍摄工作；至“文革”结束后在科研上有更大进展。

▲ 浑仪天球仪

▲ 水运仪象台

20 世纪 80 年代末起，南京城夜间灯光污染严重，紫金山顶上已难以持续观测，原址现已改建成科普教育基地，1996 年被列为全国重点文物保护单位。古天文仪器与观测室现开放给游客参观，并收取入场费。

紫台目前总部位于南京城区北京西路 2 号，现有天体力学研究部、天体物理研究部、射电天文研究部和空间天文研究部四个研究室组。紫金山天文台配有多架光学望远镜以及观测太阳的射电望远镜。

秦淮河

秦淮河，是长江的一条支流、南京第一大河。秦淮河古称淮水，全长约 110km，流域面积 2600 多平方公里，是南京地区主要河道，历史上极有名气。 它是古城金陵的起源，又是南京文化的摇篮。

秦淮河的源头有两处，东部源头出自句容县宝华山，南部源头出自溧水县东庐山，两个源头在江宁县的方山埭交汇，从东水关流入南京城。秦淮河由东向西横贯市区，南部从西水关流出，注入长江。

▲ 秦淮河

▲ 秦淮河上的小游艇

秦淮河分内河和外河，内河在南京城中，素有“十里秦淮”“六朝金粉”之誉。两岸全部是古色古香的建筑群，飞檐漏窗，雕梁画栋，市井繁华，熙熙囔囔，构成了集中体现金陵古都风貌的游览胜地——秦淮风光带。

夫子庙

南京夫子庙，简称夫子庙，是一座位于南京秦淮河北岸贡院街的孔庙。“夫子”是孔子弟子对孔子的尊称。夫子庙始建于宋景右元年（公元 1034 年），由东晋学宫旧址扩建而成，称文宣王庙。南宋建炎时为兵火所毁，绍兴年间重建，为建康府学，同时建科举考场江南贡院。元朝为集庆路学，明初为国子监，后为应天府学。清朝成为江宁、上元两县县学，清同治八年（公元 1869 年）重建之后，于 1937 年遭侵华日军焚烧而严重损毁。

1984 年，市、区人民政府为保护古都文化遗产，经有关专家科学论证和规划，几次划拨专款，经过多年的修复，如今的夫子庙已焕然一新，被誉为秦淮名胜，成为古城南京的特色景观区，也是蜚声中外的旅游胜地。1991 年被国家评为“中国旅游胜地四十佳”之一。

夫子庙前，以秦淮河为泮池，南岸石砖墙为照壁，北岸庙前有聚星亭、思乐亭，中轴线上有灵星门、大成门、大成殿、明德堂、尊经阁，庙东有魁星阁。夫子庙古建筑群，由孔庙、学宫、江南贡院等组成，六朝至明清时，世家大族多聚于夫子庙一带，素有“六朝金粉地”之称，为江南文化枢纽之地，是秦淮风光的核心地带。夫子庙街市是我国著名的传统古街市，每年的春节至元宵节期间，在夫子庙举行的金陵灯会，是南京春节最重要的活动之一。目前，夫子庙是集文化、旅游、购物、服务等功能于一体的文化活动中心。

▲ 南京夫子庙

▲ “天下文枢”牌楼

中华门

中华门，原名聚宝门，是南京市正南门，位于南京市中华路南端。传说这是由于门下埋有江南富户沈万三的聚宝盆而得名。1931 年 10 月，由当时国民党领导人蒋中正先生题书、改名为“中华门”。高 21.5m、东西宽 118.5m、进深 129m，占地 16500 多平方米。中华门，为南京古城墙 13 个城门中规模最大的城堡式城门，是当今世界上保存最完好、结构最复杂的古城堡。城门规模宏大，设计巧妙，是全国重点保护文物单位。

城门分 4 道，每两道之间的空地称作瓮城。城堡上下还设有 27 个藏兵洞，可埋伏士兵 3000 多人，以对付困在瓮城中的敌军。对外的第一道城门分上、中、下三层：上层原建有庑殿式重檐筒瓦顶的镝楼，但毁于 1937 年侵华日军的炮火之中，现尚存台基残迹；中层为砖石结构，朝内一排 7 个藏兵洞，洞内设茶室，经营旅游纪念品；下层中间为瓮城甬道，两侧各有 3 个藏兵洞。瓮城的东西两侧各建有一条宽 11m 的斜坡式登城马道，供守军骑马上城，现在马道旁每隔一段都有一个真人大小的将军装束的人偶，供游人拍照留念，马道下的外侧还各 有一排 7 个小藏兵洞。

整个城堡构思奇巧，建造精良，充分体现了我国古代能工巧匠的智慧和技艺，是研究城垣建筑史、都城史和古代战争史的珍贵实物。

▲ 中华门

▲ 中华门古城墙遗迹

雨花台

雨花台，位于南京市中华门城堡南，是一座松柏环抱的秀丽山岗，顶部呈平台状，其中，烈士纪念碑高约 100m。如今的雨花台，由东岗、中岗和西岗组成，长约 3.5km，它已是一座以自然山林为依托、以红色旅游为主体、融自然风光和人文景观为一体的独具特色的全国纪念性风景名胜区。

自公元前 472 年越王勾践筑“越城”起，雨花台一带就成为江南登高揽胜之佳地。三国时，因岗上遍布五彩斑斓的石子，又称石子岗、玛瑙岗、聚宝山。南朝梁武帝时期，佛教盛行，有位高僧云光法师在此设坛讲经，感动上苍，落花如雨，雨花台由此得名。

▲ 雨花台

由于雨花台是南京城南的一处制高点，自古以来就是历代兵家必争之地，东晋豫章太守梅颐曾在此抵抗外族入侵;南宋抗金名将岳飞在此痛击金兵;太平天国“天京保卫战”发生于此;辛亥革命“讨伐清兵”、抗日战争“首都保卫战”都曾在此掀起连天烽火，而雨花台也因此逐渐荒芜。

1927 年以后，在雨花台被国民党统治者屠杀的共产党人和革命群众达 10 万人之多。新中国成立后，党和政府决定在此兴建烈士陵园，即当今的雨花台。

无锡
WUXI

无锡市，简称锡，是江苏省南部的一个地级市、江苏第三大城市、历史文化名城。它地处长江三角洲、太湖之滨，东距上海 128km，西距江苏省省会南京 183km，东邻苏州市，南濒太湖，西接常州市，北（江阴市）临长江。面积 4787.61km^2。

无锡地形以平原为主，地势很低，其下辖的宜兴市，属于宜溧山地，为天目山余脉，有低山和丘陵分布，该地区河网密布，水美土肥，物产丰富，是典型的江南水乡，也是全国著名的鱼米之乡。

无锡市，在 1984 年列为全国 10 个重点旅游城市之一。2012 年中国社会科学院发布的《中国城市竞争力蓝皮书：中国城市竞争力报告》中无锡位列全国第 15 位、属于江苏第 2 位。

太湖

太湖，古称震泽、具区，又称笠泽、五湖。是我国五大淡水湖之一，水域面积排我国湖泊第三位，位于江苏省南部和浙江省北部交界处，在行政区划上完全属于江苏省，是江、浙两省的界湖，大部分水域位于苏州市，有“包孕吴越”之称。湖泊周边的主要城市有江苏省境内苏州、无锡、宜兴和浙江省境内的湖州，是国家重点风景名胜区之一。

太湖，湖面海拔 3.33m，最深达 4.8m，周近 400km，面积 2338km^2。湖中有大小岛屿 48 个，连同沿湖半岛山峰，共有 72 峰。以鼋头渚、三山、洞庭东山、西山、马迹山最为著名，组成一幅山外有山、湖中有湖、山峦连绵、层次重叠的壮丽天然图画。沿湖有著名的无锡山水、苏州园林、古吴名迹、宜兴洞天世界，形成了闻名中外的太湖风景区。

古代时太湖为东海海湾一部分，由于长江和钱塘江下游泥沙堰塞，逐渐形成封闭的内陆泻湖，在当地充足的雨量及江河不断注入大量淡水下，太湖渐渐形成一淡水湖。太湖周边的水系最后注入长江，京杭大运河亦通过太湖。

▲ 无锡太湖风光

▲ 无锡太湖鼋头渚

太湖最精华的部分在无锡。游览太湖，一般都是游览位于太湖北部的无锡太湖风景区，其胜处又在鼋头渚。鼋头渚风景区始建于 1916 年，现面积达 539hm^2，是无锡市滨湖区的一个旅游景区，介于太湖与蠡湖之间的充山西端，是横卧太湖西北岸的一个半岛，因巨石突入湖中形状酷似神龟昂首而得名，有“太湖佳绝处，毕竟在鼋头”之称。

灵山大佛

灵山大佛，坐落于无锡马山秦履峰南侧，大佛所在位置是在唐玄奘命名的小灵山上，故名灵山大佛，占地面积约 30hm^2，是无锡的标志之一。

灵山大佛是由南京晨光集团吴显林负责设计、雕塑。大佛的建筑结构设计由设计上海东方明珠电视塔而闻名海内外的华东建筑设计院承担。1994 年 4 月 20 日奠基，1997 年 4 月 3 日大佛圆顶，同年 11 月 15 日开光。传统的大佛建造主要由佛教信众捐款，而灵山大佛一开始就采取寺院跟公司合作的方案。该地区为我国 5A 级旅游景点，带动了一系列“灵山产业”，如灵山食品厂（生产素食）、灵山蔬食馆、灵山香烛工艺制品公司等。2009 年 3 月 28 日 ~4 月 1 日，第二届世界佛教论坛在无锡马山镇灵山、台北两地召开。论坛分别于 3 月 28 日 ~3 月 30 日在江苏无锡、3 月 31 日 ~4 月 1 日在台湾台北召开。3 月 28 日在灵山梵宫举行开幕式，有近 50 个国家和地区的 1000 多位高僧大德、专家学者和知名人士出席。21 世纪以来，无锡灵山已不再仅以旅游朝拜胜地而闻名，其还在中国佛教乃至世界佛教中享有较高名誉和地位。2012 年 4 月 27 日，中国佛教协会会长传印长老在香港宣布，江苏无锡灵山将作为世界佛教论坛永久会址。

灵山胜境，距无锡市区 17km，位于沪宁高速公路与京沪大动脉之上，有旅游专线公路相通，交通十分便利。已经开通的高速游艇将灵山胜境与鼋头渚、三国城、水浒城等新老景点在 15min 内联成一体，并有游船与苏州、湖州、杭州相通，环太湖一带从此形成更加紧凑的旅游板块。另外，大佛正面对太湖，左边青龙山，右边白虎山，后面对灵山（占吉位）。

灵山景区门楼为城楼式建筑，旅客由此入园，即至佛手广场。佛手广场建有天下第一掌，位于佛手广场行道的左侧，是按灵山大佛右手复制，是形状大小完全一样的铜质手掌，它的总高度为 11.7m、宽 5.5m，手指直径 1m，总重量达 13t，掌心的千辐轮，直径达 2m。天下第一掌是灵山大佛景区香火最旺的景点之一，当初设置这只巨掌，一是为了让游客更直观地感受 88m 灵山大佛的宏伟，另一方面是由于灵山大佛太高大，让香客游客难以亲近，所以将右手独立，供大家瞻仰、抚摸，在灵山，有“摸佛手有福气，摸佛脚有灵气”的说法。

这尊宏伟庄严的大佛雕塑，是我国佛教界近百年来最大的一件盛事，同时也成为太湖明珠——无锡的标志之一。作为目前世界上最高大的露天青铜释迦牟尼立像，高 88m(如果加上三层座基，总高达 101.5m)，比四川乐山大佛还要高 17m，由 1560 块 6~8mm 厚的青铜壁板拼装焊接而成，全部铜板展开面积可达到 9000 多平方米，焊接它们的焊缝总长度达 35km。在大佛的建造过程中，运用了现代高新科技，如先

▲ 灵山大佛景区全景

▲ 灵山大佛景区门楼

▲ 远望无锡灵山大佛景区及周围景观

▲ 无锡灵山大佛景区的佛手广场

▲ 佛手广场上的青铜雕塑像群墙壁

▲ 无锡灵山大佛近照

▲ 大佛巨足

▲ 天下第一掌

进的抗风（能抵御14级台风）、防震（8级）和避雷等措施，其中，避雷针就被巧妙的藏在大佛的发髻里。由于使用了特型铜壁板和先进的焊接技术，大佛的外型达到“天衣无缝”的程度。

大佛慈颜微笑，广视众生，右手施“无畏印”，代表大佛在为众生除去痛苦；左手施“与愿印”，代表给予快乐，均为祝福之相。整个佛像形态庄严圆满，安详凝重而细致，显现佛陀慈悲的法相。可以说，灵山大佛是集文化、艺术和宗教于一体的大型艺术珍品。

锡惠公园

锡惠公园在无锡市塘区惠山古镇，距市中心三阳广场2km，以锡山、惠山命名，包括锡山的全部和惠山东麓连接两山的映山湖。锡惠公园把两山合成一园，内容丰富多彩，展现了南朝以来各个朝代的历史文化古迹，流传着许多动人的人文传说。惠山古称华山、历山、西照山，相传西域僧人惠照曾居此处，故唐以后称惠山。山有九峰，婉蜒如龙，又称九龙山，山峰高近330m。有天下第二泉、龙眼泉等10余处泉眼，故俗称惠泉山。

锡惠公园加快建设步伐，改善投资环境，不断发掘文化内涵，充实浏览内容，本着保护、利用、开发的建设方针，先后建成了动物园（2010年迁出）、杜鹃园、龙光洞、儿童乐园、大型音乐喷泉、凤鸣谷鸟园和锡山森林滑道等景点和游乐项目，使古老园林焕发了青春。1994年建成的锡惠旅游索道，连接锡惠两山，全长1000m，

▲ “锡惠名胜”

游人乘坐索道扶摇直上，登临惠山南峰，可尽情欣赏太湖烟波和锡城风光。

锡山是惠山东峰脉断突起处，山高仅 75m，相传周秦时盛产锡矿，故得此名。汉时锡竭，因此此县名为无锡。锡山是九龙山龙头上的一颗明珠，锡山顶上的龙光塔，也是无锡城市的风景标志之一。从锡惠公园的古华山门入园，可直达惠山寺、寄畅园、天下第二泉等地，此处是全园的精华。惠山寺是江南名刹之一，始建于南北朝。清乾隆皇帝南巡，几次游惠山，亲书惠山寺匾额，香火旺盛。主要游览点有唐宋经幢、金刚殿、雪花桥、日月池和御碑亭等。

寄畅园

寄畅园又名秦园，位于惠山横街，毗邻锡山和惠山寺，面积 15 亩，是无锡市内一座古典园林。园内绿树环抱，小桥流水，所谓“园中有山，山中有园”。简言之，它把不属于园子的山景，也借过来成为园林的景色，是江南园林代表作之一，与苏州拙政园齐名。

寄畅园在元朝时，为惠山寺沤寓房等二僧舍；明朝正德年间（公元 1506—1520 年）扩建成园，为兵部尚书秦金的别墅。清朝康熙、乾隆两帝各 6 次下江南时，均下榻此处，并分别题写“山色溪光”四字和“玉戛金枞”字样。如今，这两块字碑被放置在天下第二泉旁的墙上。后来，康熙、乾隆两帝，干脆仿无锡惠山改造了整个颐和园玉泉山，仿寄畅园整个建筑群，落在北京颐和园内造惠山园（谐趣园）。1952 年，秦氏后裔将私园献给国家，即作保护性修复，又将该园西南角建于雍正时之贞节祠纳入园中。之后，陆续重修九狮图石，重建嘉树堂、梅亭、邻梵阁等。

寄畅园的总体布局，以山池水面为中心，其东部是一个南北狭长的水池，名“锦汇漪”。水面南北纵深，池岸中部突出“鹤步滩”，上植大树两株，与“鹤步滩”相对处突出“知鱼槛亭”，把水面一分为二，若断若续；其西部以假山为主，山的轮廓有起伏、有主次，假山间为山涧，引惠山泉水入园，水流婉转跌落，泉声聒耳，空谷回响，如八音齐奏，称八音涧；中部较高，以土为主，两侧较矮，以石为主，土石间栽植藤蔓树木，配合自然。山虽不高，但山上高大的树木却助长了它的气势。总之，该园近处，以惠山为背景；该园远处，以锡山龙光塔为借景，近览如深山大泽，远眺山林隐约。山外山，楼外楼，空间序列无尽头。在江南园林中别具一格，属山麓别墅园林。1988 年 1 月，国务院把它列为全国重点文物保护单位。

▲ 寄畅园内的牌楼

▲ 寄畅园大门口

▲ 寄畅园内的古型船舫

▲ 寄畅园内河岸风光

苏州 SUZHOU

苏州，古称吴，现简称苏，是江苏省东南部的一个地级市，位于长江三角洲和太湖平原的中心地带，东邻上海，濒临东海；西抱太湖，紧靠无锡，隔湖遥望宜兴和常州；南临浙江，与嘉兴接壤，所辖太湖水面紧邻湖州；北濒长江，与南通、靖江隔江相望。苏州是著名的鱼米之乡、状元之乡、院士之乡、经济重镇、历史文化名城，自古享有“人间天堂”的美誉，又有“东方威尼斯”之称。

苏州，建城历史逾2500年，是我国现存最古老的城市之一，也江南吴文化的发祥地。它长期是江南地区经济文化中心，明清时期，更成为全国的经济文化中心、世界十大城市之一。20世纪80年代改革开放后，苏州经济开始快速发展。

苏州市共辖6个市辖区，其中行政区5个：姑苏区（苏州市人民政府在该区内）、虎丘区、吴中区（太湖湖畔，占太湖水面积的70%)、相城区、吴江区，还有中国-新加坡苏州工业园区；此外，代管4个县级市：昆山市、常熟市、张家港市和太仓市。2012年城市建成区面积为494.03km^2，全国排名第11位。

苏州是我国的特大城市之一，江苏省第二大城市，是江苏省经济最发达、现代化程度最高的城市，经济总量长期居全省之冠，是全省的经济中心、工商业中心、对外贸易中心和物流中心，也是全省重要的金融、文化、科教城市及交通枢纽。根据长江三角洲地区区域规划，苏州计划建成高技术产业基地、现代服务业基地和创新型城市、历史文化名城和旅游胜地。

苏州的自然历史景观极为丰富。苏州市区的国家5A级旅游景区就多达6个，分别为：苏州园林（拙政园、留园、虎丘)、周庄古镇、同里古镇、金鸡湖、吴中太湖旅游区（旺山—穹窿山—东山）和常熟“沙家浜—虞山尚湖”景区。苏州文化底蕴深厚，是中国首批24个历史文化名城之一、10个全国重点风景旅游城市之一、首批中国优秀旅游城市。

古城新貌

苏州古城，面积达 14.2km^2，是古代江南最大的城市之一。公元前 514 年，吴王阖闾令伍子胥建城至今，历经 2500 多年，城址从未改变，为世界少有。今苏州古城与宋《平江图》相对照，总体框架、骨干水系、路桥名胜几乎完全一致。苏州也是我国最精致的城市，基本保持着古代“水陆并行、河街相邻”的双棋盘格局、“三纵三横一环”的河道水系和“小桥流水、粉墙黛瓦、古迹名园”的独特风貌。苏州全市共有城市桥梁总计 3681 座，其中特大桥 27 座、大桥 125 座、中桥 520 座、小桥 3009 座，总计长度达 22 万多米。苏州古城以其水乡特色而闻名。山塘街、平江路则是两个保护最好、具有水乡特色的老街区。

苏州人文荟萃，贤能辈出。名人有兵法家孙子、范仲淹、沈括、唐伯虎、顾炎武、金圣叹等人。我国史上曾出过 51 名状元，尤其是清代出了 26 名，占全国近四分之一，苏州遂又有“状元之乡”的美名。

近年来，苏州的工业发展异常迅速。2010 年，高新技术产品产值占规模以上工业总产值的比重达到 38.7%，比上年提高 1.3%，苏州被列为首批国家电子信息产业基地。沿沪宁线高新技术产业带优势显现，沿江基础产业带正在崛起，市属工业企业“退城进区”工作开局良好。

苏州园林

苏州园林，是指我国苏州城内的园林建筑，以私家园林为主，始于公元前 514 年春秋时期的吴国建都姑苏时，形成于五代，成熟于宋代，兴旺于明代，鼎盛于清代。到清末，苏州已有各色园林 170 多处，现保存完整的有 60 多处，其中拙政园、留园、网师园、狮子林等 9 个古典园林已被列入“世界文化遗产保护名录”。它们占地面积不大，但以意境见长，以独具匠心的艺术手法在有限的空间内点缀安排，移步换景，

▲ 苏州市拙政园风光一角

▲ 苏州市拙政园内的假山

▲ 苏州拙政园内建筑群一角

▲ 苏州拙政园内屋顶上的“二龙戏珠”（中）

变化无穷。苏州古典园林宅园合一，可赏、可游、可居，这种建筑形态的形成，是在人口密集和缺乏自然风光的城市中，人类依恋自然，追求与自然和谐相处，美化和完善自身居住环境的一种创造。2004 年，第 28 届世界遗产大会在苏州召开。

拙政园

是苏州园林的著名代表，位于苏州市东北街 178 号，始建于明朝正德年间，初为御史王献臣改佛寺以建，1997 年被联合国教科文组织（UNESCO）列为“世界文化遗产”。

今“拙政园管理处”辖地面积约 83.5 亩（5.6 公顷，含苏州园林博物馆及新馆，不包括原为拙政园住宅的苏州博物馆及新馆），扣除花圃 9.8 亩及售票办公处约 1 亩，开放面积约 73 亩。在 73 亩开放面积中，仅 38 亩为晚清建筑园林遗产（今园林中部、西部及晚清张之万住宅（即今苏州园林博物馆旧馆）），而历史上作为拙政园不可分割一部分的园南两处建筑群：其一为晚清八旗奉直会馆住宅部分（面积约 12 亩），自 1950 年代开始便与园林分开治理，今以“忠王府”名义幸存，1960 年起属苏州博物馆；其二为晚清张履谦补园住宅部分（面积约 9~10 亩），在遭到长期蚕食破坏后于 2003 年 11 月被苏州市当局铲平，辟为由贝聿铭主持设计的苏州博物馆新馆。

目前，拙政园园林中部和西部仍不失古园遗意，尤其是中部（晚清八旗奉直会馆园林）格局，虽然亭台桥梁多是因袭乾嘉以后甚至晚清的位置，建筑面貌亦均类似晚清，但池山形势仍保持 16 世纪初王献臣拙政园之概观。西部则为晚清补园，基本保持着光绪初期的原貌，而水池形势亦略存明代拙政园的遗意。拙政园居闹市而能延续其山水格局长达 500 年，在苏州园林中实属罕见，在世界上亦属少有。

虎丘

虎丘山风景名胜区，位于苏州姑苏区西北方，距阊门 3.5km 的郊外，苏州市虎丘山门内 8 号。虎丘山海拔 34.3m，占地约 $20hm^2$，距今已有 2500 多年历史，有“吴中第一名胜”之美誉，是我国国家 5A 级旅游风景区。景区中最著名的是虎丘塔（云岩寺塔）和剑池。

▲ 远望虎丘塔

▲ 虎丘塔近照

虎丘塔建于后周，距今已有 1000 多年历史，是我国第一斜塔，亦称世界第二斜塔，从公元 959 年开始建造，到 961 年建成。它是一座仿木结构楼阁式大型砖塔，塔身为八角塔，高 7 层，共 47.7m。1638 年明代进行修葺时，发现塔身向东北方向倾斜，于是在重建第 7 层时采取了补救措施，将第 7 层的中心南移。20 世纪后继续整修，已经控制了倾斜的问题。20 世纪 50 年代曾经在塔内发现越窑青瓷莲花碗、经箱、刺绣、铜佛等文物。

剑池幽奇神秘，埋有吴王阖闾墓葬的千古之谜以及神鹅易字的美丽传说，风壑云泉，令人流连忘返。

虎丘是历史文化名城苏州的标志。它以其独特的魅力，向人们展现了一幅人文资源与自然景观完美结合的融山水、历史于一身的秀美画卷，是人类不可多得的文化瑰宝。而王羲之曾有“到苏州不游虎丘乃憾事也！”的赞誉，使虎丘成为旅游者到苏州必游之地！

寒山寺

寒山寺，位于苏州市城西阊门外5km的枫桥镇的寒山寺弄24号，坐东朝西，面对古运河。寒山寺相传是在公元502—519年间（即六朝时期的梁武帝天监年间）开始建造，最初名为“妙利普明塔院”，唐贞观年间，当时的名僧寒山和拾得从天台山来此作住持，遂改名寒山寺。寒山寺因唐朝诗人张继的《枫桥夜泊》“月落乌啼霜满天，江枫渔火对愁眠，姑苏城外寒山寺，夜半钟声到客船。”而闻名中外。嘉靖年间，僧本寂特铸大铜钟和钟楼。近年，各地游客，特别是日本、韩国游客经常专程在新历元旦、旧历除夕到寒山寺听新年钟声。同时，一些电视媒体也通过直播传递新年钟声。

▲ 苏州寒山寺

浙江杭州

ZHEJIANGHANGZHOU

杭州市，简称杭，位于我国东南沿海、浙江省北部，东临杭州湾，省内最大河流钱塘江从西南向东北方向流经全市大部分地区。按顺时针方向，依次与绍兴、金华、衢州、安徽黄山、安徽宣城、湖州、嘉兴等地级市相邻。是浙江省省会、副省级城市之一，也是我国东南重要交通枢纽，同时是我国最大的经济圈——长三角的副中心城市。下辖8个区、3个县级市和2个县，总面积16596km^2。杭州正在以“城市东扩、旅游西进、沿江开发、跨江发展”为总体发展目标，由“西湖时代”向“钱塘江时代”前进。

杭州的杭字，本意是船，专指大禹治水乘坐过的船。杭州历史悠久，4700多年前就有人类在此繁衍生息。自秦朝设县治以来，已有2200多年历史，古时曾称“临安”（南宋）、“钱塘”“武林”等。它是五代时期吴越国和南宋的都城，为我国七大古都之一。市内有西湖、西溪湿地等景区，其中西湖周边还有文澜阁等众多名胜古迹。由于风景秀丽，自古就有“上有天堂，下有苏杭”的美誉，是全国重点风景旅游城市和首批历史文化名城。

杭州地处长江三角洲，南沿和钱塘江流域下游，地形复杂多样，具有典型的“江南水乡”特征。杭州市西部、中部和南部属浙西丘陵区，主干山脉有天目山、白际山、昱岭、千里岗和龙门山等，其中有多座海拔超过1500米的山峰。全市土地面积中，山地丘陵占 65.6%,平原占 26.4%,各类水体共占 8%,故有“七山一水二分田”之说。

1982 年杭州确定为全国重点风景旅游城市后，第三产业尤其是旅游业发展较快。目前有杭州经济技术开发区、萧山经济技术开发区、余杭经济技术开发区和富阳经济技术开发区共四个国家级经济技术开发区，以及一个国家高新区——杭州国家高新技术产业开发区。它不仅是浙江省综合实力最强的开发区，其投资环境与综合评价也连续三年位列全国经济技术开发区十强之列。

西湖风景区

西湖，位于杭州市西面，三面环山，面积约 6.4km²，南北长约 3.2km，东西宽约 2.8km，绕湖一周近 15km。西湖平均水深 2.27m，水体容量约为 1429 万立方米。湖中被孤山、白堤、苏堤、杨公堤分隔，按面积大小分为外西湖、西里湖（又称“后西湖”或“后湖”)、北里湖（又称“里西湖”)、小南湖（又称“南湖”)及岳湖等五片水面，其中外西湖面积最大。孤山是西湖中最大的天然岛屿。苏堤、白堤越过湖面小瀛洲、湖心亭、阮公墩三个人工小岛，鼎立于外西湖湖心。夕照山的雷峰塔与宝石山的保俶塔,隔湖相映。由此形成了“一山、二塔、三岛、三堤、五湖”的基本格局。

▲ 西湖各观光景点分布简图

鉴于西湖在我国的历史文化和风景名胜中的重要地位,1982 年被评选为首批“国家重点风景名胜区”，1985 年被评选为“中国十大风景名胜”，2006 年被评选为首批国家 5A 级旅游景区。2011 年 6 月 24 日，被列入世界遗产名录。

西湖十景，通常是指南宋时期形成的苏堤春晓、曲院风荷、平湖秋月、断桥残雪、花港观鱼、南屏晚钟、双峰插云、雷峰夕照、三潭印月和柳浪闻莺这十个景点。

位于西湖东岸的湖滨公园，东临湖滨路，公园南北长约 1km，包括 6 个大小不等的园地，从南到北依次为一公园、二公园、三公园、四公园、五公园和六公园，园内有垂柳、松柏、香樟等浓荫覆盖，也有美人蕉、月季等各色花卉，是游人欣赏西湖的主要聚集地之一。西湖音乐喷泉也设于公园附近的湖面中。太子湾公园位于西湖西南角，总面积 $80hm^2$，园内种植有郁金香，是杭州著名的婚庆公园和郁金香展地。

▲ 西湖景观

▲ 苏堤标志牌

▲ 西湖湖畔的亭台楼阁

▲ 西湖苏堤

苏堤

位于西湖西部，南起南屏山下花港观鱼，北抵栖霞岭下曲院风荷和岳庙，全长约 2.8km，将西里湖同外西湖分隔开来，与白堤、杨公堤并称为西湖三堤。

1089 年，时任杭州知府的苏轼疏浚西湖，以淤泥和葑草筑成联系西湖南北的长堤，后人遂以其姓命名该堤为苏堤。为纪念苏东坡对杭州的功绩，后人在苏堤南端与南山路相交汇处设立了“苏东坡纪念馆”，内有苏东坡石雕一尊。南宋时期，由于苏堤连接了南北山，是杭州市郊的重要交通要道，所以逐渐发展成为集市，成为杭州市民郊外踏青的必到之处。再加上苏堤两侧遍植柳树、桃树，又杂有玉兰、樱花、芙蓉、木樨等多种观赏花木，风景优美。“苏堤春晓”就成为了西湖十景之首。为保证西里湖和外西湖的通连，苏堤上共建有六座桥梁，自南向北依次是映波、锁澜、望山、压堤、东浦和跨虹。

孤山

位于北侧外西湖中，海拔 35m，面积约 $0.22km^2$，为栖霞岭的支脉，也是西湖中最大的岛屿。现今山上林木葱葱，大多是历代人文古迹留存。孤山东西分别以白堤和西泠桥与湖岸相连，且岛上名胜古迹甚多，主要的景观包括中山公园、浙江省博物馆、西泠印社、放鹤亭、秋瑾墓等。中山公园原为清代行宫御花园，1927 年为纪念孙中山先生，把该公园命名为“中山公园”。公园进门迎面石级上书有“孤山”两大字。浙江省博物馆在孤山南麓，现有各类文物藏品 10 余万件，2004 年 1 月 1 日起，开始对公众免费开放。西泠印社创办于 1904 年，因地近西泠桥而命名，是我国近代著名的金石书画艺术团体。岛内还有杭城老字号饭店“楼外楼”，以在西湖活养的草鱼烹制“西湖醋鱼”闻名。

白堤

东起“断桥残雪”，经锦带桥向西，止于“平湖秋月”，长约 1km。由于较苏堤、杨公堤短，更适合游人漫步游览。白堤在唐朝时即称白沙堤、沙堤，其后在宋朝和明朝时又称孤山路、十锦塘。后人常将白堤与唐代大诗人白居易在今天白沙路一带兴修过的白公堤相混淆，其实当年的白公堤现已不复存在。白堤上共有两座桥：断桥、锦带桥。其中，断桥和西湖南面的长桥以及孤山合称“西湖三怪”，即“长桥不长、孤山不孤、断桥不断”。

杨公堤

与苏堤、白堤合称为“西湖三堤”。杨公堤，原称作西山路。位于西湖西侧西里湖上，北起仁寿山，南至赤山埠，连接丁家山、眠牛山等西湖中小岛，为明朝正德三年（公元 1508 年）在杭州知府杨孟瑛的主持下修成，故而得名。后因西湖西侧逐渐淤积成陆，杨公堤与西湖西岸现已连为一体。杨公堤北为曲院风荷，著名的刘庄也位于杨公堤上，这使杨公堤也成为杭州主要景区之一。

花港观鱼

是西湖十景之一，地处苏堤南段西侧。1964 年二期扩建工程告竣后，占地面积

达 $20hm^2$。它三面临水，一面倚山。西山大麦岭后的花家山麓，有一条清溪流经此处注入西湖，故称花港。南宋时，内侍卢允升在花家山下建造别墅，称“卢园”，园内栽花养鱼，池水清冽、景物奇秀。以后，卢园荒废，此景亦衰。清康熙南巡时，在苏堤映波桥和锁澜桥之间的定香寺故址上，重新砌池养鱼，筑亭建园，勒石立碑，题有“花港观鱼”四字。鱼池中养着几千尾红鲤，游人以喂食红鲤为乐趣。花港观鱼公园内的中心是牡丹亭，侧旁种植了大量牡丹，是杭州市民休闲度假的传统场所之一。

▲ 花港观鱼

三潭印月

为西湖十景之一，是西湖中最大一个岛，面积 6 万平方米，又称为小瀛洲。岛南湖上有三座石塔，塔高 2.5m，露出水面 2m，由基座、圆形塔身、宝盖、六边小亭、葫芦顶组成，塔身球形中空，周身开有五个小圆孔，孔边饰浮雕花纹。这些石塔最初为当时苏轼开浚西湖，“在湖中立塔以为标表，著令塔以内不许侵为菱荡”作为界塔，之后毁于元代，现存石塔为明天启元年（公元 1621 年）重建，演变为景观塔，即“池外造小石塔三座，谓之三潭”。晴夜塔中点燃的灯烛与月色映照，景色尤美，即“三潭塔分一月印，一波影中一圆晕”。2005 年，西湖三潭石塔成为浙江省文物保护单位。

岳庙

亦称岳王庙，位于西湖西北角的岳湖畔，始建于南宋嘉定十四年（公元 1221 年），是为纪念南宋民族英雄岳飞而建的。初称“褒忠衍福禅寺”，明朝天顺间改额“忠烈庙”；后因嘉泰四年（公元 1204 年，即岳飞死后 63 年）朝廷追封为鄂王而称“岳王庙”。历代迭经兴废，现存格局于清代重建后形成，分为墓园、忠烈祠、启忠祠三部分。墓园坐西向东，忠烈祠和启忠祠坐北朝南；岳王庙大门，正对西湖五大水面之一的岳湖，墓庙与岳湖之间，高耸着“碧血丹心”石坊，寄托炎黄子孙对爱国英雄的敬仰之情。

岳飞，是南宋初抗击金兵的主要将领，但被秦桧、张俊等人以“莫须有”罪名诬陷为反叛朝廷，陷害至死。岳飞遇害前在供状上写下“天日昭昭，天日昭昭”八个大字。岳飞遇害后，狱卒隗顺冒着生命危险，背负岳飞遗体，越过城墙，草草地葬于九曲丛祠旁。21年后宋孝宗下令给岳飞昭雪，并以五百贯高价悬赏求索岳飞遗体，用隆重的仪式迁葬于栖霞岭下，就是现在岳坟的所在地。

忠烈庙内的岳飞塑像，上悬“还我河山”巨匾为岳飞手迹。启忠祠原祀岳飞父母、妻儿，现辟为岳飞纪念馆，陈列岳飞的生平事迹。

▲ 三潭印月

▲ 岳飞雕像

岳飞墓园在忠烈祠西侧，墓碑刻有“宋岳鄂王墓”字样。旁有其子岳云墓。墓前建有墓阙，阙前照壁上镌“尽忠报国”四字。墓道两侧有明代刻存的文武俑、石马、石虎和石羊；墓道阶下有陷害岳飞的四个奸臣秦桧、王氏、万俟卨、张俊跪像，反翦双手，长跪于地。墓阙门框上镌有石刻楹联：“青山有幸埋忠骨，白铁无辜铸佞臣”。墓园内有南北碑廊，陈列着岳飞手迹和后人凭吊岳飞的诗词碑刻127块，具有重要的文史价值。1961年，岳飞墓列为全国重点文物保护单位。

雷峰塔

建于975年，历时6年完成。“雷峰”之名，取自所处的杭州南岸夕照山之最高峰雷峰顶。雷峰塔原是一座八角形、五层的砖木结构的楼阁式塔。塔檐、平座、游廊、栏杆等为木制。塔内八面有《华严经》的石刻，塔下供有金刚罗汉十六尊，后被移到净慈寺。元朝时，雷峰塔还是保存得较为完好。明嘉靖年间，倭寇侵入杭州，因怀疑塔内藏有明军而放火烧掉了雷峰塔木质的塔檐、平座、栏杆、塔顶等结构，只留下了砖体塔身。后来，由于传说雷峰塔的塔砖可以用来驱病强身或安胎，许多人就从塔砖上磨取粉末、挖取砖块，还有人从塔内挖寻经卷来牟利。1924 年 9 月 25 日下午，几乎挖空的塔基再也不堪重负，突然全部崩塌。

曾因传说《白蛇传》而扬名。历代诗人有“雷峰残塔紫烟中，潦倒斜曛似醉翁”“保叔如美人，雷峰如老衲”等诗句、文辞来描写它。在塔倒之时正值我国的新文化运动，国家内忧外患交困，鲁迅以此为题两论雷峰塔的倒掉，表达了他对未来的理想文明社会重建与革新的向往。而徐志摩与俞平伯却更多地站在历史文化的角度，对于雷峰塔的倒塌，带有更多的惋惜之情。

“雷峰夕照”

为西湖十景之一。这座三面临水、呈半岛状的名山，当年曾为南宋御花园占据。1999 年 10 月杭州市决定重新建造雷峰塔，重塑雷峰夕照景观。2002 年 10 月 25 日，新雷峰塔建成。新雷峰塔就建在旧雷峰塔的原址之上，塔座部分成为遗址的展示厅，并有许多的文献资料供人参观。

▲ 远眺雷峰塔

▲ 雷峰塔

▲ 雷峰塔门前

灵隐寺

灵隐寺，位于杭州西湖西北面，在飞来峰与北高峰之间灵隐山麓中，是杭州历史悠久、景色宜人的游览胜地，也是我国最早的佛教寺院和我国十大古刹之一。灵隐寺创建于东晋咸和元年（公元 326 年），距今已有 1670 多年历史。印度僧人慧理来到我国传教，后因此处景色奇幽，以为是“仙灵所隐”，就在当地建立寺院，取名为“灵隐”。

灵隐寺山门外有一照壁，上题“咫尺西天”四个大字。进入灵隐景区后，便是埋葬灵隐开山始祖慧理和尚骨灰的“理公塔”。该塔高约 8m，八角七层，位于飞来峰的岩洞旁。经过春淙亭，沿着溪水上行，左侧溪水对岸便是刻有众多佛像的飞来峰造像石窟群，右侧便是灵隐寺的正门。

▲ 灵隐寺大雄宝殿

▲ 飞来峰造像石窟

灵隐寺正门为天王殿，上悬清康熙帝钦题“云林禅寺”的御笔匾额。殿内的正面佛龛供奉弥勒佛，两侧为怒目圆睁的四大天王。弥勒佛像背面为手持金刚杵的韦陀菩萨佛像，是南宋时期的遗物，已有 700 多年历史。

经过天王殿后的庭院，便进入灵隐寺的主殿大雄宝殿。该殿为三层重檐构造，高达 33.6m，雄伟庄严。殿内正面为释迦牟尼莲花坐像，该像造于 1956 年，高达 19.6m，莲座高 24.8m，用香樟木仿唐代佛像雕刻而成，佛像外敷金箔。当时经过周恩来总理的批示，动用了 60 多两黄金制成金箔。目前该佛像是我国国内最大的木雕佛像。

大殿两侧为十八罗汉造型，姿态各异，栩栩如生。释迦牟尼像的背面是大型彩塑群像“善财童子五十三参”，正中是手执净瓶的南海观音，周围的彩塑中刻画了150多位佛教和传说人物，其中也包括托塔天王、韦陀菩萨、孙悟空、四大天王、济公等造型。位于大雄宝殿之后中轴线上的佛殿还有药师殿、四殿藏经楼和五殿华严殿。藏经楼和华严殿是2000年11月开始动工，于2002年10月西湖博览会期间正式对外开放。华严殿是灵隐寺内位置最高的建筑，殿内供奉华严三圣——毗卢遮那佛、文殊菩萨和普贤菩萨。另外，在灵隐寺出口处建有规模宏大的罗汉殿，内有五百罗汉像，神态、服饰各不相同。

杭州龙井茶园

杭州，有中国茶都之称，盛产中国十大名茶之一。西湖龙井茶，是产于西湖风景区西南面的龙井村，它四面群山环抱，呈北高南低的趋势，拥有近800亩的高山茶园。该龙井村一带的炒青绿茶，以“色绿、香郁、味甘、形美”而闻名，是我国最著名的绿茶之一。

▲ 杭州龙井茶园一角

西湖龙井茶，大约有1500年的历史。唐代，茶叶已在杭州境内广为栽培，南宋时，杭州以卖茶为业的茶肆、茶坊遍布全市，在闹市区清河坊一带有多家大茶坊，街头巷尾有多人担茶卖。乾隆曾四次来龙井观茶品茶，为龙井村题下“龙井八景”，甚至将其中十八棵茶树封为御茶，随后龙井一直成为清朝皇室的贡品。自清末、民国初期开始，龙井茶的种植已经布满西湖之西、南各处。现在的茅家埠茶村，是集精品茶产品展销、茶餐饮、茶艺馆、茶文化展示、会所、休闲娱乐于一体的著名旅游景点。

在生态条件和炒制工艺上，西湖龙井茶形成了“狮、龙、云、虎”四个主要生产基地。炒制的工艺，通常包括“抖、带、挤、甩、挺、拓、扣、抓、压、磨”等十大工序。现代杭州街头有大小700多家茶馆。西湖龙井茶除了直接饮用外，还可用来制作龙井虾仁等杭州特色菜肴。

在杭州，除了西湖龙井茶之外，还有余杭径山茶、桐庐雪水云绿、淳安千岛银针、临安天目青顶。此外，还有几家茶饮料行业的龙头生产企业，如娃哈哈、农夫山泉。杭州拥有众多的茶叶研究机构，汇聚了一批专业人才，如中国茶叶学会、中国茶叶博物馆、浙江大学茶学系等。

2007 年 2 月，杭州被国家旅游局和联合国世界旅游组织评为“中国最佳旅游城市”。

福建厦门

FUJIANXIAMEN

厦门市，明朝称嘉禾屿，是我国最早实行对外开放政策的四个经济特区之一，五个开发开放类国家综合配套改革试验区之一（即“新特区”），为两岸区域性金融服务中心、东南国际航运中心、大陆对台贸易中心、两岸新兴产业和现代服务业合作示范区。同时，厦门片区纳入我国最早的四个自由贸易试验区之一——“中国（福建）自由贸易试验区”且面积最大。厦门位于我国东南部，属闽南地区，东北部与泉州市、西南部与漳州市接壤，泉、漳、厦合称闽南金三角。厦门岛和金门岛隔海对望，在两岸敌对期间曾经炮火连绵。厦门市区建成区 281.6km^2，居福建省首位。

厦门由厦门岛、离岛鼓浪屿、内陆九龙江、南岸海沧半岛、集美半岛、翔安区以及同安等组成，陆地面积 1699.39km^2，海域面积 300 多平方千米。厦门的主体——厦门岛南北长 13.7km，东西宽 12.5km，面积约为 128.14km^2，是厦门的主要岛屿，也是厦门第一大岛屿。厦门岛是厦门经济特区的发祥地，岛上有厦门的商业和政治中心。各国殖民者最初居住的地方鼓浪屿就在厦门岛西南部。

厦门岛上最高的山峰是云顶岩，海拔 339.6m。而广义上的厦门地区，今已包括海沧、杏林、集美、同安、翔安、大嶝岛等岛屿。港区外岛屿星罗棋布，港区内群山四周环抱，港阔水深，终年不冻，是一个条件优越的海峡性天然良港。

厦门大学

厦门大学，由著名爱国华侨领袖陈嘉庚先生于1921年创办，是中国近代教育史上第一所华侨创办的大学，是教育部直属的综合性重点大学，也是我国唯一一所地处经济特区的国家“211工程”和“985工程”重点建设的高水平大学，同时也被誉为我国最美丽的大学。著名校友有陈景润、谢希德、卢嘉锡、张高丽、张克辉等人。

▲ 厦门集美的美丽海湾

▲ 厦门集美中学

陈嘉庚，闽南同安县集美社人（现厦门市集美区集美街道），著名华人企业家、慈善家、革命家。他的销售网点遍布东南亚各大城市以及香港、上海、厦门、广州等地。同时，他作为华侨领袖，与东南亚的华侨为国民党抗清革命、北伐、抗日，提供大量资金，组织“南洋华侨筹赈祖国难民总会”，动员南洋华侨踊跃捐款，购买救国公债，选送华侨司机回国，在滇缅公路运输抗战物资，为祖国的抗战作出了巨大的贡献，只计陈嘉庚个人便捐出100多架战斗机、1000多辆战车、100亿军火和救济粮。

在中华人民共和国成立后，陈嘉庚曾以华侨首席代表身份参加中国人民政治协商会议，出资在多山的福建兴建的鹰厦铁路成为我国第一条由民间人士出资兴建的铁路。同时，他亦非常重视教育事业，新加坡、香港、广州、厦门、南洋以及我国大陆很多学校以及奖学金都是他捐献建设及资助的。

鼓浪屿

鼓浪屿，位于厦门市思明区的一个小岛，原鼓浪屿区被撤销并入思明管辖，现成为著名的风景区，面积不到2km^2，人口约2万。人均钢琴拥有率为全国最高，岛上有众多音乐世家，2002年鼓浪屿被中国音乐家协会命名为“音乐之岛”，有“海上花园”“万国建筑博览会”“钢琴之岛”之美称。除环岛电动车外不允许机动车辆上岛，因此气氛幽静。2005年《中国国家地理》杂志将鼓浪屿评为“中国最美的城区”

第一名。

鼓浪屿钢琴博物馆，位于鼓浪屿上的菽庄花园于2000年1月落成，是我国唯一一家钢琴博物馆。博物馆里陈列了爱国华侨胡友义收藏的40多架古钢琴，其中有稀世名贵的镏金钢琴、有世界最早的四角钢琴和最早最大的立式钢琴、有古老的手摇钢琴，也有产自一百年前的脚踏自动演奏钢琴和八个脚踏的古钢琴等。

▲ 厦门鼓浪屿

青州造纸厂

1978年春，《全国造纸仪表规划会议》在福建省沙县青州镇青州造纸厂首次举行。

青州造纸厂，是当时全国最大的生产水泥袋纸（牛皮纸）纸厂之一，全部使用木浆。有造纸机、木片切片、蒸煮（锅）、碱回收、白泥回收等车间。纸机采用进口的水分定量微型计算机控制，蒸煮锅、压力洗浆机、五效蒸发器、喷射炉（带电除尘器）、苛化和白泥回收的回转窑等均采用先进的自动化仪表及自动控制系统，自动化水平很高，而且，其技术力量雄厚，故这次会议被首选在该厂举行，实是理所当然。

这次会议之前，轻工业部机械局来函我院（轻工部南宁设计院），征得我院同意后，作者应邀到北京作筹备工作。当时，轻工业部造纸局戴家璋总工程师、轻工业部机械局设备处刘学文、轻工业部北京造纸研究所王德志和作者，共同筹划会议的具体事宜。

出席这次会议的代表，主要有科研、设计和全国各大中型造纸厂的造纸工艺和自动化仪表技术人员。例如，轻工业部北京设计院李民选工程师、吉林轻工业设计所张小溪（女）、广州造纸厂胡惠林工程师和王雄波工程师、柳江造纸厂周健泉、吉林造纸厂李永奎等，共约30多人。这些会议代表，均住在青州造纸厂招待所内。招待所的设计很有特色，呈“Y”字型，上下楼层的楼梯间、也呈“螺旋”型，中空采光。楼层共有9层，每层有3个大套间，每个套间为一房一厅一卫，光线充足，宽阔舒适，布局大方，令人称赞不已！

会议前几天，作者先到青州造纸厂，与胡宗渊总工程师（后上调北京轻工业部任外事局局长）联系、落实有关会务具体事项，他表示热烈欢迎，并大力支持在该厂召开这次会议。

会议由刘学文主持召开，他说明这次会议的目的、意义、筹备会议等情况后，特别提到，对当时轻工部南宁设计院的领导能派作者参与会议的准备工作，表示感谢！随后，作者在会上作了《国外制浆造纸自动化仪表的现状和发展动向》的专题报告，受到与会者的热烈欢迎！之后，由王德志、李民选、胡惠林、李永奎等人，相继在会上发言。在分组讨论、交换资料、交流经验、提供建议和参观访问的活动中，气氛热烈、畅所欲言、献计献策、集思广益、收获甚丰。会议进行到第3天上午，在会议结束时，由轻工业部机械局设备处张处长作总结发言，她赞扬这次会议，“是全国造纸自动化仪表工作者一次难得的团聚会议，也是一次将跃上“新台阶”的誓师大会！”

南平 NANPING

福建省南纸股份有限公司

福建省南纸股份有限公司的前身是南平造纸厂，坐落在南平市东郊3km处的建溪河畔，全厂占地81hm^2，房屋建筑面积28万平方米。它是国家“一五”计划期间的重点工程、全国造纸大型骨干企业，于1958年建成投产，1998年6月在上海证券交易所上市。公司是以马尾松和废纸为主要原料生产新闻纸的大型制浆造纸企业，目前生产能力为年产20万吨新闻纸、26万吨文化用纸及5万吨溶解浆（化纤浆粕）和本色商品木板，是国家520户重点企业之一、福建省重点骨干企业。公司主导产品“星光”牌低定量胶印新闻纸，供应《人民日报》《解放日报》《福建日报》等200多家报社，出口美国、日本、埃及、马来西亚、澳大利亚、香港、台湾等30多个国家、地区，是福建省首批名牌产品之一。

公司积极贯彻落实科学发展观，走新型工业化道路，实施项目带动战略，加快公司林、纸一体化建设进程，实行林、纸一体化经营，逐步完善“林—浆—纸”一体化的产业链，进一步扩大生产能力和核心竞争力。充分利用我省林、竹资源优势，调整产品结构和布局，稳步开发多品种及高附加值拳头产品，带动相关产业的发展，重点发展竹木纤维、人纤浆粕、印刷书写纸、生活用纸等产品。通过自主发展、收购兼并、重组等方式适时组建制浆造纸集团，形成年产100万吨以上规模的国内大型制浆造纸企业，将公司建设成为管理规范、产品优质、效益优良、具有国际竞争力的大型制浆造纸集团。

忆往昔，1983年8月9~11日，作者应邀参加并主持了在福建省南平市南平造纸厂举行的“自动H因子计”样机技术鉴定会。出席会议的代表有来自全国各省市的科研、设计、大专院校、工厂及主管部门共25个单位42名代表。该样机由北京轻工业学院负责研制，由南平造纸厂负责研制费用和提供现场试验。样机的试制生产由北京计算机外部设备一厂承担，并于1982年初交付南平造纸厂试用。经过一年半的试用，结果表明：样机的主要技术指标已达到协议指标要求。鉴定结论：同意该机投入批量生产，建议有关部门推广使用。

在会议期间，作者应邀对与会者作技术报告，受到好评！

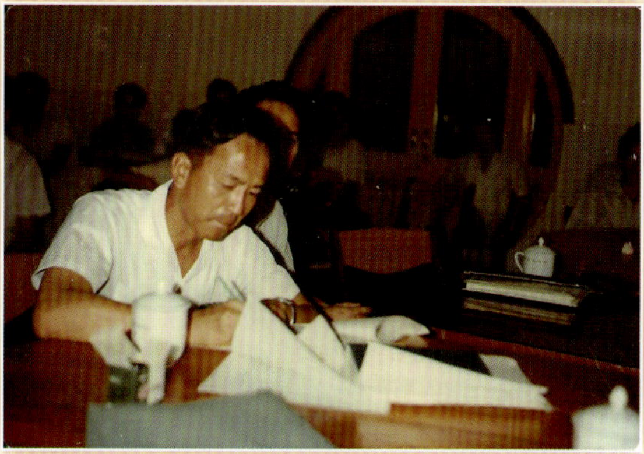

▲ 在南平造纸厂H因子鉴定会上（1983年8月10日上午）

▲ 作者在南平造纸厂给技术人员讲课

安徽合肥

ANHUIHEFEI

合肥，安徽省省会，古称“庐州”“庐阳”，因淝、施二水交汇而得名。它是安徽省政治、经济、科教、金融、科技、文化、信息和交通中心，也是规划中的国家综合交通和通信枢纽之一。合肥位于安徽省正中部，长江与淮河之间、巢湖之滨，具有承东启西、贯通南北的重要区位优势，是国家级皖江城市带承接产业转移示范区核心城市、长三角城市经济协调会城市、长江沿岸中心城市、长江中游城市群副中心城市、合肥都市圈的核心城市。

合肥已有 2000 多年历史，是兵家必争之地，有“江南唇齿，淮右襟喉”“江南之首，中原之喉”之称，历史上为江淮地区行政军事首府。拥有三所国家实验室和四座重大科学装置，是仅次于北京的国家重大科学工程布局重点城市，唯一的国家科技创新型试点城市，同时也是世界科技城市联盟会员城市。

合肥，曾经在 1992 年与北京、珠海首批被授予国家园林城市的称号，自然景色锦绣多姿，文化古迹甚多，是我国旅游资源最丰富的城市之一。

合肥属于北亚热带季风气候，四季分明，夏长而冬与春秋较短。全市行政辖区总面积为 11429.68km^2，其中巢湖水面面积 233.4km^2，市区建成区面积为 326km^2。

现辖 4 个市辖区（瑶海区、庐阳区、蜀山区、包河区）、4 个县（长丰县、肥东县、肥西县、庐江县），代管 1 个县级市（巢湖市）。

包河公园

包河公园，位于合肥老一环南环外包河区芜湖路，在城东南的旧城墙外侧，因北宋清官包公及其后裔居住此地而得名。为纪念包公千年诞辰，在包河公园原有的基础上重新规划建设了包公文化园，简称“包公园”。

包河公园风景区内还建有包公祠和包公墓，更使这一名胜古迹流芳百世，万民敬仰。明嘉靖年间，在包公幼年读书的河心香花墩上修建了包公祠，正殿端坐八尺高的包公塑像，王朝、马汉、张龙、赵虎侍立两旁，并置有龙头、虎头、狗头三铡；两边厢房陈列着包公墓出土文物，包括《家训》及包氏家谱等展品。祠东六角亭有井一口，传说贪官污吏喝了井水头痛难忍，故名“廉泉”。包河东南占地 3 公顷的松柏丛中，是包公及其夫人、子孙的墓园。

▲ 包河公园风光

▲ 包孝肃公祠

为纪念包公千年诞辰，在包河公园原有的基础上重新规划建设了包公文化园，简称“包公园”。包河公园为国家 4A 级旅游景区，除包公祠、包公墓外，还新建了青天阁、包公纪念馆、功德广场、水面喷泉等。整个风景区庄严肃穆，环境优美。湖面波光涟漪，游艇荡漾，两岸垂柳婆娑，嘉木葱茏，是人们拜谒先贤、观赏游览的好去处。

包公祠

包孝肃公祠，又称包公祠，位于合肥市城南包河湖畔的狭长小岛上，岛上绿树成阴，繁花似锦，其中一座白墙青瓦的古建筑就是包公祠。包公祠是我国历史上清官代表人物包拯的祠堂。如今包公祠已成为合肥一道绮丽的风景。这里四季游人不断，凡是到合肥的人都要来缅怀这位历史清官。

包公墓园

包公墓园是包拯及其夫人、子孙的遗骨安葬重建后的墓园。规模宏大，建筑古朴典雅，满园苍松翠柏，地势起落有致，与相距不远的包公祠照应。园内面积 $1200m^2$，主墓呈“覆斗型”，墓侧有几排高大的水杉，与包公高大的形象遥相辉映。

北侧是附墓区，有包拯夫人董氏及其子、媳等墓 5 座，整个墓园庄重肃穆。

清风阁

清风阁是纪念包公诞辰千年而建造的一组仿古建筑物，位于包河景区的南岸，占地 2 万多平方米，清风阁是清风园的主要建筑，清风阁景区主要有功德广场、清风阁、陈列馆区三个部分。清风阁高 42m，共九层，登上顶层可俯视整个包河公园秀丽景色。一层为耿光日月厅，亭内镶嵌有一幅长 5.4m、宽 5m、名为《清风赞》的大型椴木浮雕；二楼为庐州宋韵厅，展示的是《古庐州市井图》的古绢彩绘壁画；三楼为江淮奇葩厅，介绍的是安徽概况和江淮风情；四层为江山明月厅；五层为庐州夜话厅；六楼为梨园揽胜厅，这里也是清风阁的最高层，可一览包河美景。

▲ 包孝肃公墓园

▲ 包河公园清风阁

合肥水泥研究设计院

合肥水泥研究设计院，是原国家建材局直属的重点科研院和甲级设计单位，具有 60 多年的光辉历史，是我国勘察设计 50 强之一。它的前身，主要由前北京建筑材料工业部水泥研究院热工室、粉磨室和自动化室等科室所组成。1999 年 7 月转制后，并入中国建筑材料集团公司。合肥水泥研究院，地处中国安徽省合肥市，占地面积 25hm^2，建筑面积 89500m^2，现有职工约 2600 人，其中教授级高工 80 多人、高级技术人员 210 多人、中级技术人员 430 多人。

合肥水泥设计院，下设设计分院、热工技术装备公司、粉体工程公司、金山科技实业公司、环保工程公司、设备及金属材料工程公司、研发中心、机电工程公司、中亚钢结构工程公司、中亚监理工程有限责任公司、中亚建材装备有限责任公司、中亚科技有限责任公司等专业公司。建院以来，形成了以水泥热工、粉体工程、生产过程自动化、环境保护工程、金属材料、水泥原料优化开采和资源综合利用为代表的优势专业，培养了一大批很有造诣的带头人和专业人才。多年来，连续数年在全国工程勘察设计百强企业中位列第 13 名；位列建材行业设计院首位；连续五年在我国建材机械行业 20 强企业中列前三甲；成功入选 2009 年度全球最大 225 家国际承包商；是全国建材行业首批 AAA 级信用企业；荣获“中国百家创新示范企业”奖。

通过走科研、设计、产业、工程总承包四位一体化协调发展的道路，合肥水泥研究设计院已从一个科研事业单位跨越成为年产值 50 多亿元的高科技型企业，这是多么令入引以为傲的事情啊！

▲ 在合肥院与老同事们留影（2004 年）

▲ 在合肥院与老领导们留影（2004 年）

▲ 在合肥院会议大厅上（2004 年）

▲ 合肥水泥研究设计院生产车间一角

▲ 欢送前夕留影（2010 年）

▲ 难忘的张张笑脸

作者曾是 20 世纪 50~60 年代该院自动化室的老职工，对现今仍在合肥水泥设计院的老同事们具有深切的怀念之情。在 2004 年 10 月和 2010 年 10 月，曾先后两度从美国专程赴合肥探访，受到非常热情的接待与迎送。相聚时间虽短，但友谊长存。大家都沉浸在久别重逢的极度欢乐之中，这种“源自北京、续自合肥”的深厚友情，永不忘怀！

九华山

九华山位于安徽省池州市青阳县境内，是我国四大佛教名山之一。九华山山势雄伟，自然风光和人文景观融为一体，有“东南第一山”之称。九华山间遍布深沟峡谷，垂涧渊潭，流泉飞瀑，气象万千，宛如一幅清新自然的山水画卷。它处处有景，人移景异，清代时有著名的“九华十景”。对外开放后，新辟八大景区、百余处新景点。新老景点交相辉映，自然秀色与人文景观相互融合，加之四季分明，时景、日出、晚霞、云海、雾凇、雪霰、佛光等天象奇观美不胜收，令人赞口不绝、流连忘返。

九华山文化底蕴深厚，晋唐以来，陶渊明、李白、费冠卿、杜牧、苏东坡、王安石等文坛大儒游历于此，吟诵出一首首千古绝唱，黄宾虹、张大千、刘海粟、李可染等丹青巨匠挥毫泼墨，留下了一幅幅传世佳作。唐代大诗人李白三上九华，写下了数十首赞美九华山的不朽诗篇，尤其是“妙有分二气，灵山开九华”的诗句，成了九华山的“定名篇”。

九华山在鼎盛时期有寺庙 300 余座，现有开放寺庙 93 座，其中国家重点寺庙 9 座、省级重点寺庙 30 座、佛像万余尊、僧尼 700 余人、文物 2000 余件、历代名人雅士的诗词歌赋 500 多篇，书院、书堂遗址 20 多处，其中唐代贝叶经、明代大藏经、血经、明万历皇帝圣旨和清康熙、乾隆墨迹等堪称稀世珍宝。其中最著名的是天台寺、古拜经台（地藏菩萨道场）、百岁宫与五百罗汉堂以及无瑕和尚（应身菩萨）等名胜古迹。

古拜经台在天台峰下，距观音峰约 1km，通往天台之路要绕寺而过。该寺始建于唐，经历代修建，现在面积 898m^2。古拜经台大雄宝殿于 1994 年重建，建筑面积 650m^2。从大雄宝殿旁上石阶十余步，即到金地藏拜经遗址。上筑敞厅式瓦屋一间，高约二丈，宽丈许，供有金地藏坐像。右边墙壁上嵌有“古拜经台”字样的碑刻一方。台后有峭石 20m 高，造型酷似“老鹰扒壁”，僧人称“大鹏听经石”，相传是金地藏拜经的地方。地面凸出一块长方形岩石，上有凹下的脚印。

▲ 九华山历史文物馆

▲ 东南第一山（护国月牙宝塔）

▲ 九华山古拜经台远景（左上）

▲ 大雄宝殿及周围建筑物

百岁宫

全国重点寺院，有五层，似古城堡，始建于明朝。明万历年间，无瑕和尚在此结茅服修，120 岁圆寂，肉身 3 年不腐，后人建造庵堂，装金肉身件于其中，是为“摘星庵”，明末清初称“百岁宫”。崇祯三年（公元 1630 年），把无瑕和尚改称为应身菩萨。

1982 年九华山管理处重修，1983 年重塑佛像，无瑕和尚肉身重上漆、贴金。

沿着东崖禅寺至滴翠亭的山间小路上，悬挂着游人奉献的许多宝锁，诸如合家平安锁、好运锁、状元锁、情侣锁，等等，不一而足，这是九华山上又一道奇特的风景线！

▲ 百岁宫与五百罗汉堂

▲ 东崖禅寺

凤凰松

位于九华山中闵园，是九华山的一大景观，距今已有 1400 年的历史。松高 7.5m 多，胸径 1m，造型奇特，主干扁平翘首，枝繁叶茂，如同凤冠，两股枝干一高一低，状似凤尾，根部周围绿草如茵，恰似凤凰展翅，故此得名。凤凰松以其雄姿和传奇故事成为古今众多诗人、画家、摄影家眼中和笔下的主角，当代著名画家李可染将它誉为“天下第一松”。

▲ 滴翠亭

▲ 天下第一松（凤凰松）

黄山

黄山，位于安徽省南部黄山市境内，处在歙县、黟县、太平县、休宁县之间，属于传统意义上的徽州地区，方圆 950km^2, 风景名胜区面积 154km^2。东邻浙江，南连江西，北与宣城、池州两市接壤，是长江与钱塘江两大水系的分水岭。黄山南北长约 40km，东西宽约 30km，山脉面积 1200km^2，核心景区面积约 160km^2，主体以花岗岩构成。黄山 1000m 以上的山峰共有 77 个，其中命名的有 36 座大峰、36 座小峰，共 72 座山峰。黄山三大主峰都在 1800m 以上：瑰丽高峰——莲花峰，海拔 1864m，为黄山最高峰；平旷高峰——光明顶，海拔 1860m；险峻高峰——天都峰，海拔 1810m。

明朝旅行家、地理学家徐霞客两次登临黄山，评黄山有“泰岱之雄伟、华山之险峻、衡岳之烟云、匡庐之飞瀑、雁荡之巧石、峨嵋之清秀”，黄山被世人誉为“天下第一奇山”。

黄山 1982 年入选第一批国家重点风景名胜区；1986 年被评选为中国十大风景名胜之一，且是我国十大风景名胜中唯一的山岳风景区；1990 年 12 月作为文化与自然双重遗产，被联合国教科文组织列入世界遗产名录；2004 年 2 月入选世界地质公园。

黄山素以奇松、怪石、云海、温泉“四绝”著称。

奇松

即形态奇特的松树。古人称黄山“无峰不石，无石不松，无松不奇”，黄山名松上百，最著名者为黄山十大名松：迎客松、送客松、蒲团松、竖琴松、麒麟松、探海松、接引松、龙爪松、连理松、黑虎松。

怪石

黄山花岗岩体因受内外因素作用，长期崩落风化，形成众多的石峰、石柱、石蛋，因岩体风化条件的差异又导致其形态各异、千奇百怪。有的酷似珍禽异兽，有的宛若各式人物，有的形同各种物品，成为黄山最为奇特的景观。比如，西海群峰间，有一巨石耸立在一块岩石平台上，巨石与平台接触面很小，而且有缝隙，似从天外飞来，名为“飞来石”。狮子峰北一座平顶的山峰上有一石，如猴蹲坐，静观云海起伏，人称“猴子望太平”。始信峰附近有一排怪石，其中两石像是两位身穿道袍、头挽发髻的仙人在对弈，人称“仙人下棋”。

▲ 集奇松、怪石、云海于一身的黄山风光

▲ 黄山优美风光

▲ 迎客松

▲ 黄山光明顶

▲ 黄山飞来石

▲ 黄山云海

云海

黄山山高谷深，植被丰富，由于亚热带湿润性季风气候的影响，造成湿气环流，形成低空层积云聚集，造就了独特的黄山云海。特别是奇峰怪石和古松隐现云海之中，更增加了美感。黄山一年之中有云雾的天气达 250 天以上，而且云来雾去，变化莫测，时而是风平浪静的一片汪洋，时而波涛汹涌、白浪排空。黄山地名亦因此被称西海、东海、北海、南海，天海。

温泉

黄山有温泉 15 处，其中被称为黄山“四绝”之一的温泉（古称汤泉）又名朱砂泉，有两个出入口。温泉水质以水温重碳酸为主，无硫，自唐代开发以来，享誉千年。温泉位于紫石峰南麓，汤泉溪北岸，海拔 650m，温泉主泉泉口的水温为 42.5℃，副泉泉口水温为 41.1℃，水温还随气温、降水量的变化而变化。温泉的原池昼夜最大流量为 219.51t，最小流量为 145.23t。

2004 年 10 月 20 日，作者及爱人跟随旅行团，从云谷寺乘客运索道到白鹅岭登山，先去始信峰、后随旅行团到光明顶，观赏气象台、远眺飞来石和西海宾馆一带风光，照相留影，接着步行至天海宾馆，午餐后，沿着高山峻岭的石阶狭路，途经鳌鱼洞顶峰、逐步爬上百步云梯，当时，我俩相互搀扶、小心翼翼，紧紧地手拉手，并借拐杖之助，缓步前进，若稍一不慎滑倒或跌倒，都将坠落万丈深渊，后果不堪设想！经过约 5 个小时的拼搏，幸喜没有掉队，也无需他人抬轿，终于平安到达玉屏站，在附近的“迎客松”处观景及留影。然后，从玉屏站乘客运吊厢索道在慈光阁站下山，完成了这次有惊无险的黄山之旅，大饱眼福，不虚此行！

秀丽·西南地区

Chapter 6

四川　贵州　云南

四川成都

SICHUANCHENGDU

成都市，简称“蓉”，总面积 12121km^2，是我国 15 个副省级城市之一，下辖 9 个市辖区、4 个县级市和 6 个县、123 个街道办事处。

成都地处四川盆地西部的成都平原腹地，为四川省省会。成都市，建于公元前 316 年，距今已有 2300 余年的历史。作为首批国家历史文化名城之一，是我国开发最早、持续繁荣时间最长的城市之一。成都平原介于龙泉山脉与邛崃山脉之间，面积约占成都市总面积的 50%，海拔 450~720m，是由岷江、沱江及其支流冲积而成的冲积平原。全市东西长 192km，南北宽 166km，土地总面积 12390km^2，以平原为主，与德阳市、眉山市、雅安市、资阳市和阿坝藏族羌族自治州接壤。成都平原得益于都江堰水利工程，河网密布，同时，由于土地肥沃，它是我国最重要的粮食产区之一。平原上也零星分布着一些浅丘，比如成都近郊的凤凰山、磨盘山。

成都城区已建成公园数量 110 余座，居我国前列。境内生物资源较为丰富，主要集中在西部山区，珍稀植物有银杏、珙桐等，珍稀动物有大熊猫、小熊猫、金丝猴等。

成都是我国中西部重要的中心城市，自古以来就是我国西南地区的政治、经济、文化、军事中心。改革开放以来成为了我国西南地区的物流和商贸中心、金融中心、科技中心及交通枢纽、通讯枢纽，是我国重要的高新技术产业基地、现代制造业基地、现代服务业基地和现代农业基地。

2006年9月8日~9月12月，我和丹青有幸随同她高中同学组织的旅行团，从广州去成都和九寨沟旅游，饱览了许多著名的绮丽风光，目睹了举世闻名的都江堰水利工程，印象深刻，不虚此行！

都江堰

都江堰，是我国古代建设并使用至今的大型水利工程，位于四川省都江堰市城西，岷江上游340km处。都江堰是由秦国蜀郡太守李冰父子在公元前约256~251年主持始建的。经过历代整修，两千多年来都江堰依然发挥巨大的作用。都江堰周边的古迹甚多，主要有二王庙、伏龙观、安澜桥、玉垒关、凤栖窝和斗犀台等。

整个都江堰枢纽可分为堰首和灌溉水网两大系统，其中堰首包括鱼嘴（分水工程）、飞沙堰（溢洪排沙工程）、宝瓶口（引水工程）三大主体工程，此外还有内外金刚堤、人字堤及其他附属建筑。都江堰工程以引水灌溉为主，兼有防洪排沙、水运、城市供水等综合效用，它所灌溉的成都平原是闻名天下的“天府之国”。

1982年，都江堰被国务院公布为第二批全国重点文物保护单位。2000年，都江堰因其为“当今世界年代久远、惟一留存、以无坝引水为特征的宏大水利工程”，与青城山共同作为一项世界文化遗产被列入世界遗产名录。

▲ “都江堰”标志牌

▲ 都江堰当年使用的堵江的竹笼与石头

分水鱼嘴

鱼嘴是都江堰的分水工程，因其形像鱼嘴而得名。它位于江心，把岷江分成内外两江。外江位于西，又称金马河，是岷江正流，主要用于行洪；内江位于东，是人工引水总干渠，主要用于灌溉，又称“灌江”。鱼嘴决定了内外江的分流比例，是整个都江堰工程的关键。

内江取水口宽 150m，外江取水口宽 130m，利用地形、地势使江水在鱼嘴处按比例分流。春季水量小时，四成流入外江，六成流入内江，以保证春耕用水；春夏洪水季节时，水位抬高漫过鱼嘴，六成水流直奔外江，四成流入内江，使灌区免受水淹。这就是所谓“分四六，平潦旱”。目前的鱼嘴平面为半月形，由浆砌条石和混凝土筑成，长 80m，最宽处 39.1m，高 6.6m。鱼嘴堤坝向下游延伸，形成金刚堤，内堤长 650m，外堤长 900m。金刚堤再往下，分别是飞沙堰和人字堤。

宝瓶口

宝瓶口是都江堰的引水工程，是在玉垒山延伸向岷江的山崖上人工凿开的缺口，距飞沙堰下口 120m，位于古灌县城墙西门玉垒关下，开凿于都江堰创建时。宝瓶口上宽下窄，底宽 14.3m，顶宽 28.9m，平均宽度 20.4m，高 18.8m，峡口长 36m。口内即内江流入的进水口宽 70m，口外出水口宽 40~50m，形如“瓶颈”，宝瓶口也因此得名。

▲ 离堆

宝瓶口同飞沙堰配合具有节制水流大小的功用，是控制内江进水量的关键。内江水流经过宝瓶口流入，灌溉成都平原的大片农田；在洪水期间，内江水位提升高过飞沙堰，洪水就进入外江流走，再加上宝瓶口对水流的约束，达到了防洪的作用。内江水流进入宝瓶口后，顺应西北高、东南低的地势沿大小各支渠不断分流，形成自流灌溉渠系，灌溉成都平原上千余万亩的农田。

宝瓶口左岸山崖上刻有几十条分划，每划间距为一市尺，名为“水则”，用以观测水位涨落，是我国最早的水位标尺。宝瓶口右边的山丘，因为与山体相离，故名“离堆”。上有祭祀李冰的伏龙观，又称老王庙。

飞沙堰

飞沙堰建于唐高宗龙朔年间（公元 661—663 年），是内江的溢洪排沙通道。飞沙堰是金刚堤下段 710m 处的一个缺口，位于虎头岩对岸，宽 240m，堰顶高过河床 2m。飞沙堰将超过灌区需要的江水自行排到外江，使成都平原免受洪涝；又能将水中裹挟的大量砂石利用离心力从这里排到外江，避免淤塞内江、宝瓶口和灌区。

青羊宫

青羊宫，位于成都市一环路西二段，侧依锦江，被誉为“川西第一道观”“西南第一丛林”，是全国著名的文物旅游景点和游览胜地。文物有铜质青羊、斗姆殿、八卦亭、吴道子绘画本吕祖石刻像、三丰像以及宫内珍藏的《道藏辑要》经版等。

青羊宫，始建于周朝。唐朝中和元年（公元 881 年）黄巢起义，唐僖宗避难于蜀中，曾将此作为行宫。待他重返长安后，拨钱增建并下诏改为今名。至明朝，唐朝所建殿宇毁于兵灾。现存建筑为清代康熙年间（公元 1667—1671 年）陆续重建。

三清殿前有两只铜铸青羊，它们是青羊宫的镇馆之宝，左侧为单角青羊，右侧为双角青羊。单角青羊包含了十二生肖的特征，有鼠耳、牛身、虎爪、兔背、龙角、蛇尾、马嘴、羊胡、猴头、鸡眼、狗肚、猪臀。单角青羊为雍正元年清朝大学士张鹏翮捐赠。双角青羊是成都信徒张柯氏延于道光九年捐赠。三清殿前的这两只铜羊因有摸羊肚、羊头会使人的肚痛、头痛立即消失的传说，因此被人们摸得闪闪发光。

▲ 青羊宫门前

▲ 青羊宫内侧的铜铸青羊

武侯祠

武侯祠（汉昭烈庙）位于成都市武侯区，肇始于公元 223 年修建刘备惠陵时，它是我国唯一的一座君臣合祀祠庙和最负盛名的诸葛亮、刘备及蜀汉英雄纪念地，也是全国影响最大的三国遗迹博物馆。1961 年国务院公布为首批全国重点文物保护单位，2008 年评选为首批国家一级博物馆。成都武侯祠现占地 15 万平方米，由三国历史遗迹区（文物区）、西区（三国文化体验区）以及锦里民俗区（锦里）三部分组成，享有“三国圣地”的美誉。

武侯祠分为前后两殿，形成昭烈庙（昭烈殿、刘备殿）在前、武侯祠（忠武殿、诸葛亮殿）在后、前高后低的格局。东西偏殿中有关羽、张飞雕像；东西两廊分别为文武廊房，塑有文武官雕像 28 座，殿内外还有许多匾联。武侯祠大门后柏丛中有 6 块石碑，由唐宰相裴度撰文、柳公绰书写、石匠鲁建刻字，后世称为“三绝碑”。武侯祠内柏树众多，气氛庄严、肃穆。

沿途风光

从成都乘坐旅游巴士去九寨沟观光游览，沿途风光、风土人情、历史古迹都很精彩，印象深刻，令人难忘！据说，当年红军长征时刘伯承将军率领部队曾路经阿坝藏族羌族人民居住地，并走访当地民众，至今传为佳话。现今，在松潘至黄龙的路途中的元宝山顶上，有一座“长征纪念碑碑园”，园名为邓小平题写。碑座用汉白玉砌成，形似雪山，高 24m 的碑身为三角立柱体，象征红军三大主力紧密团结，坚不可摧。碑顶上竖立着约 1.5m 高的红军战士像，双手高举，一手握枪、一手持花，象征红军长征的胜利。

▲ 青藏高原的边缘——泯江源头

▲ 岷江山水相连

▲ 藏羌民众喜爱的耗牛

九寨沟风景名胜区

九寨沟风景名胜区，位于四川省北部，属四川省阿坝藏族羌族自治州九寨沟县（原南坪县），因沟中有荷叶、盘亚、亚拉、尖盘、黑果、树正、则查洼、热西、郭都九个藏族村寨而得名。九寨沟水系流经白河、白水江、嘉陵江，最后流入长江。

▲ 九寨沟景点分布图

九寨沟处在青藏高原东南的尕尔纳山峰北麓，海拔在2000~3106m之间，属世界高寒喀斯特地貌。九寨沟主要由岷山山脉中呈“丫”字形分布的日则沟、则查洼沟、树正沟三条沟谷构成，九寨沟主要景点分布在树正沟、日则沟、则查洼沟这三条沟内，也就是分布在树正、诺日朗、剑岩、长海、扎如、天海六大景区。自然景色以高山湖泊和瀑布群为主要特点，集湖泊、瀑布、河滩、溪流、雪峰、森林及藏族风情为一体。总面积约620km^2，约有52%的面积被原始森林所覆盖，期间夹生箭竹和各种奇花异草，也有诸多野生动物，如大熊猫、金丝猴、白唇鹿等均栖息于此。在冬季，九寨沟所有湖泊（海子）均会结冰，唯有五花海由于湖底泉眼的影响，令湖水在冬天仍能保持在6℃。九寨沟是白水沟上游白河的支沟。海拔2000~3000m，以翠海高山湖泊、叠海、彩林、雪山、藏情“五绝”驰名中外，被誉为“人间天堂”“梦幻仙境”和“童话世界”，这是它吸引中外游客的魅力所在。

▲ 九寨沟大门前团体照

九寨沟大多数湖泊的形成源于水中所含碳酸钙。湖底、湖堤、湖畔均可见乳白色碳酸钙形成的结晶，而来自雪山活水本身清澈，加之梯状湖泊层层过滤，其水色显得更加透明。九寨沟游览区气候宜人，冬无寒风，夏季凉爽，四季美丽，是世界上旅游环境最佳的景区之一。九寨沟风景名胜区于1992年被列为“世界自然遗产”，1997年被纳入“世界人与生物圈保护区”，2001年2月取得“绿色环球21”证书，这三顶世界级的桂冠均已获得，实属罕见！同时，九寨沟风景区被评为5A级景区，是全国优秀风景名胜区和中国风景名胜40佳。

树正沟

九寨沟风景区，呈“Y”字形分布，树正沟处于“Y”的下支，树正沟是九寨沟的主沟，又是九寨沟的大门，风景秀丽，全长 13.8 km，共有湖泊（海子）40 余个，约占九寨沟景区全部湖泊面积的 40%，绵延 7 km 而成似湖非湖的水潭和高低不同的瀑布。水光潋滟，碧波荡漾，鸟雀鸣唱，芦苇摇曳，十分美丽。

树正沟北端是九寨沟的招牌景点诺日朗瀑布，沟内有盆景海、芦苇海、火花海、双龙海、卧龙海、树正群海、树正瀑布、老虎海、犀牛海等水景奇观，其中又以火花海、树正瀑布最为秀美。树正沟内已开发了宝镜岩景区（芦苇海、迎客松、盆景滩）和树正景区（火花海、卧龙海、犀牛海、古磨房和树正瀑布）供游人玩赏。

▲ 九寨沟宝镜崖

▲ 九寨沟树正群海

▲ 九寨沟古磨坊

▲ 九寨沟扎如寺

宝镜崖

一走进九寨沟，便可见扎如沟北侧有一块巨大的石崖，由于大自然的鬼斧神工，昂然矗立，巍峨挺拔，高达400多米，表面平整，上面只有小树，形似明镜，远远望去，又像是一座大屏风。这就是宝镜崖，也称为魔鬼崖。

树正群海

树正群海景区是九寨沟秀丽风景的大门，全长13.8km，树正群海由大小19块海子组成，就如19块碧绿的翡翠，镶嵌在这深山幽谷之中，中间由绿树、银色的小瀑布相联，就如给树正寨戴上了一条美丽的翡翠项链。

古磨坊

在树正群海之间，一道长长的栈桥横跨浅滩而过，游人漫步于栈桥之上，可悠闲地欣赏那浅滩上的激流及群海。栈桥旁边有一座充满藏族风情的磨坊，这就是古磨坊，磨坊旁边有转经房，转经筒在激流的冲击下旋转不休，虔诚的藏族同胞常常来此拜神念经。电影《自古英雄出少年》当年就曾在此取景拍摄。

扎如寺

扎如寺坐落于扎如马道中途，是九寨沟最大、最有名气的喇嘛庙。始建于明朝末年，分别于公元1860年和1892年进行了翻修。扎如寺由大殿、藏经楼、乐台、茶房、迎客楼等六部分组成，是一座具有浓厚藏族风格的寺庙。主殿分为三层，一层是公开举行宗教活动、喇嘛念经、信徒拜佛礼佛的场所；二层是修炼密宗之所；三层藏有大量的佛经、佛像及唐卡等。大殿内供奉释迦牟尼佛像，神龛上放着大小号的法器等物，地上铺着羊毛地毯。庙前挂有五色经幡，随风而动。每天早晨，喇嘛都要在此念经祷告，每年举办四次庙会及转山会等。

日则沟

日则沟风景线全长18km，在诺日朗瀑布和原始森林之间，是九寨风景线中的精华部分。风光绝美，变化多端。主要景点包括：诺日朗瀑布、镜海、珍珠滩、珍珠滩瀑布、金铃海、孔雀河道、五花海、熊猫海瀑布、熊猫海、箭竹海、芳草海、天鹅海、剑岩悬泉、原始森林等。

▲ 九寨沟诺日朗瀑布之一

▲ 九寨沟诺日朗瀑布之二

▲ 九寨沟珍珠滩瀑布

▲ 九寨沟五花海

▲ 九寨沟熊猫海

▲ 九寨沟箭竹海

诺日朗瀑布

诺日朗瀑布，海拔 2365m，瀑宽 270m，落差 20m，是大型钙华瀑布之一，是九寨沟众多瀑布中最宽阔的一条，也是中国最宽的瀑布。“诺日朗”为藏语的译音，即“男神”之意，象征高大雄伟。滔滔水流源自诺日朗群海，经瀑布的顶部流下，犹如银河飞泻，冲流在瀑下岩石上，激起水花万朵；又如断续的水珠，或四处抛洒，或滴落入潭；而其细微之处，水流如帘幕一般，垂落下来，变化万千，声震山谷，令人赞不绝口，回味无穷。

珍珠滩瀑布

珍珠滩位于九寨沟景区的五花海下游约 500m 处的日则沟和南日沟的交界，此处坡度平缓，浅滩长满了各种灌木丛，长约 100m 水流在此经过多级跌落河谷，激流在倾斜而凹凸不平的乳黄色钙化滩面上溅起无数水珠，在阳光下，远看如同流动着一河洁白的珍珠，这就是珍珠滩。珍珠滩海拔 2433m，宽约 160m，面积 9.5 万平方米，是一片巨大扇形钙华流。

珍珠滩瀑布是九寨沟内一个典型的组合景观。上端滩流由台面上注入下方丹祖沟，形成壮观的飞瀑。瀑布被形如新月的岩体分割为数股，或银帘飘飞、或白浪滚滚、或如珠似线，汹涌奔腾。珍珠滩瀑布落差最大为 40m，气势非凡，雄伟壮观。

五花海

九寨沟五花海地处四川省阿坝藏族羌族自冶州九寨沟旅游景区中心位置，在珍珠滩瀑布之上、熊猫海之下，是日则沟孔雀河上游的尽头。海拔 2472m，水深 5m，面积 9 万平方米，有“九寨沟一绝”和“九寨精华”之美称。五花海四周的山坡，入秋后便笼罩在一片绚丽的秋色中，色彩丰富，姿态万千。海底的钙绿、橙黄、浅红似无数块宝石镶嵌成的巨形佩饰，珠光宝气，五彩缤纷。

熊猫海

熊猫海在箭竹海下坡不远处。海拔 2587m，深 14m，面积 9 万平方米。据说九寨沟的大熊猫最喜欢来这里游荡、喝水、觅食，因此这一片海子被叫做熊猫海。湖边岩壁纹理奇特，倒映湖中，与湖傍水下自然地生着几圈黑色花纹的浑圆的好似熊猫的白石，相映成趣。大熊猫被视为吉祥物，深得九寨沟藏民的喜爱。

箭竹海

箭竹海海拔 2618m，深 6m，面积 17 万平方米，箭竹海湖面开阔而绵长，水色碧蓝。倒影历历，湖畔箭竹葱笼，杉木挺立；水中山峦对峙，竹影摇曳。虽至严冬，一汪湖水仍波光粼粼，充满生气。

箭竹是大熊猫喜食的食物，箭竹海湖岸四周广布箭竹，是箭竹海最大的特点，因而得名。冬季，九寨沟中许多湖泊结了厚厚的冰层，但箭竹海还是一汪碧水。箭竹海中有许多被钙化的枯木，形成奇特的珊瑚树，而在腐木上又可见一些新生的树，这被称为腐木更新，或叫枯木逢春和再生树。

则查洼沟

则查洼沟是九寨沟“Y”字形左上方的一条沟，从诺日朗宾馆开始至长海，长约 17km，这条沟的景点集中在沟的尽头，有长海、五彩池和季节海。

长海海拔最高，为 3103m，南北长约 7.5km，宽 500m，水深 80 多米，是九寨沟内最大的海。它汇集南面雪峰的雪水和四水的流泉，没有出水口，排水靠蒸发和地下渗透。夏秋纵遇暴雨，海水也不溢堤；冬春长时无雨，海水也不干涸。长海沿岸山峦叠彩，绿树幽深。隆冬时节，冰冻雪封，一片银白。

五彩池水上半部呈碧蓝色，下半部则呈橙红色，色彩之斑斓，与日则沟的五花海不相上下。

季节海位于则查洼沟的上方，湖水因季节而时盈时涸，有上、中、下季节海之分，附近有原始森林。

长海和五彩池这两个景点的游客都很多，人头涌动。

▲ 九寨沟长海

▲ 九寨沟五彩池

牟尼沟

牟尼沟不属于九寨沟风景区，而是黄龙风景区的组成部分，它位于松潘县西南牟尼乡镜内，占地面积 160km^2，最低海拔 2800m，最高海拔 4070m，年平均气温约 4℃。景区内山、林、洞、海等相映成辉，林木遍野，大小海子可与九沟的彩池比美，钙化池瀑布可与黄龙“瑶池”相争。牟尼沟现有两大景观：扎嘎瀑布，二道海。进入牟尼沟的扎嘎瀑布可用驾车或骑马的方式，驾车约需 1h，但去二道海就只能骑马了，来回需 2~3d 时间。

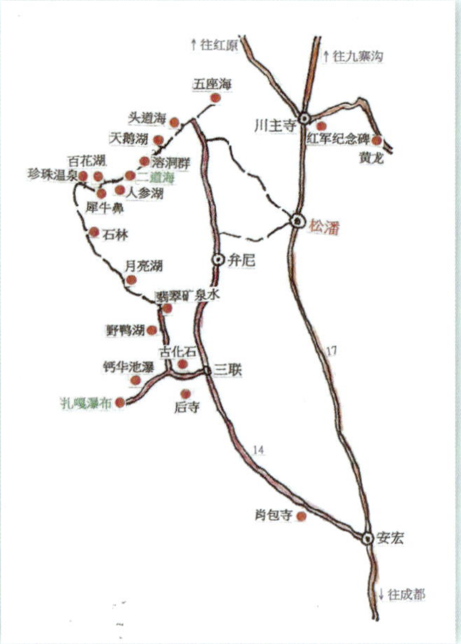

▲ 牟尼沟导游简图

扎嘎瀑布

扎嘎瀑布景区沟长 5km，入口处到营区有一条平坦的山道，山路左侧为坡，右侧为深沟，满布参天古树。策马前行大约半小时后，经过一条山道，就到了谷底的瀑布景区游览起始点。从谷底到瀑布绝顶总长约 2300m，瀑布从绝顶倾泄而下，形成了多处飞流。斜坡的右侧修建有一条曲折栈道，便于游客观景。扎嘎瀑布高 104m、宽 35m，湖水从巨大的钙化梯坎上以每秒 23m 的速度跌落，依峭壁跌落三层，一瀑三叠，叠叠形态多变。钙瀑水瀑相叠，举世罕见，是我国最大的钙化瀑布。

▲ 牟尼沟扎嘎瀑布

▲ 牟尼沟扎嘎瀑布与旁边的栈道

二道海

二道海在牟尼沟的末端，和扎嘎瀑布仅一山之隔。自二道海上行至景区的最深处，有一棵古松，树下是一处温泉，名叫珍珠湖。这里水温较高，即便是大雪冰封的严冬时节，水温也在25℃左右。池边硫磺气味浓烈，常有人在此沐浴，据说能医治皮肤病。

贵州贵阳

GUIZHOUGUIYANG

贵阳市，简称“筑”，贵州省省会，位于贵州省中部，云贵高原东部，长江流域和珠江流域分水岭地带。全市海拔最高处为1762m，最低处为506m，主城区平均海拔1070m。它是全省政治、经济、文教、交通和旅游服务中心，西南地区沟通珠三角、长三角的交通通信枢纽和物流集散地，生态休闲度假旅游城市。

贵阳市面积为17.61万平方公里，下辖6个市辖区、1个县级市、3个县。贵阳是国务院确定的“黔中产业带”“南贵昆经济带”和“泛珠三角经济区”内的重要中心城市，是一座以资源开发见长的综合型工业城市。

贵阳为西南地区铁路枢纽，拥有黔桂、川黔、贵昆、湘黔4条铁路，随着贵广、沪昆（长贵段和贵昆段）、渝黔、成贵、贵阳环城、贵开等铁路的兴建，未来，14个方向的铁路将在贵阳交汇。

花溪公园

花溪公园始建于清朝乾隆五十二年（公元1787年），由举人周奎父子营造。1937年作为公园开始建设，1940年基本落成。1949年新中国成立后，正式定名为“花溪公园”。

花溪公园现有面积800余亩，地形以山地为主，山域面积占总面积的81.5%，平均海拔 1140m。公园所在的花溪地处长江水系与珠江水系的分水岭，丰富的水资源与发育完全的喀斯特地貌形成了山环水绕的美丽景观。花溪河在此蜿蜒而过，河水清澈见底，四周景色明秀丽。它以四山（麟山、蛇山、龟山和凤山）夹一水（花溪河）而融合了真山真水、田园景色、民族风情为一体，是贵州省著名风景区，被誉为贵州“高原明珠”。

花溪公园地处亚热带气候，年均气温为 14.9℃，冬无严寒，夏无酷暑，气候温和湿润，空气清新，具有生态“大氧吧”、天然“大空调”的美称。

花溪也是红色文化旅游地，1935 年红军长征时，在花溪佯攻贵阳，红一、红二方面军都曾经路过花溪，毛泽东、朱德曾进驻花溪。1959 年陈毅元帅曾游花溪，并赋诗称赞花溪。1960 年 4 月 30 日，周恩来总理访问缅甸、印度、尼泊尔等 14 国回国后和夫人邓颖超一起乘机抵达贵阳，到花溪作短暂休息。后来陆续莅临花溪的革命领导人有邓小平、贺龙、聂荣臻、罗荣桓等老一辈革命家和江泽民、胡锦涛、李鹏、乔石、朱镕基、李瑞环、吴邦国、罗干等党和国家领导人。

▲ 贵阳花溪公园内的游艇

▲ 贵阳花溪公园内清清的流水

黄果树瀑布

黄果树瀑布，位于贵州省安顺市镇宁布依族苗族自治县，是珠江水系打帮河的支流白水河九级瀑布群中规模最大的一级瀑布。该瀑布群是贵州第一胜景，分布着雄、奇、险、秀风格各异的大小 18 个瀑布，被大世界吉尼斯总部评为世界上最大的瀑布群，列入世界吉尼斯世界纪录。黄果树瀑布是黄果树瀑布群中最为壮观的瀑布，是世界上唯一可以从上、下、前、后、左、右六个方位观赏的瀑布，也是世界上有水帘洞自然贯通且能从洞内外听、观、摸的瀑布。黄果树瀑布高度为 77.8m，宽 101m，其中主瀑布高 67m，顶宽 83.3m。它曾号称“亚洲第一大瀑布”，但若以流量和宽度计算，它应为“亚洲第二大瀑布”，应排在广西德天瀑布之后，位居世界第五位。这是因为德天瀑布宽 120m，分三级瀑布，垂直高度 60 多米，源于广西归春河，终年有水。与越南板约瀑布相连，雨季时两瀑布可融为一体，全宽扩张为 208m，它应排在巴西 - 阿根廷之间的伊瓜苏瀑布、赞比亚 - 津巴布韦之间的维多利亚瀑布以及美国 - 加拿大的尼亚加拉瀑布之后，是世界第四大、亚洲第一大的跨国瀑布。

▲ 黄果树瀑布全貌

▲ 黄果树瀑布壮观景象

云南昆明

YUNNANKUNMING

昆明市，云南省省会，是云南省政治、经济、文化、科技、交通中心枢纽，也是我国西部地区重要的中心城市和旅游、商贸城市。它是我国面向东南亚、南亚、东盟开放的重要枢纽城市，同时也是我国著名的历史文化名城和优秀旅游城市。

昆明市为山原地貌，地势大致北高南低，多溶洞和溶岩地貌，溶岩盆地有石林坝子，属北亚热带低纬高

原山地季风气候。风景秀丽迷人，三面环山，南濒滇池，湖光山色，天然成趣。滇池是云南省最大的高原湖泊、全国第六大淡水湖泊，滇池在调节温度与湿度方面有重要意义，使这里空气清新、天高云淡、阳光明媚、鲜花常开。因其夏无酷暑、冬无严寒、气候宜人，具有典型的温带气候特点，因而，昆明素以“春城”著称。

滇池

滇池，古称滇南泽，现又称昆明湖、昆明池，位于昆明市西南部，为云南省面积最大的高原淡水湖，湖泊海拔高度 1886m，形状似胃形，湖底平坦。北部海埂湖堤以北称“草海”，以南称“外海”。

滇池属于长江水系，为金沙江支流普渡河上游湖泊。主要入湖河流为盘龙江，主要出湖河流为海口河（螳螂川）。流域地跨昆明市五华区、官渡区、西山区、嵩明县、

呈贡县和晋宁县，流域面积 2855km^2，为我国第六大淡水湖。四面环山，东有金马山，西有碧鸡山，北有蛇山，南有鹤山。这些山连绵起伏，形成了昆明坝子的天然屏障。昆明坝子盛产稻米、小麦、蚕豆、玉米、油料等作物，是云南著名的“鱼米之乡”。

滇池属于构造断陷湖泊，约 3 万年前属于红河水系，从今晋宁县与玉溪市交界处的刺铜关流入红河。后刺铜关上升，海口河下降，滇池遂流向金沙江。

滇池是国家级重点风景名胜区，滇池周围分布有众多的历史文化遗产，如大观楼、西山龙门、华亭寺、太华寺、聂耳墓、晋宁石寨山、郑和公园、官渡古镇、晋城镇盘龙寺等。

遗撼的是，自 1970 年代以来，由于昆明等四周城市工业的发展和四周农田的开发，造成滇池水的污染，富营养化情形严重，大量蓝藻生长，已造成用水问题。在围湖造田思想指导下，滇池由 19 世纪初的 500km^2，减少到现在的 290 余平方公里。滇池的主要问题是水体富营养化造成水葫芦疯狂生长，夏天甚至能覆盖整个湖面。昆明市相关单位夏季也组织打捞，但人工打捞的速度始终没有水葫芦生长的速度快，经常出现前面的还没有打捞完成，后面又长满的情况。2007 年 12 月至 2011 年 12 月期间，在昆明市委书记的领导和组织下，致力于昆明市的绿化和滇池的治理，如今入滇河道大观河水质明显好转，滇池水质也有所上升，但仍然无法饮用。

大观楼

大观楼，又称近华浦，位于云南昆明市近华浦南面，濒临滇池草海北滨，它始建于清康熙二十九年（公元 1690 年），1983 年被公布为云南省重点文物保护单位，2013 年被公布为全国重点文物保护单位 。

▲ 云南省昆明大观楼

大观楼的主景区近华浦，三面环水，公园入口正对近华浦拱形重檐门楼。北面、东面是大型荷花池。

大观楼是三重檐琉璃戗角木结构建筑，馆、阁、亭、堂古建筑群为清康乾时期兴建，由临水长廊萦绕贯通，后来新建了“华夏长联景廊”“大观楼碑刻拓片展览”“中国四大名楼馆”“长联历史文化馆”等文化景点。浦内长堤虹桥，柳荫荷塘，古树葱郁。“彩云崖”假山峰回路转，紫藤花架形成花廊，四季花坛百花争艳，绿草如茵。这里既荟萃了大观楼的历史人文景观，又是春秋两季花展的主展区。

云南石林

云南石林，位于云南省石林彝族自治县，1982 年 11 月 8 日经国务院批准为首批国家重点风景名胜区，法定名称为“路南石林风景名胜区”。路南彝族自治县已于 1998 年 10 月 8 日经国务院批准同意更名为石林彝族自治县。

2001 年 3 月 6 日，国土资源部批准石林建立“云南石林岩溶峰林国家地质公园”；2004 年 2 月 13 日，联合国教科文组织批准石林列入首批世界地质公园；2007 年 6 月 27 日，石林作为“中国南方喀斯特”的重要组成部分成功申报世界自然遗产。

云南石林距昆明 120km，面积约 40 多万亩。石林是经过亿万年地质变化形成的典型喀斯特地貌，还是彝族传说中阿诗玛的故乡。石林风景区主要由大、小石林（李子菁石林），乃古石林，芝云洞，长湖，大叠水等景区组成。每年农历六月二十四的“火把节”是游览石林的最佳时间。1931 年云南省主席龙云路过此处命名“石林”，后于文化大革命时被毁。改革开放后，当地旅游部门自曲靖第一中学内所存之《爨宝子碑》上集字而成如今的匾额。

▲ 云南省昆明石林标志碑

▲ 电影《阿诗玛》拍摄地

山水·华中地区

Chapter 7

湖北　湖南　江西

湖北武汉

HUBEIWUHAN

湖北省省会武汉市，是华中地区最大的都市，面积 8494km^2。长江、汉水横贯市区，将武汉一分为三，形成了武昌、汉口、汉阳三镇隔江鼎立的格局。

武汉也是世界各大城市中人均拥有水量最多的城市，素有“百湖之市”的美誉，现有大小湖泊 166 个，其中有 43 个在中心城区。武汉的水域面积达 2217.6km^2，占全市面积的 1/4 还多一点，其中湖泊面积为 803.17km^2，水面率居全国各大城市的首位。在我国经济地理中，武汉处于优越的中心位置。水、陆交通十分发达，清代就有“九省通衢”的美称。唐朝诗人李白曾在此写下“黄鹤楼中吹玉笛，江城五月落梅花”的诗句，因此武汉又称“江城”。

武汉地形以平原为主，兼有少量低山丘陵以及岗地。武汉属北亚热带季风气候区，具有雨量充沛、日照充足、四季分明，夏热冬寒等特点。武汉是“中国三大火炉”之一，初夏梅雨季节雨量较集中。

▲ 武昌站

武汉位于长江和汉江汇流处，水运便利。近代京汉铁路和粤汉铁路陆续建成，更使武汉成为全国最重要的水陆交通枢纽之一。2009 年底，武汉站的开始运营，标志着武汉“高铁时代”的到来，使武汉成为全国高速铁路枢纽城市，成为我国铁路“两纵两横”的交汇点。

2014 年 3 月 24 日，我们从广州南站出发，乘高铁途经武汉，参加长江三峡之旅 5 天游。回忆起 20 世纪 60 年代，作者因公曾数度途经武汉去黄石市华新水泥厂搞技术革命和技术革新（简称“双革”）以及 1976 年初赴汉阳造纸厂进行 3150 纸机气垫流浆箱自动控制系统试验时的见闻，与这次旅游时的所见所闻相对照，实是今非昔比，变化之大令人惊叹！

武汉长江大桥

武汉长江大桥，跨越在汉阳龟山和武昌蛇山之间的长江江面上，被称为“万里长江第一桥”。中华人民共和国成立后，武汉长江大桥的建设被列入我国第一个五年计划的苏联援华 156 项工程之一，于 1950 年起正式开始进行大桥的测量和设计，1955 年 9 月动工建造，1957 年 10 月正式通车。自建成以来，它一直是武汉市的标志性构筑，同时也是最著名的旅游景点之一。

▲ 武汉长江大桥（1964 年冬）

▲ 武汉长江大桥纪念碑

武汉长江大桥为铁路、公路两用桥，双层钢桁梁结构，总长 1670m，其中正桥 1156m，北岸引桥 303m，南岸引桥 211m。上层为双向四车道的公路桥，宽 18m，两侧设有人行道，各宽 2.25m；下层为京广铁路复线，宽 14.5m。正桥桥身为三联连续桥梁，由 3 联（3 孔为一联）9 孔、跨度为 128m 的连续梁组成，共八墩九孔。碳素钢桁梁采用菱形腹杆，H 型截面。正桥的两端建有具有民族风格的桥头堡，从底层大厅到顶亭有 7 层，内有电梯供人上下。

武汉长江大桥（连同配套工程）总投资预算 1.72 亿元人民币，实际只用了 1.384 亿元；大桥本身造价预算 7250 万元，实际只用了 6581 万元。

黄鹤楼公园

现在的黄鹤楼，已被扩建为黄鹤楼公园，在主楼周围还建有黄鹤楼公园牌楼“江山入画”、胜象宝塔、碑廊、亭园楼阁、米芾拜石等，占地约 150 亩。

黄鹤楼原址在湖北省武昌蛇山黄鹤矶头，始建于三国时代东吴黄武 2 年（公元 223 年）。唐永泰元年（公元 765 年）黄鹤楼已具规模，然而，由于战火频繁，黄鹤楼屡建屡废，仅在明清两代就被毁 7 次，重建和维修了 10 次。最近一座建于同治 7 年（公元 1868 年），毁于光绪 10 年（公元 1884 年）。现在遗址上只剩下清代黄鹤楼毁后遗留下来的唯一一个黄鹤楼铜铸楼顶。

1957 年建长江大桥武昌引桥时，占用了黄鹤楼旧址。

▲ 黄鹤楼公园东门出入口

▲ 亭园楼阁

▲ 李白书法

▲ 唐代诗人瞿颢之诗石雕

▲ 归鹤园

▲ 《米芾拜石》铜雕

1965 年 10 月，当年作者在黄石市华新水泥厂的“技术革命和技术革新”（简称为“双革”）工作告一段落后，途经武昌曾游重建的黄鹤楼旧址，在长江南岸蛇山上，有着与此极为吻合这样的一副楹联：

紫气西来，云雾拨开天地撼；
大江东去，波涛洗尽古今愁。

1981 年 10 月武汉市政府决定根据历史资料重建黄鹤楼，专家决定在距旧址约 1km 左右的蛇山峰岭上重建新的黄鹤楼。1985 年 6 月落成，成为武汉市的标志性建筑。新黄鹤楼坐落在海拔 61.7m 蛇山顶，以清代“同治黄鹤楼”为原型设计。建筑面积 $3219m^2$，72 根圆柱拔地而起，雄浑稳健；60 个翘角凌空舒展，恰似黄鹤腾飞。楼的屋面用 10 多万块黄色琉璃瓦覆盖，在蓝天白云的映衬下，黄鹤楼色彩绚丽，雄奇多姿。楼高 5 层，加 5m 高的葫芦形宝顶，总高度 51.4m，攒尖顶，层层飞檐，比古楼高出将近 20m。古楼底层各宽 15m，而新楼底层则是各宽 30m，整个楼体都是用钢筋混凝土建成。

新黄鹤楼的楼层内外绘有以仙鹤为主体，云纹、花草、龙凤等为陪衬的图案。第一层大厅的正面墙壁，是一幅以“白云黄鹤”为主题的巨大陶瓷壁画。两旁立柱上悬挂着长 7m 的楹联：

爽气西来，云雾扫开天地撼；
大江东去，波涛洗净古今愁。

上面两对楹联中的个别词，比如：“紫”和“爽”、“拨”和“扫”、“尽”和“净”，为何更改？不知何故？

第二层是用大理石镌刻的《黄鹤楼记》，记述了楼的兴废沿革和名人轶事。此外还有“孙权筑城”“周瑜设宴”等壁画。第三层大厅内是“绣画像”壁画，描绘了中国古代诗人李白、白居易、陆游、岳飞等人的形象，摘录了他们吟咏黄鹤楼的名句。楼前牌坊上写“三楚一楼”四个大字，楼台基旁立有两座碑亭，石碑上记载着重建黄鹤楼的业绩与今人写的“重修黄鹤楼记”。

2003 年 2 月，黄鹤楼开始进行 1985 年重建以来的首次大规模整修。此次整修主要是对楼顶的四块牌匾进行维修，在保持字迹不变的情况下对牌匾重新复制。

▲ 黄鹤楼公园西大门牌楼

▲ “三楚一楼”胜象宝塔

▲ 龟蛇鹤铜雕（右）与碑亭

▲ 黄鹤楼正貌

胜象宝塔

因其色白，俗称“白塔”。原在武昌蛇山西首黄鹤楼故址前的黄鹤矶头，1955 年修黄鹤楼之前建武汉长江大桥时，胜象宝塔拆迁至蛇山西部、京广铁路跨线桥旁，现位于黄鹤楼公园牌楼与黄鹤楼前之间的空旷地。它是元代威顺王世子之墓，建于元代至正三年（公元 1343 年）。整个塔身用白沙石叠砌而成，高约 8m，座宽约 6m，周围刻有云神、水兽等图案，是中国元代喇嘛教珍贵文物之一。

龟蛇鹤铜雕

黄鹤楼前有座龟蛇鹤三合一的铜雕，位于黄鹤楼以西 50m 的正面台阶前裸露的岩石之上。相传大禹治水感动上天，上天派下龟蛇二将相助治水，后又派两只黄鹤体察民情，最终龟蛇二将化为龟山和蛇山锁住长江，从此水患平息，民安乐业。两只仙鹤俯瞰人间，非常感动，便脱胎下凡，以昭普天同庆。除该传说外，“龟鹤遐龄”是民间常说的颂词，“神龟寿鹤龄延年”亦被老百姓视为吉祥之兆，蛇则代表长久或长寿。龟蛇鹤铜雕融美丽传说和祝福之意为一体，该铜雕高 5.1m，重 3.8t，是纯黄铜铸成。其雕刻工艺极为精致，黄鹤、神龟、巨蛇既生动形象，又抽象写意，鹤的羽毛、脚爪的纹线以及龟背的花纹和蛇斑清晰可辨。

▲ 黄鹤楼后貌（上匾额“楚天极目”）

▲ 黄鹤楼古铜顶及千年吉祥大钟

▲ 黄鹤楼古铜顶

▲ 千年吉祥大钟

《米芾拜石》铜雕

米芾（公元1050—1107年），字元章，号鹿门居士、襄阳漫士，世称米南宫。祖籍太原，后徙襄阳，晚居镇江。北宋杰出书画家，曾为黄鹤楼书写过“天下江山第一楼”的匾额。米芾拜石的典故源于世人传说，初于无为州有巨石奇丑，芾见大喜，具衣冠拜之，称之为兄。人称米芾为“石痴”，“米芾拜石”铜雕即根据这一典故创作的。此铜雕高2m，重1吨有余，青铜质，雕刻手法生动粗犷。所拜之石为安徽灵璧石，高约3.5m，重4t。据说，摸一摸会带来好运，因此，该铜像的手部被众多游人摸得闪闪发亮！

黄石

黄石市，位于湖北省东南部，长江中游南岸。是我国中部最大城市圈武汉城市圈副中心城市，属于国家资源节约型和环境友好型社会综合配套改革试验区、华中地区重要的原材料工业基地和国务院批准的沿江开放城市之一，综合竞争力位列全省第二。全市辖黄石港区、西塞山区、下陆区、铁山区等4个市辖区、县级大冶市、阳新县和1个国家级经济技术开发区——黄石经济技术开发区。全市面积4583km^2。

黄石市是近代开发时间较早的工业城市，有闻名中外的大冶铁矿资源，并有“青铜故里”“钢铁摇蓝”“水泥故乡”和“服装新城”之称。全市已形成冶金、建材、纺织等14个主导产业，共有5家公司在沪、深两市挂牌上市，拥有东贝机电（东贝太阳能、压缩机）、中国劲酒、华新水泥、美尔雅西装、美岛服装、湖北新冶钢等一批中国名牌和中国驰名商标。

黄石市区位置优势明显，交通物流便捷，距九省通衢、湖北省省会武汉仅60km。武汉黄石间高速公路行程约40min，沿高速公路可快速到达上海、南京、合肥、九江、南昌、长沙等华东、华中重要城市。

华新水泥股份有限公司

华新水泥股份有限公司始创于1907年，被誉为“中国水泥工业的摇篮”。在一百多年的发展历程中，不论历史风云如何变幻，华新始终站在行业的前端，引领着我国水泥工业的发展，为国家和地方经济建设作出了突出贡献。

1994年，华新成为中国建材行业第一家A、B股上市公司；1999年，与全球最大的水泥制造商之一瑞士Holcim集团结为战略伙伴关系。华新水泥是国内水泥行业中首家通过GB/T 19001—ISO 9001质量体系认证的企业，企业资信为“AAA”级，生产的15个品种水泥均为国家首批质量免检产品。"华新堡垒"为中国驰名商标，在全国水泥质量评比中始终名列前茅。北京20世纪50年代的十大建筑、北京亚运村、葛洲坝、京珠高速公路、长江中下游数十座公路和铁路大桥、举世瞩目的三峡工程等国家重点工程，均选用了华新水泥。

进入21世纪之后，华新紧紧抓住我国水泥工业结构调整带来的发展机遇，依据"低能耗、高环保、高技术、高效益、可持续发展"的思路，组织实施了"十字型"定位发展战略、"纵向一体化"产业发展战略、管理创新战略、技术创新战略、社会责任战略等五大战略，实现了企业发展与股东利益、员工发展相一致，与社会、环境相和谐，让百年老厂重新焕发了青春。

▲ 华新水泥厂回转窑（1965年）

▲ 从张家湖（磁湖）岸看华新水泥厂

▲ 华新水泥厂招待所

▲ 黄石市海观山

截至2015年，公司在全国10个省市和海外拥有各类工厂100余家，总资产达260余亿元，销售收入达160亿，员工总数14000人，水泥年产能突破7000万吨，水泥设备制造能力5万吨，商品混凝土能力达到2500万立方，水泥包装袋4亿只，环保项目运营及在建的年处置废弃物能力500万吨，名列中国制造业500强和财富中国500强。

华新水泥股份有限公司原是华新水泥厂，作者之所以对它情有独钟、倍感亲切，就要追溯到20世纪60年代，作者和自动化室梁春顺、徐勤俭、江清如、赵景武、陈国齐等人，有幸参加由建材部水泥局杨德骧工程师（二级）领导的“双革”（技术革命和技术革新）工作组，共同奋战约一年，帮助该厂创建了当时全国水泥厂中首个仪表组；完成了多项重要科研试验项目，受到好评。期间与厂领导、有关科室人员及工人建立了良好的关系，结下了深厚的友情。这段美好的时光虽已过去半个世纪，但仍记忆犹新，甚感自豪与欣慰！

长江三峡

长江三峡地跨四川和湖北两省，西起四川奉节白帝城，东至湖北宜昌南津关，全长193km，自西向东依次为瞿塘峡、巫峡、西陵峡。沿途两岸奇峰陡立、峭壁对峙，山峰一般高出江面700~800m左右，江面最狭处有100m左右。随着规模巨大的三峡工程的兴建，这里更成了世界知名的旅游热线。

长江三峡属亚热带季风气候区，三峡库区气候总体特征为偏旱偏暖。各地年度降水量普遍偏少，气温普遍偏高。

三峡库区资源植物类别齐全，种类繁多，约4500多种。其中药用植物3500多种，食用植物610种，油脂植物566种，观赏植物500多种，纤维植物250多种，用材树种300多种，防护林、绿肥植物136种，染料植物50多种，橡胶植物41种，其它用途（如芳香油、栲胶、果类、树脂树胶、色素等）植物480种。

长江三峡的丰水期（5~10月）是三峡旅游的旺季，此时游览可尽情领略两岸秀色，三峡只有此期方可行船，枯水期（1~4月）会有一些地方因水浅不能行船。但是在三峡大坝建成后，三峡段水位上涨100多米，在游览三峡时，不再存在丰水期与枯水期之差异。

2004年3月24日至3月28日，作者夫妇在广州参加“广之旅”旅行社的“长江三峡五星世纪系列游”，高铁去、飞机返，饱览沿途美丽风光，目睹宏伟壮观的长江三峡大坝风貌，甚感满足！

游轮在江内航行，虽仅有六层，长 126.8m，宽 17.2m，载客 306 人，但我们住在第四层有阳台的房间，宽阔明亮，也很舒适。

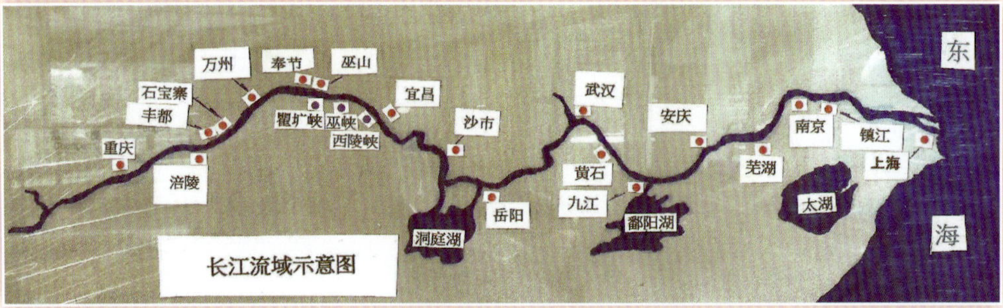

▲ 长江流域示意图

三峡水利枢纽工程

三峡水利枢纽工程，是我国也是世界上最大的水利枢纽工程，是治理和开发长江的关键性骨干工程。枢纽主要建筑物由大坝、水电站、通航建筑物三大部分组成。通航建筑物基础为坚硬完整的花岗岩体，岩石抗压强度约 100MPa，修建混凝土高坝的地质条件非常优越。三峡工程水正常蓄水位为 175m，总库容量为 393 亿立方米，水库全长 600 余公里，平均宽度 1100m，水库面积 1084km^2。它具有巨大的防洪、发电、航运等综合效益，工程总投资 1730 亿元。

▲ 长江三峡大坝全景

▲ 长江三峡水利枢纽模型

三峡大坝

三峡大坝坝址位于宜昌市三斗坪长江三峡西陵峡河段，距下游葛洲坝水利枢纽工程 38km，长江水运可直达坝区。该工程开工后，修建了宜昌至工地长约 26km 的准一级公路及在坝下游 4km 处的西陵长江大桥。拦河大坝为混凝土重力坝，泄洪坝段居中，两侧为电站厂房坝段和非溢流坝段。坝顶总长 3035m，坝顶高程 185m，正常蓄水位 175m，向上游回水 600km，形成了自宜昌到重庆的高峡平湖的景色。配有 26 台发电机的两个电站年均发电量 849 亿度，总装机容量 2250 万千瓦。

▲ 长江三峡大坝

▲ 坛子岭的自动电梯

▲ 坛子岭 185 平台与 196 平台

▲ 三峡坝址基石

▲ 三峡大坝永久船闸和升船机

▲ 船闸（左）与游船（右）近在咫尺

在南岸留有后期扩机的地下厂房位置。永久通航建筑物均位于北岸，包括永久船闸和升船机，永久船闸为双线五级连续梯级船闸（葛洲坝为单级船闸），单线全长 1607m，落差 113m，由低至高依次为 1#~5# 闸室，单级闸室有效尺寸为 280m(长)×34m(宽)×5m(坎上最小水深)，可通过万吨级船队，船只通过永久船闸需 2.5~3h，主要供货运船队通航。升船机为单线一级垂直提升式，乘船厢有效尺寸为 120m(长)×18m(宽)×3.5m(高)，一次可通过一条 3000 吨的客货轮。乘船厢运行时总重量为 11800t，采用全平衡钢丝绳卷扬方式提升，总提升力为 6000N。

坛子岭

观光游人可乘电梯登上坛子岭，坛子岭海拔高度 262.48m，是三峡工程的制高点。在坛子岭 185m 和 196m 水位线观景区，可将三峡坝区全貌尽收眼底，一览无余。这个举世无双的极为浩大的工程，甚为宏伟壮观，它使大坝上游的“高峡平湖”与下游滔滔江水，形成鲜明的对照，壮丽无比！并且，在 185m 水位线视景区内，还展出了长江三峡水利枢纽模型、当年堵江建坝使用的混凝土巨石块和三峡坝址基石等，让人亲临其境，回味无穷！

畅游长江三峡

西陵峡

西陵峡在湖北宜昌市秭归县境内，西起香溪口，东至南津关，长约 66km，是长江三峡中最长、以滩多水急闻名的山峡。

▲ 世纪辉煌号观光游轮

整个峡区由高山峡谷和险滩礁石组成，峡中有峡，大峡套小峡；滩中有滩，大滩含小滩。自西向东依次是兵书宝剑峡、牛肝马肺峡、崆岭峡、灯影峡四个峡区，以及青滩、泄滩、崆岭滩、腰叉河等险滩。

▲ 我们入住的住房

▲ 游轮大厅

▲ 游轮上的礼品店

▲ 游轮上 6 楼（顶层）餐厅

▲ 西陵长江大桥

▲ 日出

▲ 雄伟壮观的西陵峡

▲ 三峡中航行的游轮

唐诗有“峡尽天开朝日出，山平水阔大城浮”来形容此处，不过现在已是新城了。

唐代诗人李白有诗“孤帆远影碧空尽，惟见长江天际流”。是对长江的赞美，不过现在不是孤帆而是游轮了，变化之大，令人惊叹！

▲ 西陵峡峰峦

▲ 西陵峡岸边的码头与栈道

▲ 我们在游轮甲板上

▲ 西陵峡山边上的楼房

巫峡

巫峡，位于重庆巫山和湖北巴东两县境内，西起巫山县城东面的大宁河口，东至巴东县官渡口，绵延 45km。巫峡又名大峡，以幽深秀丽著称。整个峡区奇峰突兀，怪石嶙峋，峭壁屏列，绵延不断，是三峡中最可观的一段，宛如一条迂回曲折的画廊，充满诗情书意。

巫山神女溪

神女溪，位于长江南岸，发源于重庆巫山县的官度区。神女溪的上游为官度河，下游为紫阳河，在神女峰麓对面的青石镇汇入长江。神女溪全长 15km，其中 10km 为人迹稀罕的原始山谷，峰峦叠翠，云遮雾绕，江流曲折酷似九道回肠，山水奇观，令人赞不绝口！巫山十二峰中以神女峰最著名，峰上有一挺秀的石柱，形似亭亭玉立的少女。她每天最早迎来朝霞，又最后送走晚霞，故又称“望霞峰”。

▲“巫山神女溪欢迎您”标志牌

▲神女溪与长江交汇处附近的风光

瞿塘峡

瞿塘峡，位于重庆奉节境内，长 8km，是三峡中最短的一个雄伟险峻的峡。入口处两岸断崖壁立，相距不足 100 公尺，形如门户，名夔门，也称瞿塘峡关，山岩上有“夔门天下雄”五个大字。

▲瞿塘峡风貌一角

白帝城

白帝城位于重庆奉节县瞿塘峡口的长江北岸，是三峡的著名游览胜地。原名子阳城，为西汉末年割据蜀地的公孙述所建，是渝东、陕南、鄂西的交通枢纽和物资集散地，面积约为 4099km^2，是长江三峡国家级风景名胜区的一部分。著名诗人李白、杜甫、白居易、苏轼、陆游等，都曾登白帝城、游夔门，留下了大量诗篇，例如李白诗有“朝辞白帝彩云间，千里江陵一日还。两岸猿声啼不住，轻舟已过万重山”。因此，白帝城又有“诗城”之美称。在白帝庙内，还有许多碑刻，展出的文物及工艺品约有 1000 多件。

三国时，刘备兵败退至白帝城，无颜会见群臣，于是在白帝城修建了永安居，不久郁闷而死。刘备临终前，把政权和儿子刘禅托付给丞相诸葛亮，史称“刘备托孤”。

忠县石宝寨

2014 年 3 月，我们上岸到忠县石宝寨参观，石宝寨是中国现存体积最大、层数最多的穿斗式木结构建筑，地处重庆市忠县忠州镇和万州区之间的长江北岸。十二层阁楼通高 56m，依玉印山而建，重檐高耸，飞檐展翼，浑然一体，宏伟壮观，是重庆及三峡旅游热门景点之一。

寨门为砖石结构，高 6 米多，上题有瓷嵌“小蓬莱”三个字。寨门正反两面，有“五龙捧圣”“哪吒闹海”等浮雕，精巧细致，栩栩如生。

▲ 通往玉印山石宝寨的铁索桥

▲ 玉印山石宝寨的十二层阁楼

由寨门攀登到寨顶，要通过依山而建的层楼飞阁。它由一条迂回曲折的转梯相连，每一层石壁上都有历代流传下来的石刻、画像和题诗，每一层透过窗户，都能远眺气象万千的长江！

寨顶是一个 1200m^2 的石坝，海拔 230m。正殿迎门墙壁上有一巨大壁画，画的是女娲氏补天的故事。

2014 年 3 月 28 日清晨我们到达重庆，完成了漫游三峡之旅的游轮生活。

湖南岳阳

HUNANYUEYANG

岳阳市，位于湖南省东北部。东倚幕阜山，西临洞庭湖，长江从北蜿蜒而过，京广铁路、京珠高速、107 国道、武广高铁贯穿其境。总面积 14898km^2，其中市区规划面积为 845km^2，建成面积为 83.73km^2。岳阳综合经济实力目前已跃居中部六省大中城市前十位，综合经济实力稳居全省第二，仅次于省会长沙，居同级地市州之首。2014 年 4 月，我国城市等级划分出炉，岳阳位列三线强市。

岳阳矿产资源丰富，矿藏矿点 200 多处，其中钒矿蓄量居亚洲之冠。岳阳集名山、名水、名楼、名人、名文于一体，是中华文化重要的发源地之一，亦是海内外闻名的旅游胜地。

1984 年 5 月上旬，作者当时在轻工业部南宁设计院任通用室副主任、教授级高级工程师和中国造纸学会理事，有幸去岳阳造纸厂参加全国造纸学会年会，并在会上作了《微型计算机在制浆造纸生产中的应用》的学术报告，受到与会者的重视和好评。会后，我们一起欣赏了洞庭湖那“天水一色风月无边”的绮丽风光，并游览了久负盛名的岳阳楼，照相留影。

岳阳市挨长江、伴洞庭，于洞庭湖居其口，于长江居其中。以水路而言，可与湖南 76 个县市相连；以陆路而言，紧靠京广铁路、京珠高速公路和 107 国道，在南北交通干线上亦处中端，易转入与之相连的其他铁路、公路，通达各省。

岳阳楼

岳阳楼屹立于湖南省岳阳市西北的巴丘山下、岳阳市古城西门城墙之上，下瞰洞庭，前望君山，南望湖南四水，北眈万里长江，气势雄伟，自古有“洞庭天下水，岳阳天下楼”之美誉，与湖北武昌黄鹤楼、江西南昌滕王阁并称为“江南三大名楼”。

岳阳楼始建于公元220年前后，相传其前身为三国时期东吴大将鲁肃的“阅军楼”，西晋南北朝时称“巴陵城楼”。之后，在1700余年的历史中屡毁屡修，有史可查的修葺共30余次。

1988年1月被国务院确定为全国重点文物保护单位。2011年9月，全国旅游景区质量等级评定委员会正式批准岳阳楼—君山岛景区为国家5A级旅游景区。

岳阳楼地面海拔54.3m，景区内陆地东西长约130m，南北长约300m，陆地投影总面积3.9万平方米。岳阳楼坐西朝东，台基宽度17.24m，以花岗岩围砌而成。岳阳楼结构古朴独特，主楼高19.42m，进深14.54m，宽17.42m，为三层、四柱、飞檐、盔顶。楼中四根楠木金柱直贯楼顶，周围绕以廊、枋、椽、檩互相榫合，结为整体，是纯木结构，整座建筑没用一钉一铆，仅靠木制构件彼此联结。

《岳阳楼记》是一篇为重修岳阳楼写的记述，由北宋文学家范仲淹应好友巴陵郡守滕子京之请，于北宋庆历六年（公元1046年）九月十五日所作。其中的诗句“先天下之忧而忧，后天下之乐而乐”“不以物喜，不以已悲”是较为出名和引用较多的句子。《岳阳楼记》能够成为传世名篇，并不是由于其对岳阳楼风景的描述，而是范仲淹借《岳阳楼记》一文抒发了先忧后乐、忧国忧民的情怀。

▲ 与老教授们及厂长于岳阳楼前

▲ 与滕炎福、林运球于洞庭湖君山朗吟亭前

张家界国家森林公园

张家界国家森林公园位于湖南省西北方武陵源境内，包括张家界国家森林公园、张家界国家地质公园和索溪峪、天子山、杨家界等三个自然保护区，总面积约391km^2，核心景区面积超过250km^2。武陵源具有比较原始的生态系统，有3000座奇异的山峰、800多条溪涧，岩溶洞穴、瀑布群和天然森林。20世纪80年代初被开辟为旅游景区，1988年被定为国家重点风景名胜区。

武陵源以石英砂岩峰林峡谷地貌为其主要特征，共有石峰3103座，峰体分布在海拔500~1100m，高度约由几十米至400m，这种特殊的地貌形态被命名为“石英砂柱峰”地貌。它的特点是质纯、石厚，石英含量高，约为75%~95%，岩层厚520余米，实为罕见。

武陵源地形复杂，气候温和，雨量丰沛，森林茂盛，森林覆盖率达88%，有中国一级保护植物4种、二级保护植物19种、木本植物770种，其中还有本地区仅有的植物武陵松。另外，武陵源拥有28种国家级保护动物，比如珍贵动物大鲵（娃娃鱼）、国家一级保护动物云豹、金钱豹等猛兽。

张家界又名青岩山，面积130km^2，是我国第一个国家森林公园，地处武陵山中。张家界地貌奇特，有石峰2000多座，形态各异，树木茂盛，四周山地环抱，坡陡沟深，气候暖湿，区内景点众多，尤以黄狮寨、砂刀沟、金鞭岩、金鞭溪等最为著名。有黄狮寨、金鞭溪、腰子寨、琵琶溪、砂刀沟、后花园、朝天观7条主要旅游路线。

▲ 张家界国家森林公园风光

▲ 张家界国家森林公园石英砂峰林

江西南昌

JIANGXINANCHANG

江西省省会南昌市是江西最大的城市，总面积为 7402km^2。古南昌地处江西中部偏北，有着 2200 多年的建城史，因当年南昌起义爆发于此地，故又有“英雄城”之称。它扼赣江、鄱阳湖要冲，居豫章平原腹地，东引吴越，西控荆楚，北接中原，南极粤闽，通江达海，汇集四方，有“物华天宝、人杰地灵”的美誉，是得天独厚的水运中心、平原中心、交通枢纽，鄱阳湖生态经济区核心城市，历史悠久的江南名城。1986 年被列为国家历史文化名城，曾荣获“国家卫生城市”“国家园林城市”等称号。2006 年被《新闻周刊》评选为世界十大最具经济活力城市。

江西省周边均为山地，境内多为丘陵，唯独赣北一处由于赣江、抚河、信江、鄱江、修水从四方汇聚与此注入鄱阳湖，所以形成鄱阳湖平原。南昌市就位于平原中部、赣江之畔，南昌具有“西山东水”的自然地势，市区西北部有一座孤立的西山山脉——梅岭，呈西南东北走向，主峰洗药峰海拔 841.1m，是全市的最高点。在全市土地面积构成中，平原占 35.8%，水域占 29.8%，岗地、低丘占 34.4%。

全境均为鄱阳湖水系，境内江河有赣江、抚河、锦河、潦河。湖泊有军山湖、金溪湖、青岚湖等数百个大小湖泊。市区湖泊主要有东湖、西湖、南湖、北湖、青山湖、艾溪湖、瑶湖、象湖、黄家湖（含礼步湖、碟子湖）。湖在城中，城在湖中。

南昌属湿润的亚热带季风气候，四季分明。南昌地理位置优越，交通便利，自古以来就被誉为“襟三江而带五湖，控蛮荆而引瓯越”之地，依托高速铁路和航空枢纽，是连接三大重要经济圈（长三角、珠三角、海西区）的省际交通廊道。南昌是江西最重要的综合交通枢纽之一。南昌水运交通也极为便利，水路可通赣江、抚河、锦江和鄱阳湖沿岸城镇及长江各口岸。水路运输最大内河装载能力为1000t，可由九江沿长江水域经上海港出海。

庐山

庐山，处于江西省九江市南郊，为我国名山之一，也是联合国教科文组织评定的文化遗产和世界地质公园，同时还是中华人民共和国的国家5A级旅游景区和文明旅游风景区、世界名山大会的首个举办地。庐山形成于第四纪冰川时期，是一座地垒式断块山脉，是我国自古以来的重要游览目的地。

庐山位于鄱阳湖平原的北部，西北距中国特大城市武汉200km，南至江西省省会南昌100km，东及东北为我国最大的淡水湖——鄱阳湖。庐山山体呈椭圆形，典型的地垒式块段山，长约25km，宽约10km，绵延的90余座山峰犹如九叠屏风，屏蔽着江西的北大门，主峰汉阳峰，海拔1474m。瀑布飞流直下，云雾变幻无常，景区风景秀丽，气候宜人，夏季气温比山下低10℃左右，为我国知名避暑胜地之一。

庐山已命名的山峰便有171座。群峰间散布冈岭26座，壑谷20条，岩洞16个，怪石22处。水流在河谷发育裂点，形成许多急流与瀑布，瀑布22处，溪涧18条，湖潭14处。著名的三叠泉瀑布，落差达155m。庐山以“雄”“奇”“险”“秀”闻名于世，具有极高的科学价值和旅游观赏价值，素有“匡庐奇秀甲天下”之美誉。

庐山亦是一座文化名山，被认为是我国山水文化的历史缩影。自东晋以来，我国历代著名的文人、高僧、政治人物都在此留下过重要的印迹，歌咏庐山的诗辞歌赋有4000多首。对庐山产生较大影响的人物有古代的司马迁、陶渊明、王羲之、慧远、白居易、李白、苏东坡、朱熹等以及近现代的政治人物毛泽东、蒋介石等。

庐山在我国近现代史上影响非常大，堪称中国的政治名山。1895年起，英、法、美等西方国家曾在此大兴土木，留下了大量的西式建筑，形成了今日牯岭镇的雏形。北伐战争结束后，这里成为中华民国政府的“夏都”，是我国的政治中心之一。1937年6月，周恩来代表中国共产党上山与蒋介石进行谈判，商讨共同抗日事宜。1937年7月，国民政府行政院长蒋介石发表对日宣战的庐山谈话，我国开始全面抗战。1959年、1961年和1970年，时任中共中央主席毛泽东曾三次在此主持大会，即著名的“庐山会议”。

▲ 庐山山峰一角

▲ 庐山老松树

仙人洞

▲ 庐山仙人洞

是江西省庐山上的一处著名景点，位于庐山天池山西麓、牯岭西南、御碑亭东侧、锦绣谷西侧，是一个由砂崖构成的岩石洞。由于大自然的不断风化和山水长期冲刷，慢慢形成天然洞窟。因其形似佛手，故又名佛手岩。这里的飞岩可栖身，清泉可洗心，俯视山外，白云茫茫，江流苍苍，颇有远离尘世的感觉。这里不仅是历来最受游人喜爱的胜景，而且是道教的福地洞天。相传唐代名道吕洞宾曾在此洞中修炼，直至成仙。后人为奉祠吕洞宾，将佛手岩更名为仙人洞。

仙人洞为一天然砂岩石洞，高 7m，宽 10m，深 14m。洞内深处从洞顶有水下滴，终年不竭，名为“一滴泉”，又称“叮咚泉”。20 世纪 60 年代末，毛泽东主席曾游此处并留下了著名的诗词：

“暮色苍茫看劲松，乱云飞渡仍从容。天生一个仙人洞，无限风光在险峰。”

烟水亭

位于江西省九江市长江南岸的甘棠湖中，为江西省九江市著名景点之一。东汉末，柴桑为东吴属地，吴主孙权的行宫就设于此处。建安十三年（公元 208 年），曹操率领 83 万人马，离开许昌，浩荡南下，追赶刘备，虎视东吴。孙权封周瑜为大都督，命令他率领水军在甘棠湖中日夜操练，迎击曹军。

▲ 庐山烟水亭

古时，甘棠湖与长江、鄱阳湖相通，水域宽阔，为东吴的一处水上要塞，当年，湖上战舰云集，雄师队列。雄才大略的周瑜在此挥师点将，联合刘备，大败曹兵于赤壁，在我国古代军事史上，创造了以少胜多、以弱胜强的范例。烟水亭内有“周瑜战迹陈列馆”，馆中介绍了周瑜的生平，正中一座 3m 多高的周瑜塑像，携书挎剑，再现了这位儒将的飒爽英姿。

从烟水亭前拾级而下，过桥，迎面有一座方亭，亭前有白石栏杆围就的拜台，这就是三国时周瑜的点将台。

印象·华南地区

Chapter 8

广东

广西

广西南宁

GUANGXINANNING

广西壮族自治区，通称广西，简称桂，首府南宁市。位于华南地区西部，南濒北部湾，与越南接壤。广西有我国最多的少数民族人口，使用粤语、桂柳话、壮语、客家语、平话等及其他本地少数民族语言。

广西处于被称为我国地势第二级阶梯的云贵高原的东南边缘、两广丘陵的西部，南边朝向北部湾。广西属山地丘陵盆地地貌，平地多为河流冲积平原和溶蚀平原，石灰岩地层分布广，呈喀斯特地貌。

广西境内河流众多，总长约 3.4 万千米，喀斯特地下河有 430 多条，长度超过 10km 的有 240 多条。境内地表河分别属于珠江的西江水系、长江洞庭湖水系（湘江、资江）、沿海诸河流、百都河红河水系，地下河有坡心河、地苏河等。其中，西江流域从西向东贯穿广西，然后进入广东，抵达珠江三角洲。南部诸河流注入北部湾，西南有属于红河水系的河流流入越南。

▲ 南宁机场广场前

广西河流水量大，水力资源充沛，已经建有多座水电站。

广西地处低纬度，北回归线横贯全区中部，属亚热带季风气候区。气候温暖，雨量充沛，干湿分明，季节变化不明显，日照适中，冬少夏多。

广西是我国经济发展较快的省级行政区之一，2005 年以来 GDP 总量一直稳居全国第 17 位。广西旅游资源丰富，桂林市是世界著名的旅游胜地。广西是我国西部唯一的沿海省份，又处于中国—东盟自由贸易区的前沿和枢纽位置，建设处于全国中等水平。广西境内日常饮食主要以清淡为主，属粤菜菜系。

南宁市是广西壮族自治区的首府，简称邕，具有 1680 多年历史。土地面积 $22112km^2$，市区面积 $6569km^2$，地处亚热带、北回归线以南，是广西壮族自治区的政治、经济、文化、科技中心。

南宁民族众多。全市常住人口 666.16 万人，其中壮族 339.04 万人，占 50.9%；汉族 312.50 万人，占 46.91%；其他少数民族瑶族、苗族等人口为 14.62 万人，占 2.19%。

真情实感心相印

2014 年 3 月 13 日凌晨，当我们和儿女从美国旧金山乘座星航经香港、于 3 月 14 日下午 1 时 45 分到达南宁机场时，就受到手棒鲜花的杨亚明、杨春峰和阎丽华等老同事们的热烈欢迎。随后，我们分乘两辆小汽车，经过约 40min 的车程，顺利入住西园饭店，欢渡 4 天难忘的时光。

▲ 南宁市平西小学

我们 4 人，这次把南宁作为“怀旧之旅”的第一站，事出有因，源远流长！忆往昔，我们从北京“下放”、经柳江造纸厂再到南宁轻工业设计院，历时 14 年，都作出了应有的贡献，与同事们结下了深厚的友情。女儿从小学、初中、高中再到当年以总分排第二的好成绩进入广西电视大学，结识了不少的老同学。这次在谢惠玲、梁广霞和杨燕等人非常热心的组织下，共约有 50 多位老同学热情地参与游玩和聚会，盛况空前。儿子青少年时代先后就读的平西小学和南宁市二中，现已都扩充和整修校舍，面貌大变。他曾是“红花少年”、品学兼优的好学生，深得老师和同学们的喜爱，而他也对李诲和梁丽琼等启蒙老师们谆谆教导的恩情永记心头，同时，他还喜欢阅览课外的科学和历史等方面的书刊杂志，例如《我们爱科学》《动脑筋的爷爷》《小灵通漫游记》以及小人书连环画《秦始皇》《西游记》《三国演义》和《水浒传》等，对此他都能如数家珍，津津乐道！无怪乎当年把1977年全国刚恢复高考的历史试题给他测验时，当时他是小学二年级的学生，年仅8岁，居然在事前没有准备的情况下获得76分之高，令人惊讶！

▲ 与会者在难忘的聚会上留影

▲ 在倪苏南家作客

▲ 在阎丽华家作客

▲ 姐弟俩在南宁人民公园

3月14日晚上，我们在西园饭店大门前香格里拉商业广场的桂林肥仔饭店，宴请原南宁轻工业设计院的部分老同事，共30多人参与，大部分老同事虽然已有11年没见面，例如特意前来相会的黄兰、改变出差计划的陈玲玲，甚至像胡昌茂（前院长）、吴玉珍夫妇、杨春峰、唐安平等已30年未见面的老同事，非常高兴参加。杨亚明、倪苏南、陈一新、陈培新等都为这次聚会，费时费心又费力，做了大量的组织工作与周密安排。在餐会上，大家畅所欲言，忆过去、叙友情，议现在、谈家常，想未来，为祖国"改革开放"以来所取得的巨大成就和人民生活水平的大幅提高而欢欣鼓舞。餐会之后，照相留影，作为永恒的纪念！

3月17日中午，我们4人与杨亚明、吴丽娜、杨春峰和大约30年未曾见面的何英，在南宁琅东新区倪苏南家里作客，目睹花园小区幽雅清静的高楼大厦，欣赏了陈一新倪苏南一家高雅的住房和结婚照等相册，饱尝了倪、何亲手包办的美味佳肴，回味无穷！饭后不久，由杨春峰驱车带领志远和志城前往青少年时代喜爱的人民公园“怀旧”游览后，我们又一起应邀前往阎丽华家里作客。前几年，阎丽华在星光大道原“体工大队”附近拔地而起的三座高楼中的中间那座高楼，很幸运购得 240m^2 的三室一厅超大的豪华套房，可喜可贺！在她家，我们又喜遇当日特地赶来帮忙的老同事王秀英，一起饱尝了丰盛美味的晚餐。饭后，由杨亚明和杨春峰分别开车，并由倪苏南、阎丽华、吴丽娜和何英等一起，欢送我们去南宁火车站，使我们非常顺利、非常愉快地圆满完成了这次南宁“怀旧之旅”的宿愿！

啊！ 11 年、30 年，在漫长的历史长河中，都是短暂的瞬间，然而，那浓厚的师生恩情与老同事朋友们之间非常真挚的友情，心心相印，永不忘怀！再见吧，南宁！再见吧，亲爱的朋友们！

今非昔比颂腾飞

2014 年 3 月 14~17 日，我们入住西园饭店 11 号楼，使我们这次南宁“怀旧之旅”的访友、聚会、交通和观光，甚为方便舒适。西园饭店至今仍保持着昔日的美丽与宁静的风貌，只是在它的前（东）面马路与现今星光大道交汇处的周围，耸立着江南宾馆和香格里拉商业广场等多座高楼，使 20 世纪 90 年代初兴建的当年是这里最高的 11 层“南宁轻工设计院”大楼成为了如今的“小弟弟”啦！现今的星光大道地下，正在修建地铁 1 号线，据说，它将在 2014 年 10 月 3 日“第 45 届世界体操锦标赛”开幕之前建成通车。

▲ 南宁民生路水塔

沿着星光大道往北走到邕江大桥的南面，还能清楚地见到正在装修的南宁剧场和兼有娱乐中心多种功能的南宁体育馆。大桥北侧幢幢高楼拔地而起，它们都比 20 世纪 80 年代南宁市最高的高楼——邕江饭店还高得多！现今市区的邕江两岸，经过多年的整治和修建，已陆续建成了像南宁大桥等约 10 座大桥，这对促进经济的发展、减轻市内交通拥挤状况和改善人民生活，都起到很好的作用。现今，邕江水清透沏，两岸江边原有杂乱无章的“旦家”小艇早已消失无踪，代之而起的是绿草如茵、绿树成荫、百花争艳、非常诱人的江边花园。那座修葺一新的冬泳亭，至今仍屹立在大桥的西北侧，以作永恒的纪念！由此向西不远处，就是“民生路步行街”，它与北京王府井“步行街”、上海南京路“步行街”、广州北京路“步行街”等，大有异曲同工之妙！在“民生路步行街”两旁，仍保留着许许多多的、极具华南建筑特色

▲ 中国轻工业南宁设计工程有限公司正大门口

▲ 大楼西园饭店附近的高楼大厦

▲ 西园饭店前热闹的街景

▲ 浓雾中的邕江大桥及其附近高楼大厦

▲ 现今光滑平坦兼备“骑楼”特色的步行街

▲ 南宁新华书店与南宁书城

的“遮阳挡雨”的“骑楼”以及昔日那些残旧、低矮的商店和民房，现今经过修整装饰，并由南宁商业大楼、南宁书城和南宁集邮公司等高楼大厦所替换，面貌焕然一新。在民生路南端尽头的东侧，至今仍保留着该市过去著名的地标性建筑物——“水塔”，这给我们这次的“怀旧之旅”又增加了不少的情趣与欢乐！还有，从前狭窄残旧的水泥马路，现今已用花岗岩的石板铺设，平坦光洁，甚感舒适开阔。总之，这里发生的变化事例不胜枚举，充分表明了南宁市近几十年来腾飞的“缩影”！

广西体育中心

广西体育中心，位于五象新区五象大道南侧，总占地 1143 亩，总建筑面积 19.8 万平方米。该体育中心一期已于 2010 年 8 月 11 日正式投入使用，它包括主体育场、体育馆、游泳跳水馆和现代的网球中心。广西体育中心主体育场的顶部造型犹如两片飘动的“绿叶”，采用具有飘逸感的多曲线屋面，充分呈现出现代气息。主体育场、体育馆、游泳馆和网球中心的规模、位置，正好排成一个由小到大的阵列，好似“绿叶”在茁壮成长，反映出南宁市蒸蒸日上、兴旺发达的美丽前景。

▲ 广西体育中心主体育场

▲ 在广西体育中心主体育场和老同事们留影

广西民族博物馆

广西民族博物馆，位于南宁市青秀山风景区青环路 11 号，占地 130 亩，建设总投资约 2.5 亿元。总建筑面积 30500m^2，还附属有 60 多亩的广西传统民居建筑露天展示园，它是以广西民族文化为专题的博物馆。

广西民族博物馆的主体建筑外形，类似富有广西地域特色和民族特色的铜鼓，整个建筑如一只展翅的鲲鹏，遨游于青山绿水之间。主建筑面积 29370m^2，其中展厅面积约 8000m^2。整个馆区设有公共服务区、露天展示区、文物保护研究中心、业务与行政管理区、后勤服务区等五个功能区，内部设有高科技电影厅、多功能会议厅、文物标本观摩室、专题图书馆、网上博物馆等。2008 年广西壮族自治区成立 50 周年之际作为重大献礼工程正式对外开放。

▲ 广西民族博物馆

▲ 广西民族博物馆外的建筑露天展示园

▲ 侗族鼓楼

▲ 广西民族博物馆外展现的铜鼓

广西民族博物馆有四个主题各异、规模不同的陈列和展览，比如，展示广西各民族民俗文化的大型陈列《五彩八桂——广西民族文化陈列》、体现广西“经典”民族文物陈列《穿越时空的鼓声——铜鼓文化展》等。

▲ 侗族风雨桥

▲ 侗族风雨桥上部桥面人行道

鼓楼

侗乡独特风格的建筑物，流行于湖南、贵州、广西壮族自治区交界地区。座座鼓楼高耸于侗寨之中，巍然挺立，气概雄伟。飞阁垂檐层层而上呈宝塔形，瓦檐上彩绘或雕塑山水、花卉、龙凤、飞鸟和古装人物，云腾雾绕，五彩缤纷。

在侗族历史上，凡有重大事宜商议、起款定约、抵御外来官兵骚扰，均击鼓以号召群众。由寨中“头人”登楼击鼓，咚咚鼓声响彻村寨山谷，就能迅速把人集中起来，无事是不能随便登楼击鼓的。鼓楼模仿杉树形状建造，在侗寨中属高层建筑，因为楼上置鼓得名。侗族的文化与鼓楼密不可分，重大的活动都在鼓楼里举行，鼓楼是侗族文化的载体和精华，因此，侗族文化又叫鼓楼文化。

风雨桥

风雨桥的建设既利于交通、休息避雨、会友、观赏江面风景，同时可美化侗寨环境，所以，风雨桥又叫花桥或廊桥。桥面廊亭相间，桥面两侧安装长条凳供来往行人休息。屋顶盖青瓦，能遮风挡雨，故称风雨桥。这座桥为四廊三亭式，歇山亭顶，采取人、畜分道，上部桥面为人行道，畜行道挂于桥一侧，被誉为“古今中外，独一无二”的古代桥梁。

青秀山风景区

青秀山风景区，国家4A级旅游区。位于南宁市中心东南5km邕江边上，为宋代以来的风景旅游区。景点有董泉、龙象塔、水月庵、天池、泰国园、苏铁园等。

青秀山因林木青翠，山势秀拔而得名。青秀山风景区包括凤凰岭、凤翼岭等18座山峦，海拔高度82~289m，气候宜人，最高峰凤凰岭海拔289m，占地近4.1km^2，风景区属亚热带季风湿润气候，花草树木四季常青，绿地面积25000m^2。景区内群峰叠翠、泉池众多，素以“山不高而秀，水不深而清”著称。

龙象塔，俗称青山塔，是青秀山的象征。它保留了明代建筑风格，青砖碧瓦、八角叠檐，塔有九层，高51.35m，塔基直径12m，有207级旋梯，为广西最高最大的塔。登上塔顶，南宁市的景色，可尽收眼底。

青秀山是南宁市重点开发的风景区，除保护和修复原有的一些古迹外，还新建了不少景点。如泰国园就是南宁市与泰国孔敬市政府文化交流项目中互建的园林旅游景点，由泰国建筑师设计，园内完全是泰国风貌，游人可到此亲身体验异国风情。

青秀山风景区于1987年10月1日正式开放，接待国内外游客。1989年被定为自治区级风景名胜区，1997 年被评为南宁市“十佳旅游景点”之首，2001 年被国家旅游局评为全国首批 4A 级旅游区。

▲ 南宁青秀山

▲ 南宁青秀山泰国园

伊岭岩

伊岭岩，位于南宁市中心以北 25km 的南武二级公路边伊岭山寨内，是一座喀斯特地貌溶洞，有多层的天然洞穴景观，全长 1100m，景点 100 多个。景色幽幻奇特，钟乳石、石花、和石笋千姿百态、拟人拟物、惟妙惟肖，可与桂林的七星岩、芦笛岩相媲美。

▲ 伊岭岩

桂林市

桂林市，位于广西壮族自治区东北部、湘桂走廊南端，东、北面与湖南省相邻。湘桂铁路与漓江纵贯其中，有 321、322、323 三条国道穿过。

桂林市总面积 2.78 万平方千米，市区面积为 565km^2，它是一个多民族的地区，其中有壮、瑶、回、苗、侗等 36 个少数民族约 168 万人。

桂林属中亚热带季风性湿润气候，温和多雨，气候适宜。冬季阴凉，偶尔寒冷。夏季炎热潮湿。每年 4 月至 10 月为最佳旅游季节。桂林最有名的食品是桂林米粉。

粮食作物主要是水稻。主要的经济作物有罗汉果、马蹄、毛竹和茶树等。

桂林属典型的喀斯特地貌石灰岩地形，大部分为丘陵，北部和东部分别为越城岭和海洋山、都庞岭山区，有很多面积较小的山间盆地。猫儿山海拔 2142m，称“华南第一峰”。桂林是一个典型的旅游型城市，也是我国知名度最高的旅游胜地之一。

桂林山水因“山青、水秀、洞奇、石美”而驰名中外，素有“桂林山水甲天下”之美誉。其中，生态公园和人文山水艺术类旅游景点有七星公园、象鼻山、伏波山、叠彩山、西山公园、穿山公园、虞山公园、阳朔世外桃源、大圩古镇、南溪山公园、雁山植物园等，古代近代文化类旅游景点有靖江王陵及王府、桂林石刻、灵渠、桂海碑林等，喀斯特溶洞景观有芦笛岩、七星岩、冠岩、荔浦银子岩、丰鱼岩等，大型综合景区有两江四湖（漓江、桃花江、榕湖、杉湖、桂湖、木龙湖）、漓江景区、乐满地等。

芦笛岩

芦笛岩位于桂林市西北郊的芦笛公园内的光明山上，距市中心 5km，据说由于其洞口长有可以做芦笛的芦笛草而得名，芦笛岩常与七星岩并称为芦笛七星岩，是桂林山水的一颗璀璨明珠。

据地质学家考证，芦笛岩 70 余万年前是一个古地下湖，后来由于地壳运动，山

▲ 桂林芦笛岩的钟乳石和石笋

▲ 桂林象鼻山

▲ 桂林七星岩洞口

▲ 桂林骆驼山

体抬升，地下水位下降，地下湖变成了山洞，地下水沿着岩石的破碎地带流动、溶蚀沉淀而形成囊状岩洞。芦笛岩洞深 240m，最宽处 93m，最大高度 1.8m，游程约 500m。

芦笛岩被誉为“大自然的艺术之宫”，其洞内有大量奇特怪异的石笋、石乳、石柱、石幔、石花。洞内还存有贞元八年（公元 792 年）以来的历代壁画 77 副。

芦笛岩的进口与出口相邻，进口处是一个天然洞口，出口处则是人工开凿的洞口。在洞内的“缝隙”中穿梭、在精心设计的灯光照饰下观看那神秘又有趣的景致，有一种如临仙境的感觉。

1959 年，附近村民发现此洞并向市政府提供了岩洞的情况，半山腰只有一个小洞口，仅容一人进出。自发现并开发后，如今已建有餐厅、茶室、水榭、湖池、曲桥，并设游船，广植花木，成为中外游客游览桂林时必至的旅游景点。

漓江

漓江，位于广西壮族自治区东北部，发源于桂林市资源县猫儿山，向南流经桂林、阳朔等县市，到平乐三江口与荔浦河、恭城河汇合后称桂江，继续南流在梧州与西江汇合，全长 426km。漓江水质清澈，两岸风光秀丽，以桂林至阳朔段为佳，是国家重点风景名胜区。漓江和湘江有秦代开凿的灵渠沟通。

▲ 漓江山水

漓江地区以岩溶地貌（喀斯特地貌）为主，漓江山水景观是岩溶地貌类型中发育非常充分的一种，是当地独特的自然风光。桂林漓江风景区是世界上规模最大、风景最美的岩溶山水游览区，千百年来不知陶醉了多少文人墨客。桂林漓江风景区以桂林市为中心，北起兴安灵渠、南至阳朔，由漓江一水相连。俗语说，“桂林山水甲天下，阳朔山水赛桂林！”，的确，桂林向以“山青、水秀，洞奇”三绝闻名于世，而桂林漓江风景区游览胜地繁多，在短期内只能选择其主要景点进行游览，其中一江（漓江）、两洞（芦笛岩、七星岩）、三山（独秀峰、伏波山、叠彩山）具有代表性，它们基本上是桂林山水的精华所在。旅行社组织的桂林两日游，一般是第一天游独秀峰、叠彩山、伏波山、七星岩和芦笛岩，第二天起由漓江去阳朔。

广东广州

GUANGDONGGUANGZHOU

广东省，简称粤，其邻省区有福建、江西、湖南、广西、香港及澳门特别行政区，与海南隔琼州海峡相望。地处中国南部，北依南岭山脉、东北为武夷山脉、南临南海，海岸线长 3368km（不含岛屿海岸线），海洋面积 419000km^2，是我国海洋面积第二大的省份。北回归线从省内横跨经过。

广东省设 21 个地级市、41 个县、3 个自治县、54 个市辖区。广东省会设在广州，有“千年商都”之称。自汉代开始，番禺城（广州市古名）便是最早期国际贸易的商业都市。其中以清代的广州十三行（广东十三行）为代表，至今的中非贸易也多在此。

广东省全省面积为 179812.66km^2，自“改革开放”以来，吸引大量外来人口，这些来自不同省份南下的人员，主要是说普通话及其他外省方言。

广东省地势北高南低，北部、东北部和西部都有较高山脉，中部和南部沿海地区多为低丘、台地或平原。山地和丘陵约占 62%，台地和平原约占 38%。主要山脉有莲花凶山、罗浮山、九莲山、青云山、滑石山、天露山、云雾山、云开大山，多呈东北至西南走向，并与海岸线平行。集水面积在 100km^2 以上的干支流河道共有 640 条，分属珠江和沿海诸河水系，主要为东江、北江、西江和韩江。

广东省地处我国南方，夏天炎热多雨，冬天温和干燥。广东是全国光、热、水资源最丰富的地区，四季常青，是主要的稻谷和糖蔗产区之一，也是我国著名的水果之乡，其中荔枝、波萝、柑橘被誉为岭南佳果。

广东地区在语言风俗、传统、历史等方面都有着独特的岭南文化，省内土地充裕、水资源丰富，由东江、西江、和北江汇合而成的珠江，按年流量计，它为我国第二大河流，全长2400km。沿岸一带的珠江三角洲地区河网密布，一直被称为华南地区的“渔米之乡”，亦是全国经济最发达地区之一。

广东交通发达，已形成以广州为中心的陆海空运输网络。本地族群众多，分别有广府、潮汕、客家三大族群，主要是汉、壮、瑶、回、满、畲等民族，其中少数民族中人数最多的为瑶族。广东是著名侨务大省，海外粤籍华侨华人约有2000万人。广东的旅游资源十分丰富，主要旅游景区基本上实现了“汽车直达大门口”。

广州市，为中华人民共和国的特大型城市、广东省省会，也是华南地区的经济、文化、科技和教育中心，交通枢纽，我国南方最大、历史最悠久的对外通商口岸，世界著名的港口城市之一，中国历史文化名城。

广州也被称为“五羊城”“羊城”“穗城”，简称为“穗”。这些别名来自于五羊传说：曾经有五位仙人穿着五色衣裳骑着五色羊，手执“一茎六出”的谷穗来到广州城，将谷穗交给城中人后，飞升而去，而五羊则化为石。故广州也被称为“五羊城”和“穗城”。由于地处亚热带，气候温暖，适宜花卉种植，加之广州人热爱种花、买花、赠花，年年花市兴旺，广州也享有“花城”的美誉。从唐代起，广州是广州府的府城，清代后是广东省的“省城”（省会），因此“省城”，亦成为广东人对广州城的通称。

广州道路交通建设，尤其是高架桥与内外环路、高速公路非常发达。但由于私家车太多、道路通行能力低等原因，交通挤塞成为广州市内最常见的问题之一。公共交通方面，广州市内已有地铁、快速公交、公共汽车、无轨电车等各种运输方式。广州也是我国最重要的铁路与航空枢纽城市之一，旅客能乘坐火车或飞机到达国内各大主要城市。而来往广州和国外的国际航有线更遍布世界各地。

广州自古已是华南地区著名的商埠，有2000多年的开放贸易历史。广州较为著名的农业特产有泮塘五秀（莲藕、马蹄、菱角、茭笋、茨菇），以及以荔枝、香蕉、木瓜、菠萝为首的岭南各类热带水果。

古代广州的手工业非常发达，船舶业、冶铸和五金业、纺织业、食品加工、中成药业、陶瓷业、美工等都享誉全国。“改革开放”后的广州百货业蓬勃发展，20世纪80年代起，友谊商店专门为港澳及外宾销售电器等入口商品；西湖路灯光夜市，则是平民的热门去处；而地处沿江西路江边的南方大厦，就成为华南地区规模最大的综合性百货商店，更创立内地第一家24小时便利店，它和华厦百货形成人民南商业圈，是上下九传统西部商业圈的延伸；位于北京路的新大新公司和广州百货大厦业务亦蒸蒸日上，该马路后来也辟为步行街；超级市场万客隆 1996 年在广州开设内地第一家分店，随后香港 7-11、百佳超级市场、OK 便民店等广州人熟悉的超市及便民店品牌，陆续进入广州。因受交通压力及天河新区发展影响，20 世纪 90 年代末的人民南商业圈开始衰落，成为电子服装批发集散地，城市商业圈向东部新区转移。到 21 世纪，以天河城、宏城广场、正佳广场为首的天河商业圈逐渐成熟，环市中路淘金商业圈亦开始兴旺。

自 1957 年起，每年举办春、秋两届的“中国出口商品交易会”（简称“广交会”，现“中国进出口商品交易会”），现时每届展会均吸引来自全球各地逾 20 万客商，是我国规模最大、时间最长、最成功的国际展会。随着琶洲展馆三期的建设，展会能力跃居世界第一。

高楼耸立刺天空

作为我国经济最发达的地区之一，广州 150m 以上的高楼数目与密度，均排在我国城市的前列。高楼群主要集中在天河区和越秀区，并随着广州都市化进程的加快，越来越多的超高层建筑正在兴建。仅中央商务区 (CBD) 珠江新城，至今就规划了 18 栋 200m 以上的高楼，50 栋左右 150m 以上的高楼。其中，具有代表性的高楼有：广州国际金融中心（简称 GZIFC），亦称广州西塔，建于珠江新城 CBD 中轴线上，占

▲ 广州塔

▲ 广州国际金融中心（广州西塔）

地面积约 3.1 万平方米，总建筑面积超过 45 万平方米，楼高 432m，跻身全球十大超高层建筑之列；中信广场，位于广州市天河区天河北路 233 号，占地 2.3 万平方米，总建筑面积 29 万平方米，楼高 391m，由一座 80 层的摩天大楼（办公楼）、两座 38 层的副楼（国际公寓楼）、4 层作为商场的裙楼以及地下 2 层的停车场组成。1997 年建成时为时我国的最高建筑，现在是华南地区第二高楼（已被同城的广州国际金融中心超越），现今，它还是世界上最高的混凝土大厦，有很多全球 500 强公司在广州的办公地点都设在这里；此外，代表性高楼还有中华国际中心（269m）和广东电信广场（260m）等。超高层建筑广州东塔已于 2014 年封顶，高 530m，取代广州西塔成为广州第一高楼。而广州塔的塔身主体 454m，天线桅杆 146m，总高度 600m，也成为仅次东京天空树 (634m) 的世界第二高电视观光塔。

两岸风光美如画

▲ 珠江海珠桥西面北岸新旧“爱群大厦”及沿岸风光

▲ 珠江海珠桥西面两岸风光

▲ 珠江海珠桥东面南岸高楼住宅群

▲ 珠江海珠桥东面北岸高楼住宅群

珠江夜游

珠江夜游，是广州市具有南国特色的旅游项目。2011 年 9 月 21 日晚上 8 时 10 分，我和爱人在广州天字码头登船，乘坐广州之星游轮有限公司的“天字 1 号”游轮，坐在 2 楼 5 号桌，一边喝饮料、品尝小吃，一边观赏珠江两岸美丽景色，历时约 1h，留下美好的回忆，令人流连忘返！

夜幕徐徐降临后，珠江两岸被一片炫目的华灯魅影所笼罩，绚丽多彩，变幻万千。这时，乘坐在游船上，观赏珠江两岸美丽的风光，别有一番情趣。那些被霓虹灯点缀的名桥、还有夜色浪漫的“羊城八景”，特别是那直指夜空的广州塔，相继迸发出红、蓝、黄、绿、紫、橙色的灯光，交替变换着绚丽多彩的图案，令人目不暇接，赞声不绝！

▲ 广州塔及附近建筑物夜景

▲ 广州西塔（右高）及附近高楼群夜景

▲ 广州海印大桥附近两岸夜景

▲ 星海音乐厅（红光尖顶）夜景

▲ 海珠桥东面南岸及大游轮的夜景

▲ 难忘的珠江夜游

海心沙公园

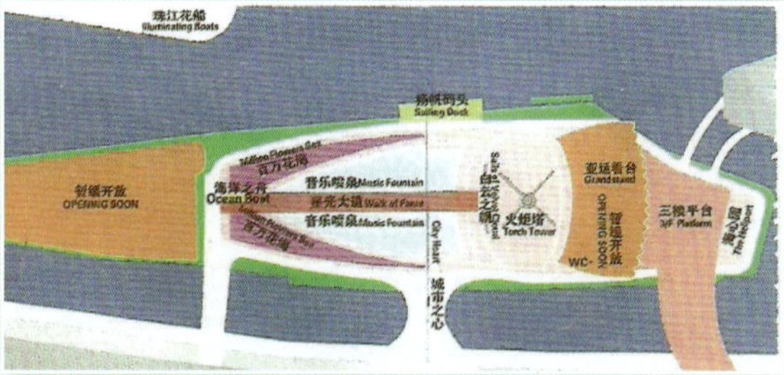

▲ 广州海心沙亚运公园游览地图

海心沙，位于广州市珠江和新中轴的交汇处，在珠江北主航道上，上游不远处为二沙岛与广州大桥，下游不远处是新建成的猎德大桥，南部靠近珠江海珠岛上的广州塔，北望天河区 CBD，占地面积约 17 万平方米，东西长 960m，南北长 250m。海心沙，被誉为广州旅游新名片，自建成以来就是游人心驰神往之地。有人说，2010 年 11 月 12~27 日亚运会之后畅游广州，必定得从海心沙开始，沿着新中轴线去看个够。

亚运会之后，观众还能看到场内的部分设施，如帆屏、威亚等，都作为广州亚运会的遗产予以保留。这 8 块帆屏安装高度达 86m，上帆宽 25m 高 24m，下帆宽 28m 高 26m，显示总面积达 8000m^2，不论暴雨还是台风天气，都可在户外使用，没到现场看亚运开闭幕式的人们，也可以一睹这 8 块巨型帆屏的真面目。人们还可以在现场看到那达 1600m^2 的露天水舞台，回味开幕式上那瞬间水涨水退的壮观景象。

海心沙，以繁华的城市中心为背景，在白云珠水间拔地而起，就象一艘扬帆起航的巨轮，承载着广东人民的务实和拼博精神，充满激情地驶向远洋。同时，它是举办第 16 届亚运会开幕式和闭幕式的场馆，曾聚焦了亚洲以及全世界人民的目光，因此，有“海心沙亚运公园”（或称“海心沙旅游公园”）的美誉。现今，它拥有独立的区域空间划分，以繁华的城市中心为背景，在白云珠水间拔地而起，就象一艘扬帆起航的巨轮，承载着广东人民的务实和拼博精神，继承和弘扬着亚运文化和体育精神，为广州城市发展和精神文明增光添彩，充满激情地驶向远洋。它的地理优势得天独厚，人文景观独一无二。主要景点有城市之心、星光大道、音乐喷泉、白云之帆、海心园等，都是游客们观光旅游的好去处。

▲ 广州花城广场及第 16 届亚运会主会场看台

▲ 花城广场附近的广州博物馆

▲ 广州图书馆

▲ 星海音乐厅

此外，在海心沙公园附近，还有花城广场、星海音乐厅和广州图书馆等。花城广场规划总占地面积达 56 万平方米，是全世界最大的一次性开发地下空间，其最大特点就是四通八达的地下空间与周边商业空间相衔接，为市民提供休闲、娱乐全方位的服务。花城广场除地面层外，还向下延伸开发了三层空间，用于商业、停车、输送旅客等。站在花城广场上，我们还能同时欣赏到“世界第二高塔”广州塔、“华南第一高塔”广州西塔等。

越秀公园

越秀公园是广州城市中心公园，是新世纪羊城八景之一，它与白云山联成广州城北的屏障，海拔 70 多米。历史上又称粤秀山、越王山。明朝永乐年间，山上曾建观音阁，所以又称观音山。越秀山早在西汉时期便是登临胜地。到了近代，孙中山先生曾提出，要把越秀山建成一座大公园。解放后，人民政府把该设想变成了现实。

现在，越秀公园是广州市内大型的综合性文化休息公园。它由主峰越井岗及周围的桂花岗、木壳岗、鲤鱼岗等7个山岗和北秀、南秀、东秀3个人工湖组成，面积共86万平方米，绿化覆盖率达92%。它不仅保存了镇海楼、明古城墙、四方炮台、中山纪念碑等各个历史时期的遗迹和古树名木，还建设了五羊石像、成语寓言园、竹林幽闲区、植物观赏区、花卉馆、博物馆、美术馆、游乐场、游泳场、体育场、餐厅、小卖部和亭、台、楼、榭等休息、文体、景点和服务设施。公园园道四通八达，通往各游览、服务点。每年还举办大型的花事活动，每年接待中外游客达1000多万人次。

▲ 广州越秀公园五羊石像留影

▲ 越秀公园出入口

▲ 越秀公园内的“瑞穗迎羊”景区

五羊石像，位于越秀公园西侧的木壳岗上，它是根据广州五羊传说创作的石像。该石像建于1959年，由尹积昌、陈本宗和孔繁纬创作。雕像高11m，体积53m^3，用130块花岗石雕刻而成。仅主羊头部的一块石料，就重达2t；长达2m的羊角，重约1t以上。雕像以四只形态各异的小羊拥簇着1只口衔稻穗的高大母山羊为造型，母羊口衔“一茎六出”谷穗，再现了羊化为石、把稻穗赠给广州人民的传说。自石像落成后，就被视为广州市的标志，并成为广州市一个著名的游览景点。1997年7月，它被公布为广州市文物保护单位。2001年8月13日，该石像被雷电击去一只角，后已修复。

镇海楼，又名望海楼，俗称五层楼，1950年改称“广州博物馆”，位于越秀公园小蟠龙冈上，为广州城市标志之一。现是专门收藏、展览关于广州历史文物史料的场所。1986年6月被列为广东省文物保护单位，1996年被评为广州十大旅游美景之一；2013年3月，被列入第七批全国重点文物保护单位。镇海楼的楼共五层，由于当时珠江河道甚宽，故将“望江”变为“望海”。楼前碑廊有历代碑刻，右侧陈列有12门古炮。是广州现存最完好、最具气势，也最富有民族特色的古建筑。镇海楼楼高28m，呈长方形，宽31m、深16m。下两层围墙用红石砌筑，上层为青砖墙。底层墙厚3.86m，以上逐层递减。有复檐5层，绿琉璃瓦盖，饰有石湾鳌鱼花脊。这五层建筑逐步向上收减宽度和深度，使镇海楼形似塔又似楼。故广州人把镇海楼称为“五层楼”，又因为登楼所看的美景不绝，也被冠以“五岭以南第一楼”和“岭南第一胜览”之美誉。如果登上镇海楼最顶层，原可一览广州全景，直望珠江；但改革开放后，大量高楼耸立，使江景被阻挡，广州的古塔大多已被遮蔽，无法直观。其变化之大，令人感慨！

中山纪念堂

中山纪念堂，是在1925年3月12日孙中山先生逝世后，由广东各界人士筹集五十万元兴建而成的。该纪念堂由著名建筑师吕彦直(1894—1929年)和结构师李铿、冯宝龄设计，于1929年动工，1931年落成。现在，中山纪念堂已成为国家级和省级文物保护单位，与南京中山陵齐名。

中山纪念堂属于八角形宫殿式建筑，纪念堂及庭园占地面积为62000m^2，主体建筑面积6600m^2，高52m，舞台宽15m、深20m，座位3238个。

设计师运用建筑力学结构原理，将四根大柱置于四周墙壁中，用以支撑四个跨度各30m左右的钢桁架，使之整体仿佛一把张开的雨伞，组成一个巨大的拱形屋顶。拱形屋顶托起八个主桁架，组成一个八角亭。堂内有一个近似圆形的大会堂，直径71m，分上下两层，共有座位4700多个。

1956年，重铸高5m的孙中山先生铜像屹立在纪念堂前。1963年对纪念堂进行了大规模翻修，屋顶全部采用蓝色琉璃瓦。在公园四周增建了铁栅栏，在园内栽种了很多树木、花卉。现在，纪念堂已成为广州市重要集会和文艺演出的场所。

纪念堂近北门处有一棵大约300年的古木棉，被称为木棉王。另外，纪念堂内的古树众多，其中还有两棵白兰王，每逢花期，整个纪念堂都可以闻到香味。

▲ 广州中山纪念堂前（2003 年元旦，右一为作者）

现今在中山大学南校区的孙中山铜像，是中山先生的日本好友梅屋庄吉所赠。它于 1931 年 1 月 14 日运抵天字码头，原国立中山大学师生到码头把它搬运到石牌校园（现华南理工大学）的农场暂置。在 1933 年 11 月 11 日国立中山大学建校 9 周年时，在石牌举行孙中山铜像揭幕暨新校奠基典礼。1954 年春，广州市人民政府把这尊铜像迁移到中山纪念堂的广场上。在 1956 年 11 月 12 日孙中山诞辰 90 周年、中山大学建校 32 周年时，该铜像又由中山纪念堂搬移到中山大学新校园内。同时，它被替换成由雕塑刻家尹积昌等人创作的孙中山全身像，所塑的是孙中山先生在中山大学演说讲时的造型，基座上刻的是孙中山所著的《建国大纲》，为水泥喷铜雕像。1998 年中山纪念堂进行大修时，这尊雕像用铜翻造，这就是今天在广场放置的孙中山铜像；而旧有铜像又搬移到华南理工大学的原国立中山大学校园放置铜像的地方。现在广场上铜像的基座是在 1931 年建成的。

海珠桥

海珠桥，跨越市区珠江，北连广州起义路，南接江南大道北。1949 年 10 月 14 日傍晚 5 时 50 分，国民党军队撤退时把大桥炸毁。1950 年 3 月 25 日，广州市人民政府决定重建海珠桥，耗时 6 个月便把海珠桥修复并通车，桥长 486m，正桥 182m、宽 33m，桥上来回设有三线行车，两边亦设有行人路及单车道，重建后的海珠桥，除桥面没有开合功能外，外观与原桥大致相若。

1974 年 12 月，海珠桥扩建工程正式动工，拓宽了海珠桥的行车道和人行道，在该桥东、西两侧各拓宽 7.83m，并在旧桥两侧各加宽 11m 的预应力钢筋混凝土结构桥，桥跨与原桥一致，组合成新的桥面体系。连同原钢桥人行道，合为 11.24m 的非机动车道和人行道，增加 4 柱桥墩。

1995 年，又对海珠桥原桥进行了自锚式加固和除锈保养，在中孔两端加建了吊塔和拉索，变为三孔连续自锚式悬索吊桥。此外也在桥上加装了彩灯。

2012 年 2 月 28 日，海珠桥正式封闭，进行为期 18 个月的大修；途经海珠桥的 22 条公交线路改道绕行解放大桥、江湾大桥及人民桥。

2013年8月，海珠桥大修基本完成，桥面侧面附有从1933—2013年各个重要历史时期的雕塑牌。2013年12月6日上午，广州市文物管理委员会和广州市历史文化名城保护委员会2013年第三次会议审议并通过《广州市历史建筑（第一批）推荐名单》，海珠桥成为300余处首批被认定的历史建筑之一。

▲ 晨曦中的海珠桥

▲ 海珠桥（由北向南拍照）

广州起义烈士陵园

广州起义烈士陵园，位于广州市中山二路92号，坐北向南，面对东较场，是为纪念1927年12月11日中国共产党领导的广州起义牺牲的烈士而修建起来的一座纪念性公园，面积达18万平方米。1954年始建，1957年广州起义30周年时落成。

广州起义烈士陵园，分陵区和园区两部分。陵区有正门门楼、陵墓大道、广州起义纪念碑和圆拱形陵墓，墓旁苍松翠柏，红花吐艳。其中还有辛亥革命红花岗四烈士墓及叶剑英墓等。正门门座以白花岗石为基础，汉白玉石上配以橙红色的琉璃瓦顶，双阙正面石壁镌刻着周恩来手书“广州起义烈士陵园”八个大字。陵墓大道宽阔笔直，两旁苍松翠柏，其间共20个花坛，现有景点和游乐场所16处，集纪念、游览、科普于一园。陵园东部建有中朝人民血谊亭、中苏人民血谊亭以及“血祭轩辕”亭，有朱德、董必武、叶剑英等的题吟，西南有广东历史博物馆。陵园坐落在岗地湖畔，纪念性建筑物和自然环境浑然一体，在一片青山绿水之中点缀以碑亭桥榭，在遍地红花的坡地中交织着石道幽径，整个陵园风景秀丽、鸟语花香、绿树成荫，小桥流水，错落有致，平日便吸引了大量的游客。每逢节假日，尤其在清明节前后，广大青少年会到这里举行扫墓活动，是广州市首批爱国主义教育基地之一。

广州起义纪念碑东面是圆拱形的烈士陵墓。墓冢直径43m，高6.2m，封土上铺铁线草。这种草具有很强的生命力，象征着烈士们“野火烧不尽，春风吹又生”的革命精神。墓冢四周是一圈围墙，为花岗石砌成。墙体中镶嵌着40多根白云石栏杆，每根栏杆均镇坐着一只仰天欢笑的石狮子。墓冢正面一块特大的青石板上镌刻着朱德题书的“广州公社烈士之墓”八个大字，是陵墓的主碑。1987 年在墓冢东面的墙上镌刻《广州起义碑记》。

▲ 广州起义烈士陵园正门

▲ 广州起义纪念碑

▲ 陵园内湖光春色

▲ 八角湖心亭

陵园东面，坐落着一个八角湖心亭，亭上悬挂着董必武题书的“血祭轩辕”牌匾。这是为纪念广州起义后被俘就义、在刑场上举行婚礼的周文雍、陈铁军两位烈士而修建的纪念亭。湖心亭的东面还有两座规模较大的纪念亭：一座是为纪念在广州起义中为中国人民献出生命的 150 名朝鲜战友而修建的中朝血谊亭；另一座是为当年参与广州起义被杀害的苏联驻德副领事及馆员而修建的中苏血谊亭。

1963 年和 1986 年均以“红陵旭日”被选为新羊城八景。每年举办菊展、迎春花市、灯会等活动，为广东省重点文物保护单位和全国重点烈士纪念建筑物保护单位。如今，地铁一号线的烈士陵园站由此得名。

北京路商业步行街

北京路，北起广卫路，南到沿江中路，全长1500多米，是广州市一条集文化、娱乐、商业于一体的街道，是广州市有史以来最繁华的商业中心，日均人流量约35万人次。

2002年7月，北京路北段出土了自唐代直到民国时期共五朝的11层路面，而南段则发掘出宋代至明清时期共5层的拱北楼建筑基址。出土的文物包括大量石条、墙砖以及宋代拱北楼基址、明代拱北楼抱鼓石。遗迹现用玻璃覆盖，原地保留。

▲“千年古楼遗址”铭志牌

▲“千年古楼遗址” 宋代石门槛和石枕

北京路从清代起已有壁鱼堂、汲古堂等书店和曾宗周朱墨店、刘中山笔店，这一带还聚有大量刻书坊。现在北京路上有两间琴行、六间书店，分别是建于1952年的新华书店、建于1954年的儿童书店、科技书店、联合书店、古籍书店、教材书店和外文书店。北京路附近，还有文具用品店、三多轩和古玩店集雅斋。

1997年2月，北京路正式开通为双休日步行街，逢双休日实施只允许公共汽车行驶的准步行。在1998—2001年期间，北京路逢节假日实施所有车辆均不能行驶的全步行；2002年元旦起，北京路正式实施全日制步行。北京路是百年老店和广州老字号商铺的集中地，店铺众多、规模大、经营样式齐全，各类商铺卖场以及酒楼、餐饮食肆、文化娱乐场所和银行等总计超过500家。沿街商铺以经营服装、百货、鞋类、餐饮、珠宝为主，现有时装、皮具专卖店近300多家；服装、鞋业、精品、百货等综合商场20多家。广州市最早的肉菜市场——禺山市场亦位于北京路上。现代化的大百货公司众多，如建于20世纪40年代的新大新百货公司、广州百货公司、五月花商业广场、银座商场等。

北京路的饮食消费层次非常之多，从低价的小吃店、快餐店到高档的餐厅，应有尽有。餐饮种类亦丰富多样：有古色古香的广州地道西关美食；有全国各地风味菜品；有越南、意大利、法国等特色西餐料理；有日本寿司、铁板烧；还有韩国菜、印度菜和东南亚美食等。新式饮食主要集中在光明广场及附近的惠福东路。从 2010 年起该地大力发展饮食，临街食肆林立。北京路的老字号餐厅有聚宝乳鸽、太平馆餐厅、银记肠粉等。此外，还有很多消费水平较低的小食店，里面的云吞面、牛腩粉、鱼蛋粉、拉肠也非常有特色，街边更有烧烤店营业。北京路目前拥有两间电影院：青年文化宫电影院和永汉电影院，是当地人休闲娱乐的场所之一。

耶稣圣心主教座堂（石室）

广州的耶稣圣心主教座堂，简称为“石室圣心教堂”，位于广州市一德路，是天主教区最宏伟、最具有特色的一间大教堂。该教堂始建于 1863 年，于 1888 年落成，历时 25 年。由于教堂的墙壁和柱子，全部是用花岗岩砌造，所以又俗称为“石室”，1996 年被列为全国重点文物保护单位。

▲ 广州耶稣圣心主教堂（石室）

这座石室教堂，是全球四座全石构的哥特式教堂之一，建筑面积为 $2754m^2$，东西宽 35m，南北长 78.69m，塔尖到地面高度为 58.5m，是我国和东南亚地区最大的哥特式风格教堂，也是我国最大的石构建筑。教堂的主要建筑师来自法国。

石室圣心教堂，正面是一对巍峨高耸的双尖石塔，西侧石塔装置时钟；而东侧石塔，安放了法国运来的 4 个铜响钟。教堂内有尖形肋骨高叉的拱形穹窿，合掌式的花窗棂分布在正面大门和四周墙壁上。教堂的门窗均以红、黄、蓝、绿等七彩玻璃镶嵌，既避免了室外强光射入，又使室内光线终年保持柔和，形成慈祥、肃穆的宗教气氛。

石室圣心教堂建成 140 多年来，总共经历了三次大规模修葺。第一次是在 20 世纪 20 年代，当时的主教把石室的屋顶及大梁、经楼地面和东西塔楼楼梯等木结构，全部改成钢筋水泥结构，并在教堂外东、西、北面增设铁质护栏。第二次是“文革”

结束后的20世纪80年代，由国务院宗教事务局（现国家宗教事务局）先后拨款15万元维修教堂。第三次大修工程，于2004年夏季动工、在2006年秋季完工，并重新开放。其中维修的重点，是彻底解决屋顶漏雨问题，拆除整个屋顶及大梁，原样重做；此外，更换玻璃窗98扇，共600多平方米。教堂原本的玻璃窗是19世纪由法国进口，但在历经战争以及文革期间“红卫兵”的破坏后，几乎已经荡然无存，新的玻璃窗是从外国一间公司订做的。此外，还对教堂的楼梯、信道、梁架进行整修，西塔新装国产的机械大钟，内外墙花岗岩用人工进行翻新清洗，以及修补石柱、天顶、祭台、告解亭、唱经楼、照明线路、灯光等，令其面貌焕然一新。

▲ 石室祈祷大厅祭坛

▲ 石室祈祷大厅顶部景观

荔湾湖公园

荔湾湖公园是广州市的一个公园，位于荔湾区泮圹地区，东至龙津西路；南至西关上支涌下游；西至黄沙大道；北至中山八路。历史上该地曾大量种植荔枝。公园建于1958年，总面积约27hm²，湖面面积占62%。由小翠湖、玉翠湖、如意湖、五秀湖四个湖组成，游客可乘坐出租小艇、水上单车等游览。园内设有餐厅、茶座、舞厅及多种游乐设施，逐渐成为集游览、文体、娱乐、休憩于一体的综合性公园。

▲ 荔湾湖公园大门前

▲ 乘游艇畅游荔湾湖

▲ 荔湾湖公园内休憩中心

陈家祠

陈家祠堂（陈氏书院），位于广州市中山七路恩龙里34号，建于清朝光绪20年间（公元1888—1894年），由黎巨林设计，是当时广东省72县陈姓宗亲合资兴建的合族宗祠。

1957年，进行了全面化维修；1959年，陈家祠被辟为广东民间工艺博物馆；1966年文化大革命期间，受损严重，后来被用作设立工厂、学校；1981年再次重修；1983年重新开放；1988年，中华人民共和国国务院公布陈家祠为第三批全国重点文物保护单位；1996年，陈家祠被评为“广州十大旅游美景”之首。此外，陈家祠被列入2002年和2011年两个版本的羊城八景，名为“古祠留芳”（或“古祠流芳”）。陈家祠是集岭南历代建筑艺术之大成的典型代表，包括前院、西院、东院及后院，占地15000多平方米。其建筑深三进、广五间，由9座厅堂、6个院落、10座厢房和长廊巷组成，建筑中心是高达14.5m的中进主殿“聚贤堂”。整个建筑根据中国古建筑形式美的原则，把众多大小不同的建筑物巧妙地组合布局在平面方形的建筑空间里，前后左右严谨对称、虚实相间，极富层次。长廊、青云巷使整个建筑四通八达，庭院园林点缀其中，形成各自独立而又相互联系的整体。

陈家祠的主体建筑正门两边的外墙上有《梁山聚义》《梧桐杏柳凤凰群》等6幅大型砖雕；全院的门、窗、屏、墙、栏、梁架、屋脊等装饰中广泛采用木雕、石雕、砖雕、陶塑、灰塑、壁画和铜铁铸等不同风格的工艺，雕刻技法既简练粗放、又精雕细琢，上下呼应、相得益彰。尤具特色的还有第二进后侧长廊上的柚木屏门双面镂雕，分别雕有历代历史故事和民间传说“三顾茅庐”“赤壁之战”等20幅木雕，被誉为“木刻钢刀雕就的中国历史故事长廊”。中路一、二进的院子内有石栏杆镶嵌的铁铸双通花栏板“金玉满堂”“三羊开泰”。

▲ 陈家祠正大门

▲ 陈家祠正大门后侧

沙面岛

沙面岛，位于广州市荔湾区 623 路的对岸，是珠江上的一个人工小岛，地处白鹅潭北部，与广州陆地隔着沙基涌相望，面积约 0.3km²。

沙面岛，在历史上曾是英、法两国的租界，19 世纪 60 年代第二次鸦片战争前后，英法两国选中了这块珠江中的小沙洲作为租界地址，填筑成岛，并于 1861 年签订租约。岛上西部 4/5 划为广州英租界，约 264 亩；东部 1/5 划为广州法租界，约 66 亩，有西桥和东桥与广州市陆地相通。

在这之后的大半个世纪里，英法两国取得了在沙面岛上的许多特权，政府相关机构与企业大量移入，主要的领事馆和政治、金融组织机构都建立在这里，并在相当长的时间内，给予附近的中国人不公平的待遇，因此，沙面岛后来就成为我国乃至附近国家民族解放运动人士抗议与攻击的目标。例如，发生在 20 世纪 20 年的广州市民多次反殖民游行，著名的"沙基惨案"又称"六二三事件"，发生于 1925 年 6 月 23 日，以及越南革命者范鸿泰（Pham Hong Thai）在沙面岛行刺法属印度支那总督马兰等。

1942 年，日本将对英国宣战后占领的沙面英租界交给亲日的汪精卫政权（俗称汪伪政权）。1943 年法国维希政权退出法租界，交给汪精卫政权；而重庆的国民政府，另行与英国订约收回英租界。第二次世界大战结束后，新成立的法国戴高乐政府，正式宣布将沙面法租界交还给中华民国。1996 年，沙面的建筑群被定为全国重点文物保护单位。1997 年，国务院将沙面列为国家级文物保护区。

目前，沙面是广州著名的旅游区、风景区和休闲胜地，岛上绿化好，有古树 150 多株，空气清新，环境卫生甚佳，可以称得上是广州的"世外桃源"。在建筑方面，多为 19 世纪末建造，并带有西方风格，基本上都是文物建筑，再加上位于东江、西江和北江这三江汇合处的白鹅潭畔建有白天鹅宾馆等星级酒店，因此可常见不少外籍人士在此现身。

沙面传统上是各国驻广州领事馆的集中区，但因领事馆自身规模的扩大和市内其他区域的快速发展，多数领事馆已经从沙面迁出，其中，美国领事馆在2013年7月迁往珠江新城，现在，岛上只剩下波兰领事馆留守。

▲ 位于沙面岛东面623路附近“沙基惨案”纪念碑

▲ 位于沙面岛东端的蒸汽机火车头（模型）

▲ 沙面岛的高级住宅一角

▲ 远眺沙面岛白天鹅宾馆夜景

华南理工大学

华南理工大学（英语简称SCUT、华工或华南理工），原名华南工学院，创立于1952年全国高等学校院系调整时期。华南理工大学是直属教育部的全国重点大学，校园分为两个校区，分别位于广州市天河区（五山校区）及番禺区（大学城校区）。学校占地面积4417亩，其中大学城校区占地1667亩。学校旗下有25个学院和1个独立学院，附设有幼儿园、小学、中学等附属机构。华南理工大学是我国大陆20世纪50年代闻名的“四大工学院”之一，也是我国建筑学界的“建筑老八校”之一，被誉为“中国南方工科大学的一面旗帜”“广东经济社会发展的发动机”。据有关报导，在2013年“中国大学排行榜”中，华南理工大学位居第23位，并首次进入中国一流大学名单。

经过 60 多年的建设和发展，华南理工大学成为以工见长，理工结合，管、经、文、法等多学科协调发展的综合性研究型大学。目前，学校教职工 4522 人，其中专任教师 2369 人，已形成学士—硕士—博士的完整人才培养体系。

▲ 华南理工大学校门前
（注：二排右 1 为作者）

▲ 材料科学与工程学院
（注：前排中座为刘振群；二排左 3 为作者）

▲ 材料学院的大红欢迎牌

▲ 光通信材料研究所的大红欢迎牌

▲ 《春江帆影》国画

▲ 与材料学院和无机系领导及老教授们合影
（注：二排右 3 为作者）

作者是1952年全国高等学校院系调整后首届进入华工化工系硅酸盐专业学习、又于1956年首届本科毕业的学子。我们这些同窗学子，当年能在华工这样优美的校园和师资力量雄厚的环境下求学，深感幸福与责任重大！在4年学习期间，作者先后担任本班学习委员、班主席等职务多年，与老师和同学们关系良好，互相帮助，密切配合，互动甚佳。2006年9月4—6日，来自上海、天津、成都、福建、深圳、广州和加拿大与美国的13位老同学，与刘振群（曾任华工校长）、刘康时、王天迪、和文壁璇等退休老教授们欢聚一堂，热烈庆祝我们毕业50周年！这次聚会，材料科学与工程学院无机系领导给予了大力支持与热情帮助，为我们作了周密的安排与组织工作，使我们有幸参观了光通信材料研究所、纳米材料实验室和生物材料工程研究所。今非昔比，感慨万千，大开眼界，受益匪浅！为报答老师们的谆谆教导和几十年来在教学与科研"出成果出人才"等方面的突出贡献，我们特意敬赠一幅《春江帆影》国画，以作回报和留念。还有，这次聚会的首日，80多岁高龄的老教授刘康时，把他的夫人俞新渠教授（作者夫人雷丹青的老师）在阅读了作者的自传《两地春秋话自强》之后写的一首诗，面交给作者。诗云：

故国遥望两重天，苦辛历尽感世艰。

幸得芳华今灿烂，丹青不老志犹坚。

由此可见，这种师生之间的"恩情"和"友情"，是多么的崇高与难得啊！

广州大学城

广州大学城，位于广州市番禺区的小谷围岛，面积17.9km^2，计划入驻20万大学生，规划城市人口约35万人。大学城总体规划建设于2003年1月正式启动，19个月后一期工程正式完工。广州大学城，定位为我国一流的大学园区，华南地区高级人才培养、科学研究和交流的中心，学、研、产一体化发展的城市新区，适应市场经济体制和广州国际化区域中心城市地位、生态化和信息化的大学园区。

▲ 华南理工大学

2004年9月1日开始至今，第一批进驻大学城的10所高校为：华南师范大学、华南理工大学、广东外语外贸大学、中山大学、广东工业大学、星海音乐学院、广州美术学院、广州中医药大学、广州大学、广东药学院。

广州大学城，对外交通干道主要有京珠高速公路、南沙港快速路、广州地铁 4 号线、7 号线以及 3 条过江隧道，岛内交通以内环、中环、外环 3 条环路以及 12 条放射线形成开放式路网。

大学城内地铁 4 号线有两个车站：大学城北站（位于综合商业北区旁）和大学城南站(位于综合商业南区旁)。同时,大学城内还有连接市区各地的公共巴士线路(包括 310、夜 48、大学城专线 1~6 号、广东科学中心专线 1 号)，大学城内还设有岛内线来往主要公共设施与各校区。

此外，大学城内设有一个长途客运站，用于假期接载师生前往临近省市及市区客运站。

商业区现时有广州大学商业区（简称“广大”）、北亭广场、大学城南商业区（简称“南区”）、大学城北商业区（简称“北区”）。

▲ 广东工业大学

▲ 广州大学

在大学城内仅剩的自然村有南亭村、贝岗村、北亭村、穗石村，村里有流动小摊或小贩的小型集市，其中贝岗村由于地理优势更是在临街搭建一排商店，为大学城逛街必去地点。由于各个村有大学在旁边，日渐繁华。比如南亭村由广东工业大学和广州美术学院包围；贝岗村在中山大学和广东外语外贸大学的中间，均形成极为繁华的商业氛围，从各方面支持了高校师生特别是学生的生活，特别是物价较学校内部商铺更为优惠，让学生有更多的选择，省下一笔生活费用。同时各个村也入驻不少美食商铺，形成另一种校园文化。

广东科学中心

广东科学中心，位于广州大学城小谷围岛的最西端，占地 45 万平方米，它南、北临江，西靠滨江生态公园，东邻广州大学城外环路，主入口正对广州大学。耗资19亿元人民币、历时近5年建成，在2008年9月19日举行亮灯仪式。

广东科学中心是大型科学活动场所，具有科普教育、科技成果展示、学术交流和休闲旅游四大功能；是广东省重要的公益性科普教育基地，科学技术、科技产品展示、推广、交易和学术交流的平台，科普旅游休闲的示范景点。

▲ 广东科学中心正面

广东科学中心展馆整体的建筑形象为“科技航母”，造型独特，气势恢宏。从正面看，它像一只灵动的科学“发现之眼”。馆内设有儿童天地馆、实验与发现馆、数码世界馆、交通世界馆、绿色家园馆、梦馆、人与健康馆、感知与思馆等8个常设主题展区，三维巨幕影院、四维影院、球幕影院和虚拟航行动感等4座科技影院，数字家庭体验馆、开放实验室和多个临时主题展区。展品采用多种高新技术，将科学性、知识性、趣味性有机融合，让观众在动手参与、亲身体验中获得科技知识。户外的科学探索乐园，拥有8万平方米人工湖、60多个经典科学展品，培植有2000多种岭南特色植物，设计独特，景观迷人，是深受观众喜爱的科学公园。开馆以来，广东科学中心先后荣获“广东省科普教育基地”“广东省青少年科技教育基地”“国民旅游休闲示范单位”、广东省首个“科技旅游示范点”、国家4A级旅游景区等多个荣誉称号。

公共交通：乘地铁4号线到广州大学城北站A出口，出站后可乘383路公交车直达（可到广州大学城公交线中部枢纽站换乘）；或乘35路\383路直达；也可乘801路中山纪念堂——广东科学中心前往。

宝墨园

宝墨园，位于广州市番禺区沙湾镇紫坭村，始建于清末民初，原为包相府庙，始建于清代嘉庆年间，是奉祀北宋名臣、龙图阁大学士包拯的地方。

宝墨园，原占地5亩，毁于20世纪50年代。从1955年起，历时八载，经过四期重建工程，今宝墨园占地168亩，规模宏大、造型高雅，集清官文化、岭南古建筑、岭南园林艺术、珠三角水乡特色于一体，建筑、园林、山水、石桥等布局合理和谐自然，构成一幅幅美丽壮观的景色。内有宝墨堂、聚宝阁、观景楼、赵泰来藏品馆、紫洞舫、龙图馆等，惊世之作当数已列入大世界吉尼斯之最的瓷塑浮雕《清明上河图》和巨型砖雕《吐艳和鸣壁》等景点。

▲ 宝墨园正门的白石仿古牌坊

▲ 宝墨园内的《清明上河图》

宝墨园正门的白石仿古牌坊，雄伟巍峨，巧夺天工。园中陶塑、瓷塑、砖雕、灰塑、石刻、木雕等艺术精品琳琅满目。荔岛中的聚宝阁金碧辉煌、雍容华丽，阁内供奉万世师表孔子铜像，供游人瞻仰。该阁与宝墨藏珍、龙图馆、赵泰来藏品馆等处珍藏的古今名画、书法、陶瓷、铜器、玉器等，体现了中华民族文化的源远流长，形成了独特的人文景观，简直是一座园林艺术馆。

全园水景，堪称一绝。荔景湾、清平湖、宝墨湖与1000多米长河贯通，水清如镜，长流不息，30多座石桥横跨旖旎河湖之上。清平湖上的紫洞舫，犹如一座水上艺术宫殿。湖面上，虹飞紫带；湖周围，绿柳成荫，锦鲤张嘴争食，甚为有趣。紫竹园里的紫竹溪，专供小孩玩水观鱼，更是儿童的欢乐天地。

宝墨园内，绿树丛生，百花争艳，美不胜收。荔岛凝丹、玉堂春瑞、柳剪春风、千年罗汉、桂苑浮春、古榕长荫、茶王双壁，令人百看不厌。还有那万紫千红的玫瑰园、出淤泥而不染的荷花及其池塘、清香的兰圃及四季常青的紫竹林，使人赏心悦目，亦是避暑胜地。

珠海 ZHUHAI

珠海市，是广东省下辖的一个地级市，也是珠三角西岸的一个重要城市，区位优越，东与香港隔海相望，南与澳门相连，西邻新会、台山市，北与中山市接壤。设有拱北、九洲、珠海港、万山、横琴、斗门、湾仔、跨境工业区等国家一类口岸8个，由于珠海拥有面积较大海岛146个、礁石和沙洲数千，因而它是珠三角中海洋面积最大、岛屿最多、海岸线最长的城市，故被称为“百岛之城”。

珠海市面积有1711km²，按照全域计算，常住人口约156万人（2010年11月），其中珠海市区人口接近70万。由于市区的土地开发逐渐饱和，加上珠海市区通往斗门金湾的交通不便的问题，遂在中山市坦洲镇、三乡镇新建了珠海郊区，再加上2012年年末广珠轻轨全线通车，珠中澳都市圈逐渐形成。以珠海为核心的珠中澳大都会区面积为3500km²，人口为543万（2010年）。

珠海市的教育发达，高等院校有11所。环境优美，2013年被中国社科院评为大中华区域宜居城市竞争力第5名。虽然经济总量在广东省所有地级市中偏小，但人均GDP在广东省排名第四（仅次于深、穗、佛），人均GDP超过12000美元。近年来随着港珠澳大桥兴建、CBD项目开工，珠海的经济发展潜力愈加巨大。

珠海生态环境优美，山水相间，陆岛相望，气候宜人，是全国唯一一个以整体城市景观入选“全国旅游胜地四十佳”的城市，人居环境一流。珠海是我国的五个经济特区之一，包括了香洲区、金湾区、斗门区，2009年被国务院批准为珠江口西岸核心城市、新型花园城市、珠海属国家新颁布的“幸福之城”，有“浪漫之城”的称号。珠海也是香山文化发源地之一，诞生了清末民初教育家、外交家唐国安，清末民初政治人物、外交家、1912年首任中华民国国务总理唐绍仪，爱国志士容闳等著名人物。

珠海渔女雕像

珠海渔女，是珠海市的象征，位于风景秀丽的香炉湾畔，巨型石刻雕像——珠海渔女矗立在美丽整洁的环海大道——情侣路旁，更使她显得纯洁而大方。她颈戴项珠、身掮鱼网、裤脚轻挽，带着喜悦而又含羞的神情双手高高擎举着一颗晶莹璀璨的珍珠，献给德高望重的九洲长老，向人类奉献珍宝，并向世界昭示着光明。

▲ “珠海渔女”雕像

▲ 珠海情侣路

这座石雕，高 8.7m，重 10t，用 70 件花岗岩组合而成，是我国著名雕塑家潘鹤的杰作。1982 年秋季，珠海渔女雕像正式落成，并成为了我国第一座大型海边雕像。从此，珠海渔女雕像，就成为珠海市的标志。而今，这座雕像还是珠海一处著名的免费旅游景点。渔女优美的爱情传说，伴随着珠海市在国内的知名度，流传越来越广，是珠海市人民的骄傲。

珠海渔女雕像、情侣路与周边的石景山公园、海滨公园、名亭公园、沿海岛屿、城市建筑、古镇名村以至澳门风情，组成了珠海最浪漫的景观，吸引了游人的目光。

2005 年 8 月 26 日，中国邮政首次以珠海渔女为专用邮资图案发行，“美丽珠海”邮票，以庆祝珠海经济特区成立 25 周年。

圆明新园

圆明新园，是我国南方最大的仿古皇家园林主题公园，位于珠海市大石林山下，国家首批 4A 级景区，整体建筑是按 1:1 的比例仿建当年圆明园中的主要建筑，集中再现“万园之园”的宏伟壮丽。圆明新园，占地 60 万平方米，主要分三大建筑群：沿中轴线的是皇家宫殿式建筑群；位居园中央的环福海湖的面积达 520 多亩，是江南园林建筑群；集中在园中西部的是西洋楼建筑群。

圆明新园，处处都是皇家的故事：雍正皇帝手书匾额的“正大光明”殿，是皇帝听政的地方。“曲院风荷”“平湖秋月”“涵虚朗鉴”等景区，其实就是清代皇帝把江南景色“搬”进了圆明园；“方壶胜境”是皇家的寺庙，大凡庙宇建筑是不惜工本的，这“仙山琼阁”的确气势非凡；清代历史少不了慈禧太后，福海湖中的“蓬岛瑶台”，据说是慈禧发迹之处，当时每年这里都要举行盛大的龙舟赛，皇亲国戚、贝勒、格格欢聚一堂，盛况空前；西洋楼建筑群的大水法、海晏堂，让人领略到中西文化融合的光彩。

▲ 珠海“园明新园”大门前

▲ 珠海“园明新园”园内喷水池等景观

▲ 珠海“园明新园”园内水池旁 12 生肖雕塑

▲ 珠海“园明新园”园内景观一角

圆明新园，处处洋溢着现代乐园的动感与活力：每晚有一场由圆明新园艺术团倾力打造演出的大型舞剧和一场展现 19 世纪中叶我国抗击列强入侵的全景式海战；逢年过节，有许多以皇家生活为主题的娱乐表演项目推陈出新；每一处景点，都有相应的现代观光看点和游乐活动。

梅溪牌坊

梅溪牌坊及其旅游区，位于珠海市市区以北的上冲梅溪村，占地 12.6 万平方米，集中体现了珠海乡村引人入胜的传统文化魅力，它集对故人的追忆以及特有的民俗风光于一体，为游人营造了一处可供观光休闲的珠海本土人文景观。梅溪牌坊，是清光绪皇帝为表彰我国首位驻夏威夷领事、华侨百万富翁陈芳家族的功德而赐建的，为广东省文物保护单位。在保护原建筑的基础上，故居内设置了"珠海名人蜡像馆""陈芳家史展"及"中国牌坊精品展"，让游人了解珠海的历史和中华文化的博大精深、源远流长，它被视为我国第一牌坊，该文物群已经被国家列为重点文物保护单位，是华南地区罕见的古建筑，为珠海有名的十景之一。

梅溪牌坊景区以清末年间中国驻夏威夷第一任领事、华侨百万富翁陈芳先生的故居，陈家花园、清朝光绪皇帝赐建德梅溪牌坊、陈家墓园为主体，以"陈家家史""中国牌坊精品展""珠海名人蜡像馆"等为游览内容，集名人故居、民俗展览、休闲观光为一体。

梅溪牌坊现存三座，建于清光绪 12 年（公元 1886 年）和光绪 17 年（公元 1891 年），是光绪皇帝为表彰陈芳及其父母等亲人为家乡多作善举而赐建的。石牌坊中西合璧的艺术造型、恰到好处的力学结构和粗美的雕刻装饰，是石建筑中的艺术珍品。

旅游区中的主打建筑梅溪牌坊挺拔秀丽，它以纯粹的花岗岩为材料，雕刻有瑞兽、花果、八仙等大量民间图腾元素，在结构上暗合西洋技艺，充分体现出了应用建筑力学为艺术服务的精髓。

▲ 梅溪牌坊

▲ 梅溪大庙

珠海九洲城

九洲城，现今改建成珠海博物馆，坐落在珠海市繁华地段的吉大景山路，建于 1984 年，于 1988 年 10 月 15 日正式对外开放。它占地 15400m^2，其中建筑面积为 8000m^2。建筑风格融城楼、殿堂、幽廊、凉亭、水榭、园池为一体，典雅精致，堪称珠海地标。1990 年，江泽民总书记等党和国家领导人更登临城楼，出席珠海经济特区成立十周年庆典。

九洲城中气势恢宏的城楼，饰以黄色琉璃瓦面、绿色重脊、重檐庑殿顶，创造出堂皇富丽和绚烂夺目的诱人景色。城内依势错落着多座仿古建筑、亭台水榭，连以走廊。沿园池岸布置假山、花木，互相穿插，动静结合，因地制宜。“澄泉绕石”“海角奇观”“嬉鱼池”“观荷塘”“澹泉”“戏鸟廊”“登楼远眺”等是城内的著名景点。游人或穿林越涧、或临池俯瞰、或登高远眺、或循廊、或入室，风景时而开朗、时而隐蔽，步移景异，从任何一个角度都能欣赏到不同景色和景深的变幻。虽由人作，宛自天开。悠闲雅逸，诗情画意，渗透其间。

▲ 珠海九洲城大门前

景色怡人的九洲城，是我国古建筑园林艺术与现代博物馆的经典结合。今后将逐步发展成为一个现代化的综合性博物馆，成为融我国历史文化、国外优秀文化艺术、旅游文化、商业文化为一体的大型旅游文化景点，为游客提供一个参观、游览、休闲、娱乐的别致场所，为九洲城锦上添花。

九洲城改建为博物馆后，以其优越的地理位置、古朴优雅的建筑风格，成为国内有特色的园林式博物馆之一。本馆藏品包括陶瓷器、青铜器、书画、玉石器、竹木漆器、雕塑、玺印、钱币、少数民族工艺品等 21 个门类，既有新石器时代晚期珠海先民的生活生产用具，又有我国近代史上赫赫有名的珠海历史名人的文物资料。

石博园

石博园是世界首屈一指的石文化主题公园，位于珠海市横琴岛中部，坐落在珠海市横琴大桥南、横琴女神山北麓，东西修长，南北舒张有致，斜对横琴大桥、正对澳门、湾仔与横琴岛共同的母亲河濠江。石博园占地 60 余万平方米，投资 1.1 亿元人民币，是当今世界后现代主题公园的典型代表。

石博园，以海岛生态园为背景，以石文化为内涵，结合了浪漫主义、功能主义、现实主义以及超现实主义的造园手法，开辟了珠海休闲旅游新视野。

石博园由珠海市奇石世界旅游有限公司投资兴建，面北背南，首期占地 400 亩 (26.67 万平方米)，其中南北长 430m（平均可利用地域宽度 150m），东西长 1012.7m；其中 25m 等高线以上为山岭地，山上植被生长良好，环岛主干道沿东西向临基址北面贯穿，经环岛路由横琴大桥和莲花大桥可分别连接珠海市区及澳门，交通十分便捷。

▲ 珠海石博园门前

▲ 珠海石博园门前左侧的大石雕

石博园有九个园区，包括：石头音乐广场区；以奇石、赏石精品为题材内容的读石馆区；以九天银河三级瀑布为背景的石头崇拜区；以百乐池为中心的牧石场区；以蝴蝶谷为背景的石头彩绘广场区；以海洋性气候中的香格里拉生态园为背景的斯巴达克营区；以琴岛咖啡、蝴蝶舞台为中心的琴岛区；以观澳亭为起点的山体休闲长廊区；以琴湖为后花园的石博苑海鲜酒家区。在以上九大区域之间还穿插了水上石林、琴湖、省石巡礼、枕波桥、月神岛等若干景点。同时，在石博园音乐广场，可欣赏玉石制作的钢琴、小提琴、石排萧等乐器伴奏下表演的大型石头乐舞《磬之舞》；读石馆里五光十色的矿石和生物化石展示了地球演变的轨迹；惟妙惟肖的牧石场中，各种石头动物造型生动、妙趣横生。而在雕绘广场，游人还可以亲手制作石头工艺品，满足创作欲望。

珠海海洋乐园

珠海海洋乐园，位于珠海横琴岛西面的二井湾，占地 80 万平方米。园内有红珊瑚、玳瑁、鹦鹉螺等多种国家一级保护动物，以及千年大海龟、中华白海豚标本展示。紧邻乐园有全省最大的红树林湿地生态保护区，区内有千姿百态的红树植物以及白鹤等数十种珍稀鸟类。此外，游客还可免费游玩园内的嬉水捞鱼、休闲单车、沙滩排球、水上单车、撑筏等多种项目，足以尽情地休闲度假、沐浴阳光海风。淡褐色的芦苇花映着夕阳的余辉，随风轻摆，平添一股苍茫之感。2003 年元月某天，我俩与昔日南宁设计院同事江洪、顾履秋夫妇和原广西柳江造纸厂同事周健泉、徐晓明及其女儿周映艳，乘坐游艇泛舟芦苇荡中，乘船时间约 30min，沿着错综复杂的水道蜿蜒前行，休闲自在，别具一番滋味。

素有珠海“沙家浜”的美称的海洋乐园，内有 1200 亩的芦苇荡。每当芦花盛开的季节，白茫茫一片，随风飘絮，颇为壮观。

▲ 珠海海洋乐园风光一瞥

▲ 与周健泉等乘游艇畅游海洋乐园

▲ 与顾履秋等乘游艇畅游海洋乐园

▲ 与徐晓明、周映艳等乘游艇畅游海洋乐园

凯旋门广场

珠海市湾仔凯旋门广场，是“开放改革”30 多年来珠海市城区建设突飞猛进的一个缩影，总建筑面积逾 11 万平方米，占地近 6 万平方米，容积率为 1.9；由 11 栋 15~23 层的高层新楼和 9 栋三联排豪华别墅组成。该盘总货量有 600 多套，主推 130~600m^2 的大户型洋房及别墅单体，园区成熟，是港澳后花园，套房环境优美、

▲ 珠海市凯旋门广场（1997 年 9 月 26 日）

▲ 珠海市凯旋门广场对岸（东岸）是澳门

可景观澳门全景，交通方便，与澳门只是隔海（内海湾）相望，特别适宜在澳门工作并在珠海居住的职工入住。迄今为止，凯旋门的房源已售罄。

新港度假酒店

新港度假酒店，座落于与澳门特别行政区一衣带水、隔内海相望的珠海市湾仔下沙街2号，是按三星标准兴建的商务经济型酒店。该酒店的建筑艺术极具观赏价值，酒店整体风格与澳门现存的澳门特色旧街建筑风格遥相呼应，散发出浓厚的欧洲文化气息，为珠海市湾仔地区主要的标志性建筑之一。它是珠海市湾仔首家星级酒店，位于珠海市区主要干道——南湾大道，周边工业发达，毗邻世界瞩目的港珠澳跨境工业区、珠海保税区、南屏科技工业园、横琴经济开发区。

2006年9月20日，我俩受到原广西柳江造纸厂老同事周健泉的盛情邀请和安排，入住新港度假酒店，并与周健泉、徐晓明夫妇和原轻工业部南宁设计院老同事江洪、顾履秋夫妇一起，在邻近的餐馆欢聚一堂，饱尝美食、聊家常、祝平安，照相留念，甚为开心，永不忘怀！

▲ 在邻近新港度假酒店的某餐馆天台上

▲ 珠海新港度假酒店

珠海机场

珠海机场，是环珠三角地区五个重点机场（香港国际机场、广州白云国际机场、深圳宝安国际机场、澳门国际机场、珠海三灶机场）之一。珠海机场位处珠海西区三灶西南端，设有一条长4000m、宽60m跑道，设计达国际一级民用机场标准，另外在九洲港附近设有直升机场。

由1996年起，每两年一度的中国国际航空航天博览会（简称“珠海航展”），是唯一由国务院批准举办的国际性专业航空航天展览，以实物展示、贸易洽谈、学术交流和飞行表演为主要特征，是国内最大的航展。

▲ 珠海机场外景

▲ 珠海机场内景之一

▲ 珠海机场内景之二

▲ 中国国际航空航天博览会

阳江

YANGJIANG

阳江，位于广东省西南沿海，是 1988 年 2 月经国务院批准设立的地级市，现辖江城区、阳东县、阳西县、阳春市（县级市）。东与江门市毗邻，西与茂名市交界，北与云浮市相接，南濒南海。全市面积 7813.4km^2，人口 242.2 万人 (2010 年)。阳江市江城区面积为 208.8km^2，人口 32.4 万，其中非农业人口 21.7 万，辖 7 个街道办事处、6 个镇。

阳江的名称来源于流经阳江的母亲河——漠阳江。隋大业 2 年（公元 606 年），正式始为阳江县。宋绍圣 4 年（公元 1097 年），知州丁琏（番禺人）依鼍山（现在江城第一小学周围）筑起一座土城，这就是阳江城的老祖宗。长期以来，阳江的治地中心都在鼍山脚下，因此阳江又称鼍城。

阳江市的丘陵面积占陆地总面积的 26.03%，山地面积占 42.73%，平原面积占 22.17%。海岸线长 341.5km，主要岛屿有 30 个，岛岸线长 49.3km。地势由北向南倾斜，依山傍海，东北有天露山屏障，西北有云雾山环绕。境内最高山峰为望夫山脉的鹅凤嶂（广东省第二高峰），海拔 1337m，最长河流为漠阳江（广东六大江河之一），全长 199km，南北贯穿全市，自北向南流入南海。

阳江市属亚热带海洋性气候，年平均温度 22.5℃，年平均降雨多集中于 5~8 月，夏秋多暴雨和台风。

阳江市境内通行地区独有的方言阳江话，跟标准粤语广州话有一定的区别。另外，在阳春市通用阳春话；在阳西县儒洞镇、沙扒镇，通用海话。

阳江市拥有几个工业开发区：阳江高新区、海陵岛经济试验区、岗侨管理区、江城银岭科技园区、广东阳东开发区、阳春站港工业区。阳江市具有多项城市荣誉，曾荣获“中国十大最具幸福感城市”(2011 年 1 月 26 日，中央电视台经济频道节目的《CCTV 经济生活大调查》中，阳江市作为广东省唯一的城市，入选“中国十大最具幸福感城市”、“中国优秀旅游城市”（阳江市，阳春市)、“中国刀剪之都”“中国诗词之市”“中国楹联文化城市（全国唯一同获两称号的城市）”“中国风筝之乡”“中国温泉之乡”等多项殊荣。

作者祖籍原是阳江县江城镇，现为阳江市江城区。自1988年由阳江县扩建为阳江市以来的20多年间，阳江市像全国其他城市一像，发生了巨大的变化，人民安居乐业，生活水平普遍大幅提高。用“初唐四杰”之一的王勃语“物华天宝”“人杰地灵”这些话来形容阳江，是再也适合不过的了！

古城新貌面面观

在交通方面，阳江市交通极为发达，境内公路总长1570km，广茂铁路、325国道（广湛公路）、广东西部沿海高速公路、新（兴）高（州）公路横贯全境。海运通航广州、湛江、江门和港澳地区。“改革开放”之前，从阳江到广州的长途汽车，约需7h，如今，由于有“开阳高速”公路和325国道，缩短一半，约为3.5h。此外，从阳江去珠海，如果用广东“西部沿海高速”公路驱车行驶，则约需2h，这样，将来“港珠澳大桥”建成后，从阳江去港澳这两个特区，就更加方便快捷啦！

▲ 阳江市江城区市中心的标志性雕像

▲ 阳江市人民政府（位于东风二路）

▲ “鸳鸯湖公园”附近的高楼

▲ 纪中源购物广场

▲ 名濠桑拿大酒店

▲ 名濠饭店

▲ 有“骑楼”的古城换新颜

▲ “车水马龙”街景一角

▲ 三轮摩托车仍是辅助交通工具

▲ 阳江市老干部活动中心

▲ 新修建的民宅比比皆是

▲ 两度搬迁后的“阳江市第一中学”现校址

就拿阳江市江城区来说，最近几十年来，它发生了“翻天覆地”的巨大变化，城区面积不断扩展，马路纵横交错、车水马龙，民房住宅高矮交错，楼宇林立，各式各样的宾馆、酒楼、餐馆、大排档、小食店，随处可见。就作者所知，所熟悉的亲朋好友的工作和生活情况而言，他们都改建旧居或购置新屋，安居乐业。那些“上班族”的中青年们，不少还开车上班；退休的老人，在家安渡晚年。这些，都是作者近十多年来数次从美国回阳江故乡探亲访友最喜闻乐见之事！

▲ 连接江城区与海陵岛的“海陵大堤”

曾记否？阳江老八景是：鼍岗春树、皇母仙踪、娜琴雅躁、金鸡瑞禾、龙涛秋月、顿钵霞云、渔洲晚唱、石觉禅林，而被评选为阳江新十景的有以下十处：“角湾弄潮”（大角湾风景区）、“凌霄秀色”（凌霄岩、玉溪三洞、春湾景区）、“温泉星岛”（阳江温泉度假村、东湖旅游区）、“鸳水飞筝”（鸳鸯湖公园景区）、“银滩古韵”（十里银滩）、“垌山万佛”（大垌山净业寺）、“大澳渔风”（大澳渔村）、“北塔迎曦”（北山石塔）、“峨凰飘瀑”（八甲景区）、“石觉禅林”（石觉寺）。

从前的江城镇以南恩路、太傅路、渔洲路、兴仁路和龙津路为主轴，而今，从南恩路向东延伸至东风一路、东风二路、东风三路、东风四路，直至与325国道连接，全长延伸至少 5km 以上；而旧阳江城内只有“北山公园”和南恩路中段的“中山公园”，如今，在东风三路上，建成了“鸳鸯湖公园”和“世纪公园”。

▲“鸳鸯湖公园”游览示意图

▲“鸳鸯湖公园”美景一角

▲湖堤岸上白色的“阳江鸳鸯湖”五个大字隐约可见

▲“鸳鸯湖公园”长廊

▲“世纪公园”内的“惊险山谷”

▲“世纪公园”内的“过山车”

“鸳鸯湖公园”于 1986 年成立，它的西、北两个入口均与东风三路连接，与原南国风筝竞赛场、南山公园合称为鸳鸯湖景区，总面积 12 万平方米，绿化面积占 88%。该公园依山傍水，环境优美，景色怡人，文化底蕴悠久，它有木廊、荷兰风车、石刻、观景台等景点及健身与娱乐设施，园内有著名国画大师关山月题名的漠阳楼、有民主革命先驱李箕纪念亭。

▲“世纪公园”内的“大转盘”

▲“铁棒磨针”雕像

▲“三个和尚没水喝”雕像

▲“对牛弹琴”雕像

▲“盲人摸象”雕像

▲“司马光砸缸”雕像

“世纪公园”除了具有“过山车”“大转盘”等普通游乐设施外，还有许多华人甚为喜爱的童话（寓言）雕塑像群体，例如：“铁棒磨针”雕塑像、“三个和尚没水喝”

雕像、“对牛弹琴”雕像、“盲人摸象”雕像和“司马光砸缸”雕像等，都极具特色！

总之，这两座公园，不仅是青少年、儿童们最佳的游乐场所，也是老年人最喜好的休闲、娱乐和健身之地。

石觉寺

位于阳江市江城区南三里外的漠阳江畔，坐南朝北，占地面积 4000m^2。“石觉禅林”是阳江新十景之一。石觉寺，始建于唐开元年间，原名开元寺，与开元塔旧址相连。历经五次重修，清顺治 11 年（公元 1554 年），邑人陈千胜、陈奇兄弟捐地拓建观音阁，掘出一石，上刻“石觉”二字，故改称“石觉寺”；康熙 3 年（公元 1664 年）增建大佛殿、准提亭；乾隆 13 年、嘉庆 22 年两度重修，增建文昌阁；道光 27 年（公元 1847 年）又重修；民国 5 年（公元 1910 年）住持性坚法师再次重修。民国 12 年（公元 1923 年）挖建放生池，民国 16 六年（公元 1927 年）建八角亭小拱桥。1945 年雪峰法师（涤尘大师）再度重修，加高正殿，增建客房、禅房。寺门横额“漠阳福地”，是明朝本邑仙师朱在参所题。八角亭石匾“登彼岸”三字，乃苏东坡手迹。“文革”中本寺遭受严重破坏，宗教政策落实后，经过十多年的修葺，寺貌焕然一新。寺内碑刻 15 块，珍藏佛经 100 部。中国佛教协会前会长赵朴初先生题“石觉寺”三字，气势雄奇，为寺增辉。该楼主体包括钟楼、鼓楼、天王殿、韦驮殿、客堂、观音殿等，气势雄奇，颇具规模。稍后，又将后座大雄宝殿翻建一新。1995 年间由释莲宗大师发起集资兴建了一座九层千佛塔，该塔为纯白色塔身，巍峨雄伟、直插云端，登高凭临，心旷神怡，十里风光，尽收眼底；并塑造了一座金身千手观音；新建了蕴空、涤尘法师纪念堂。现在石觉寺环境清幽，绿树婆娑，小桥流水，波光倒影，佛光普照，宝殿庄严。

▲ 阳江石觉寺

▲ 九层千佛塔

现今的石觉寺，已连续多年被评为省市级文明寺院，它为阳江市的旅游和佛教事业的发展、为阳江的“两个文明建设”作出了巨大的贡献。

驰名于世土特产

阳江境内自然资源丰富，矿产有钨、独居石、银、稀土等，林木有松、杉、竹、橡胶等。农业以水稻、花生、甘蔗、果菜为主。沿海盛产鱿鱼、鱼翅、对虾、马鲛、石斑、花蟹等优质水产品。土特产有大八益智、平堤蜡蔗、儒洞金钩虾米、春虾仁、春湾三黄鸡、赤小豆和马水甜桔。

阳江市的工业以轻工业为主，发展较快，门类较多，主要有制糖、农机、塑料、制衣、陶瓷、食品、刺绣、皮革、酿酒、中成药、五金制品、水泥、家具和化工。著名的阳江“三宝”——漆器、小刀、阳江豆豉等传统名牌产品，远销海内外。阳江漆器，诸如漆画、漆枕头、漆皮箱等，曾因制作工艺精湛、别具一格而闻名于世，它与扬州漆器,都久负盛名,竞相争艳。据有关资料报导,阳江市享有“中国刀剪之都”的美誉，它是目前国内刀剪（包括全国闻名的阳江“十八子菜刀”）的生产出口地，其刀剪出口量约占全国出口量的 60%。阳江豆豉，是著名的珠江“豆豉鲮鱼”的配料，如今在大洋彼岸的美国旧金山的华人商店中，都有出售！在华人“春节”期间，包装精美的“阳江酥角”，在华人超市或商店中都可买到。总之，对于多年侨居海外的“阳江老乡”来说，这是多么令人高兴的事情啊！

还有，阳江的特色小吃猪肠碌、乒乓糕、杏仁茶、凉粉、豆腐花、糕点“狗利仔”“酒杯印”等，它们不仅受众人喜爱，对于作者来说，更是永怀不忘，建议游客择机品尝一下“舌尖上的阳江饮食文化”吧！

阳江文化显风骚

近一个世纪以来，在阳江这块热土上，孕育出大批的革命家、思想家、科学家、高级工程技术人材、高级管理人员、美术家、书法家和文学家等，据《阳江市志》“第二章人物简介”(1988~2000 下册第 1205~1234 页）共收入 108 名人物中，其中最具代表的有：

何士德（公元 1910—2000 年），当代音乐家、作曲家、指挥家，新中国电影音乐奠基人之一。

关山月，原名关泽霈，阳江市江城区埠场人，中国当代著名中国国画家、美术教育家、岭南画派艺术大师、全国人大代表。

曾庆存，1935 年 5 月生，阳江市江城区岗列玉沙村人，1956 年毕业于北京大学。中国科学院院士、中国科学院大气物理研究所研究员，曾任中国科学技术协会副主席。1980 年获全国劳动模范称号，1989 年被评为全国先进工作者。

苏少泉，1935 年生，毕业于华南师范学院。原《羊城晚报》体育部主任、高级新闻记者。他是全国优秀新闻工作者、广东省劳动模范，曾获全国先进工作者称号。获国务院特殊津贴。

▲ 阳江市荣获“中国楹联文化城市”称号证书

▲ 阳江市荣获“诗词之市”称号证书

2004 年 6 月 20 日，阳江市荣膺“诗词之市”的美誉，由“中华诗词学会”会长孙轶青先生（右）授匾，时任阳江市长林少春接匾；2005 年 7 月 31 日，阳江市荣膺“中国楹联文化城市”之美誉，由“中国楹联学会”会长孟繁锦先生（左）授匾，时任阳江市长林少春接匾。这样，阳江市就成为全国唯一一个同获两个文化美誉的城市，可喜可贺！

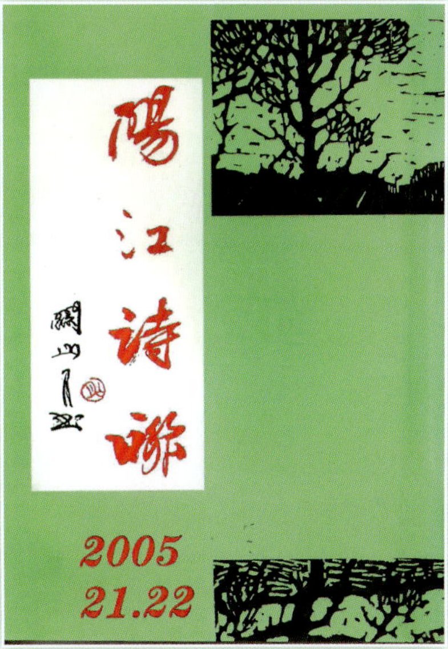

▲《阳江诗联》2005 年第 21~22 期

“阳江市中华诗词学会”，于 1994 年 12 月 25 日成立。至 2005 年 10 月，该学会和“阳江市楹联学会”已有会员 120 余名，不少人还成为广东省和国家级会员。全市创作的总体水平日益提高，在省级和全国的比赛中屡屡获奖。此外，在这“阳江诗联”之外的理、工、商、政等学科的阳江原籍的“诗人”，也不在少数人，足迹遍布全国许多地方，在这里不一一列举了。

中国风筝之乡

广东阳江风筝已有1400余年的历史。阳江背山面海，旷野辽阔，到处都是天然的放飞场。每逢九九重阳佳节，秋高气爽，正是纸鹞放飞的最佳时节，放风筝便成了民间最兴盛的赛事。阳江是南国风筝之乡，为南派风筝的代表之一。阳江市扎制的风筝，种类繁多、造型美观、技术精巧、形神兼备、栩栩如生。不但放飞效果良好，而且具有极高的实用价值，近几年来在全国比赛中多次名列前茅。中国风筝源远流长，从古至今在风筝文化的不断沉积之中，形成了风筝的“五大流派”。在国内，阳江可与山东的潍坊匹敌，南北遥相呼应，成为我国南北风筝实力最为强大、最有可比性的两个流派。

1986年，阳江首次组织风筝队，代表广东参加在山东潍坊举行的第一届全国风筝比赛。此后，阳江风筝代表队多次参加全国风筝比赛，至今，共获得金牌90枚，成为我国风筝“南派”之首，与“北派”山东潍坊风筝比翼双飞。阳江风筝还走出国门参加国际大赛，共获得国际金牌12枚。阳江的“灵芝”风筝还被评为“世界风筝十绝”。1991年，阳江市建成南国风筝竞技场，占地面积12万平方米，可容纳30万人放飞，是目前全国最具规模的风筝放飞场。1992年，在阳江举办的重阳风筝节，除全国29个省、市、自治区参加外，还有美国、英国、日本、意大利等20多个国家和地区的代表团参加。1993年7月，中国风筝协会命名阳江为“中国风筝之乡”。

作者回忆起小时候，在江城区北山，各式各样的风筝试比高、显风骚！那制作工艺较为复杂、吸风力甚大的“蜈蚣”(阳江俗称“百足”)派气十足，不停地在天空中扭动尾巴，活像狂舞；一般中等吸力的风筝就是“蝴蝶”“飞鸟”等；还有那结构简单、且很多青少年都能自制的“膏药仔”，无论在平地或山岗，都可随风飘荡；还有的人，把风筝制成各种图形或字型，如“青”字、“天”字等等，假日或傍晚放学回家后，在自家天棚或屋顶上，均可放起风筝，甚为有趣！想不到几十年后，阳江市和山东省潍坊市，都已成为国际风筝节的著名城市，这是多么令人高兴之事！

现今在阳江风筝的“龙头蜈蚣”腰节上，用带有草根的茎作横担，它的两端没有羽毛或纸穗，只用自然的草根当作阻尼；每个腰节下面有一纸舌，随风飘动。这种风筝的设计制作采用“仿生学”原理，按“百足”类动物的生态，从头到身躯、肢爪，形似传神，巨者可达100多米长。放到高空时，能摇头摆尾，栩栩如生，还能附加特技表演，如“龙吐珠”“戏鞭炮”“龙头吐火”等，有声有色。这种“龙头蜈蚣”飞起来真如蛟龙出水、神龙飞天一般，可称一绝。

2002年秋天，阳江市风筝代表队，应邀飞越太平洋，来到美国旧金山毗邻的柏克莱大学校园，参加国际风筝节的盛会和竞赛，当年正是龙年，而阳江的“风筝龙”随风起舞、活灵活现、出尽风头，深受赞扬，获得大奖，载誉而归！作为身居海外的阳江老乡，倍感亲切，万分高兴！

阳江城区“端午节”

众所周知，每年农历五月五日，是中国人民传统节日——端午节。荆楚之人，在这天煮饭或蒸粽糕投入江中，以祭祀楚国贤臣屈原投汨罗江自尽而死，为恐鱼吃掉，故用竹筒盛装糯米饭掷下，以后渐用粽叶包米代替竹筒。另一种纪念方式是“赛龙舟”，当时楚人因舍不得屈原死去，于是许多人划船赶追拯救，争先恐后，追至洞庭湖时也不见踪迹，这是龙舟竞渡之起源。这天，江城区家家户户、男女老少，除了自家包粽子、买粽子、吃粽子外，还齐集在漠阳江江城区段两岸边，观看龙舟竞赛，甚至有的人还敲锣打鼓，燃放鞭炮，为其加油打气，助威呐喊！作者那时候年纪虽小，可胆子很大，好几次爬上自家屋顶，登高远眺，既避免了拥挤，亦能略知赛事踪影，心里很满足，也很高兴！那时江城区的龙舟有：白旗仔（石觉头）、黑髹公（麻濠）、红髹仔（顿钵山）、白髹公（上濑）、蓝髹公（下濑），后者在比赛时常把龙舟尾部掉转为龙舟头部使用，令人很“不顺眼”。我是白旗仔“龙舟迷”，常常为它屡战屡胜而感到高兴万分！

观光景点人称赞

阳江市是广东省著名的滨海旅游城市，旅游资源丰富，为不断开辟旅游新途径，阳江市旅游局设计塑造了“海天动情阳江游”的旅游新形象，突出了阳江富有地方特色的四大旅游景观：一是“海景”，以海陵岛为中心，突出其滨海风光，海陵岛的大角湾于2001年又被评为4A级国家旅游区，此外还有保存着宋代商船“南海一号”古沉船的广东海上丝绸之路博物馆；二是“天景”，以阳春春湾——凌霄岩为代表，溶洞中的石钟乳、地下河、灯光构成了空灵、虚幻、神妙的天上景观；三是“动景”，展现了晴空中如五彩缤纷云彩飘动的阳江风筝；四是“情景”，即哺育了阳江儿女，两岸青山叠翠、风景如画的漠阳江。总之，它们灿烂的人文景观和迷人的湖光山色，都十分引人注目、印象深刻。

“南海一号”古沉船

早在2000多年前，人类从中国沿海到太平洋、印度洋和波斯湾的辽阔水域，进行和平贸易活动，构建出海上通道“海上丝绸之路”。它将远隔重洋的不同国家连接起来，完成了物质贸易和文化交流，推动了世界经济的发展，加深了各国人民的相互了解，在人类文明发展史上具有举足轻重的地位。

“南海一号”古沉船，是一艘南宋初期（约公元1160年）通过海上丝绸之海路向外运送瓷器而失事沉没于广东省阳江市南海海域的沉船，它于1987年初被发现，但因技术及资金问题而延迟研究，由于其上装载有八万余件保存完好的宋代瓷器、生活用具等文物而极具价值。

“南海一号”沉没于水下仅23m深处，船身覆盖了近2m的淤泥，船长30.4m、宽9.8m，船身（不包括桅杆）残高约4m，排水量估计可达600t。当发现时，甲板已经腐烂，而船身其他部分尚保存完好，采用全木质结构（马尾松木、杉木），是我国迄今为止考古发现的船体最大、船载文物最多、保存最完整的宋代远洋商船。

1987年，广州救捞局和英国海洋探测公司联合在广东阳江海域寻找东印度公司沉船，无意间从一艘沉船中找到200多件宋代瓷器，该沉船随后被命名为“南海一号”。由于当时的技术条件限制，我国政府直到2000年得到香港水下考古协会会长陈来发赞助并提供技术协助下，才开始有计划的调查发掘活动。

按照预定计划，2007年5月8日，“南海一号”开始打捞，于12月中旬进行整体打捞，被装进特制的钢箱体（沉箱），由起重船华天龙号（连同船体共重4000多吨）随后平移到专门修建的“广东海上丝绸之路博物馆”的特制水晶宫中。由于人造的环境与沉船原处的环境有不小差异，沉船是否能适应新环境引发了各界的争论：一种观点认为，现有技术能够保护沉船；而另一种观点则认为沉船在25m以下的充满盐分和微生物的水域共存的800多年，突然换成人造环境，会加快沉船

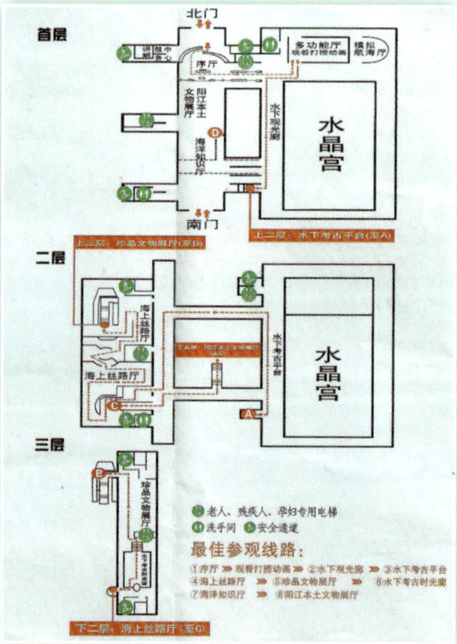

▲“广东海上丝绸之路博物馆”参观指南图

的破损。后来由于天气原因和先期水下调查的失误，导致沉井迟迟不能就位，将打捞期限延长。

由于各方面原因，沉井起吊工作安排到2007年12月21日。一切准备工作就绪后，华天龙于上午10:30开始起吊。12月22日，总重3600t的沉井被放置在拖船上，在约800年后重新上水，“南海一号”起吊成功，沉箱已经完全出水。

广东海上丝绸之路博物馆，以“南海一号”古沉船的保护、开发与研究为主题，展示出水文物及水下考古现场发掘动态演示，具有世界首个水下考古的突出特征。主馆占地面积12288m²，是广东省政府建设文化大省的重点项目之一。该馆建筑特色鲜明，紧扣海洋文化主题。立面由5个大小不一的椭圆连环相扣组成，整体既似起状的波浪，又如展翅的海鸥，也如丝绸在海风中拂动。在建筑风格上，放弃了传统的梁架结构，融合了古代造船的龙骨结构、南方独特的干栏式结构以及灵动的丝绸元素，具有鲜明的海洋文化色彩。

▲ 阳江“广东海上丝绸之路博物馆”及古船沉没位置图

▲ 阳江“广东海上丝绸之路博物馆”外景

▲ “博物馆”门前的“南海1号

▲ 海上敦煌”标志

▲ “广东海上丝绸之路博物馆”阳江本土文物展厅

▲ “博物馆”内“水晶宫”水下观光廊

在该“博物馆”内阳江本土文物展厅中展出的“大铜鼓”，是我国南方古代（春秋战国时代，公元前770—221年）少数民族的乐器、神器和战鼓，后转化为代表权力、财富和地位的象征。

广东铜鼓王周亨铜鼓，2009年4月13日于阳江市阳东县大八镇周亨村出土。年代为东汉时期（公元25—220年），距今约1800年。鼓身高82cm，位列全国第一，鼓面直径142cm，位列全国第三、广东第一。周亨铜鼓具有重大的科学价值、艺术价值和历史价值，拟申报一级文物收藏品，是阳江市第三次全国文物普查的一个重大发现。

▲ “博物馆”内“水晶宫”水下考古平台

▲ “博物馆”内阳江本土文物展厅的“大铜鼓”

▲ “南海一号”古沉船（模型）

▲ “博物馆”南面外海海滩大帆船（模型）及大酒店

几点谜团

围绕“南海一号”，主要有以下几点谜团：其一，是沉船之谜，有人考察国外一些沉船事件后，怀疑“南海一号”也是因为超载而沉没；其二，是出发地之谜，历史学家根据出水的瓷器主要产自景德镇、浙江以及福建，认为该船并不是从广州出发，而是从更远的福建泉州地区出发的；其三，是该沉船所携带的历史信息之谜，“南海一号”的考古，很可能找回一段失落的海上丝绸之路的历史；其四，是该沉船沉没的确切时间，因为船上发现了来自不同时期的钱币，时间跨越北宋末期和南宋初期，竟然还有汉初的钱币；其五，是该沉船不腐的秘密，虽然不清楚沉没的具体时间，专家还是大致推断该船沉没于距今 850 年前，一艘木质的货船在水下浸泡 800 多年而不腐烂，对于此事，专家猜测可能是由于船体上的淤泥提供了隔绝氧气的环境所致。

大角湾

大角湾，位于阳江市海陵岛西南端闸坡镇内，三面群峰环抱，面向浩瀚南海，滩长 2.5km、宽 100m，因状似牛角，故名“大角湾”。大岭埂隧道的开通，使车辆可沿环岛公路长驱直入。望见阳光下熠熠生辉的海螺雕塑时，就到大角湾了。两边大角山与望寮岭拱卫，湾内风和浪软，峰顶时有云雾缭绕，正所谓山无水不秀、峰无云不媚，景观层次丰富。

▲ 阳江大角湾游乐场

▲ 大角湾海滩的海螺与海龟的巨型雕像

▲ 蓝海白浪细沙的美丽大角湾海滩

这里地处南亚热带，全年日照时间长，年平均气温22.8℃，水温23.5℃，降雨量1816mm，年晴天数310d，四季气侯宜人，素以阳光灿烂明媚、沙质均匀松软、海水清澈纯净、空气清新纯洁而著称，其水质、噪声、空气均达国家一类（级）标准，又因沙滩宽阔平坦、海浪柔软适中、无鲨鱼出没而成为名扬海内外的天然海水浴场。继1989年被广东省评为首批省级风景名胜区、1994年被评为广东省首批省级旅游度假区后，2001年被国家旅游局评为首批国家4A级旅游景区。

▲ 大角湾外海的船舶

▲ 繁忙的大角湾海港

▲ 阳江大角湾游乐场景观之一

▲ 阳江大角湾游乐场景观之二

▲ 贮存活鱼的水舱

▲ 刚捕捞上船的活海鱼

大角湾景区的海水浴场，配套有水上摩托车、沙滩足球、空中观光等娱乐项目，还新建有全国首家大型沙滩海上乐园。大角湾成功举办了国际沙滩排球邀请赛、亚洲沙滩排球锦标赛、全国九运会沙滩排球赛、全国帆板锦标赛暨帆板冠军赛等，被定为中国沙滩排球培训基地。

凌霄岩

凌霄岩风景区，位于阳春西北 66km 的河朗镇，是省级旅游度假区和风景名胜区。岩洞高 120m，宽 20~60m，可供游览面积 4 万平方米，被誉为“南国第一名胜”。岩洞共分 3 层，分别名为“凌霄大厅”“凌霄殿”和“观景台”。

“凌霄大厅”有 3500 多平方米，设有茶座，可供游客品茗。石壁上有 13 块摩崖石刻，其中有国民大学校长吴鼎新、前广东省省长叶选平和已故著名画家关山月的题词;其中有题词“妙趣天成”、著名社会学家费孝通先生的题词“凌霄奇境”和“凌霄志汉”的匾额，以及靠近“百步云梯”入口处的巨型岩石上雕刻着的对联：

凌霄漫步似千云迷幻

江山绣锦在此处阳春

从“大厅”登“百步云梯”，便到达“凌霄殿”。大殿高 66m，面积 1 万平方米，有“寿星迎宾”“灵芝巨柱”等景观。19 条通到殿顶的“擎天柱”，形象惟妙惟肖，其中大的 20 人连手合抱都抱不过！最后一层是“观景台”，如天然舞台，胜景目不暇给，有：仙女思凡、八仙过海、群狮起舞等气象万千的景观。其中一线天、水底印月、吉星高照和滴水名珠被称为“凌霄四绝”。“大厅”后有 400m 长的岩底河，有“倒吊莲花”“天马行空”等景观，令游客划艇游览，流连忘返。

▲ 凌霄岩入口牌楼

▲ 凌霄岩洞入口

▲ 凌霄岩洞内的“龙泉”与“瑶池”

▲ 石凌霄岩洞内石笋

▲ 凌霄岩洞内的“百步云梯”

▲ 凌霄岩洞岩底河石壁

▲ 凌霄岩洞内岩底河风情之一

▲ 凌霄岩洞内岩底河风情之二

开平碉楼

开平碉楼，位于广东省江门市开平市的乡村地方，它以碉楼和建有碉楼的村落闻名于世，现存碉楼有 1833 座。开平碉楼与村落，于 2007 年 6 月 28 日在新西兰基督城 (Christ church) 召开的世界遗产委员会会议上被联合国教科文组织 (UNESCO) 评定为世界文化遗产之一；其中，塘口镇自力村碉楼群、百合镇马降龙碉楼群、蚬冈镇锦江里碉楼群和赤坎镇三门里村落，为开平碉楼与村落申报世界遗产的四处提名地。

自明朝以来，由于水患和匪患的缘故，开平当地就已有民众开始修建碉楼。但直至鸦片战争之前，碉楼数量还不多。19 世纪中期，随着美国和加拿大西部大开发，淘金热潮和修建铁路需要大量外来劳动力，加之开平地区“土客械斗”盛行，人民生存状况恶化，大量农民开始迁往美洲，进而产生了大量开平籍的旅美和旅加华工。到 19 世纪 80 年代，美国和加拿大开始实行排华政策，其相关规定迫使华工纷纷回乡买地、建房和娶亲。19 世纪末到 20 世纪 20 年代末，随着美国、加拿大经济的高速发展，华工的收入和汇回开平的侨汇明显增加，为开平碉楼的大量修建创造了经济条件。1900—1931 年，开平共建造碉楼 1648 座，占总数的 89.9%；特别是 1921—1931 年，共建造碉楼 940 座，占总数的 51.2%。此外，由于开平地方土匪众多，加之民国战乱频繁，经常有土匪抢劫发生，1912—1926 年间，匪劫学校达 8 次，掳教师、学生百余人；因此，具有防涝防匪之用的碉楼受到了华侨青睐，得以大量修建，最多时达 3000 多座。

1940 年代，随着美国和加拿大对华移民限制的放开，侨眷大量移民与家人团聚，碉楼的兴建逐渐减少并最终停止，开平最后兴建的一座碉楼——赤坎镇两堡村委会新塘村健庐建于 1949 年。资料显示，1943—1949 年，开平仅建造碉楼 7 座，占总数的 0.3%。

碉楼特点，是中西合璧的民居，融合有古希腊、古罗马和伊斯兰等多种风格。按功能不同，可分为众楼、居楼和更楼，以居楼为最多；按建筑材料不同，可分为石楼、泥楼、砖楼和混凝土楼，以混凝土楼为最多。碉楼可用于居住和防涝，安全、防匪。

自力村碉楼群

自力村，坐落在潭江支流百立山西南面冲积平原，隶属开平市塘口镇。由和安里、安和里、和永安里 3 个自然村组成。和安里建于清朝道光年间（公元 1821—1850 年），安和里和永安里分别建于清朝光绪年间（公元 1875—1908 年）与民国时期。20 世纪

50年代初，三村成立自力农会，取“自力更生”之意，之后成为村名。

▲ 自力村碉楼群分布简图

自力村为方姓华侨村落，侨胞主要分布在美国、加拿大、新加坡、马来西亚、印度尼西亚等国家。该村自然环境优美，水塘、荷塘散布其间，与众多的碉楼相映成趣，美不胜收。其中有叶生居庐、铭石楼、云幻楼等9座碉楼和6座别墅共15座，它们的风格各异、造型精美、内涵丰富，多数建于20世纪初，是当地侨胞为保护家乡亲人的生命财产的安全而兴建。现今，碉楼内保存着完整丰富的生活用品，是当年华侨文化与生活的见证。2001年6月，国务院把自力村碉楼列为全国重点文物保护单位。

▲ 自力村入口

▲ “广东省卫生村”——自力村

▲ “自力村碉楼群”标志牌

▲ 荷塘

▲ “叶生居庐”（左）与“铭石楼”（右）

▲ “自力村碉楼群”一角

铭石楼

是旅居美国芝加哥的华侨方润文于 1925 年回乡建筑的居楼，楼高 6 层，钢筋混凝土结构，楼宇院落，自成一体。它的中下部结构简洁，上部较为复杂豪华；第 5 层敞廊、廊柱仿罗马的爱奥立克柱式 (Ionic columns)；第 6 层正前方的阳台为巴洛克 (Baroque) 装饰，正中的中式六角形攒尖凉亭，把绿色琉璃瓦屋顶与西式的立柱、拱券巧妙地结合为一体。2001 年 6 月，国务院将铭石楼列为全国重点文物保护单位，2007 年 6 月被列入《世界遗产名录》。

马降龙碉楼群

马降龙碉楼群，距离开平市区 15km，隶属开平市百合镇，由黄氏家族的永安、南安和关氏家族的庆临、河东、龙江等 5 个自然村所组成。永安村最早建于清乾隆年间（公元 1736—1795 年）。建村之初，这一带为河滩地，原名“丰岁朗”，寓意岁岁丰收。1949 年后取名“马降龙”。现有村民 171 户、506 人，海外侨胞多于国内人口，分布在美国、加拿大、澳大利亚等国，该村 80%为侨户。

马降龙碉楼群，背靠气势磅礴的百足山，面临清澈如镜的潭江水，5 条自然村像一条珠链，错落有致地分布在青山绿水之间。身临其境，翠竹森森，绿树成荫，鸟语花香，生态环境十分优美。村后茂密的竹丛中，掩映着 15 座碉楼和庐，这些碉楼和庐造型别致、保存完好，与周围民居、自然环境融为一体，登高远眺，疑为天上人间。其中最具代表性的天禄楼，是民国十四年（公元 1925 年）由 29 户村民集资兴建，为典型的众楼。该楼高 7 层 21m，为钢筋混凝土结构。1~5 层共有 29 个房间，每个集资户各有 1 间，当时每到傍晚，集资户男丁均入住楼里以防匪盗绑架；

第 6 层为公共活动空间；第 7 层为瞭望亭。登楼环顾，四周景色美不胜收。据记载，1963 年、1965 年、1968 年开平连续发生 3 次大水灾，洪水漫过民居屋顶，村民登楼得以避难。

2001 年国务院公布开平碉楼为全国重点文物保护单位；2005 年被评为“广东最美的地方”；2006 年被评为“中国最值得外国人去的 50 个地方”金奖、“广东最美的乡村”示范点和“广东省最佳旅游景区”。2007 年 6 月被列入《世界遗产名录》。

锦江里碉楼群

锦江里，隶属开平蚬冈镇，东北距开平市区 22km。清朝光绪年间（公元 1875—1908 年），由黄氏家族按规划建成此村，是世界文化遗产村落之一，为黄氏华侨村落，其海外乡亲主要分布在美国和加拿大。20 世纪初，为居住和防贼，村民和华侨先后在村后兴建锦江楼、瑞石楼、升峰楼等 3 座古城堡式碉楼。

赤坎古镇

赤坎古镇，位于广东省江门市辖下的开平市中部，距开平中心城区 12km，始建于清朝顺治年间，因建于“赤土高地”而得名。有 350 多年历史，是一座具有浓郁的岭南特色和深厚文化底蕴的古镇。潭江横贯全镇，赤坎沿潭江而建，南岸是乡村、北岸是市镇，清一色的骑楼，庞大的洋楼群，因而，赤坎镇有“广东威尼斯水城”的美称。古镇上也有碉楼，而远近闻名的关族和司徒氏图书馆、堤西路的骑楼建筑群更是侨乡一绝，已被省政府定为文物保护单位。

赤坎四周江水环绕，古榕婆娑，江上舟来楫往。据统计，赤坎镇共有 3km 长的 600 座“骑楼”依水而建，编织成一派独特的侨乡景象，它既有古色古香的岭南圩镇的特色，又有西洋古城的风格。所谓“骑楼”，通常是建于街边或两旁，楼上住家，楼下经商；商铺一个挨着一个，林林总总，各楼下和铺面前形成的人行通道，既可防止雨淋日晒、又安全。因而，在 20 世纪初、中年代，世界上亚热带和热带地区的许多城镇中的楼房，都采用“骑楼”这种形式，例如至今的广州市上九路和下九路等老城区、阳江市的太傅路和南恩路等老街道，甚至远离我国大陆的新加坡 (Singapore) 旧城区，这种“骑楼”的结构形式，也是屡见不鲜的！

浪漫·港澳台地区

Chapter 9

香港 澳门 台湾

香港

XIANGGANG

香港，全称中华人民共和国香港特别行政区，是我国所辖的特别行政区，位处华南沿岸，珠江口以东，由香港岛、九龙半岛、新界内陆地区以及262个大小岛屿组成。北接广东省深圳市，南面是广东省珠海市万山群岛。香港管辖总面积2755.03km^2，土地面积约1104km^2。人口为702.64万人(2009年)，GDP为2952亿美元（2008年）。

第二次世界大战后，香港经济和社会迅速发展，不仅成为“亚洲四小龙”之一，也是全球最富裕、经济最发达和生活水平最高的地区之一。香港是亚洲重要的金融、服务和航运中心，并以良好的治安、自由的经济体系以及完善的法制而闻名于世，有“东方之珠”的美誉。作为高度繁荣的国际大都会，香港是仅次于纽约和伦敦的全球第三大金融中心。1842年清政府因鸦片战争战败将其割让与英国。第二次世界大战中被日本攻陷，战争结束后，香港经济和社会迅速发展，20世纪80年代成为“亚洲四小龙”之一。1997年7月1日，我国对香港恢复行使主权。

香港是一座受到海水淹没的多山地体，山多平地少，地貌丰富。山脉走向为东北至西南，最高点为海拔958m的大帽山。平地主要集中在新界北部，如元朗、粉岭等，是由河流自然形成的冲积平原，土地肥沃，适合耕种。其余仅有的平地位于九龙半岛及香港岛北岸，原来狭窄的土地现已经过多番填海而向外扩张。九龙及香港岛之间的维多利亚港，则因港阔水深、四面抱拥，有利船只航行，获誉为世界三大天然良港之一。香港最初就是从维多利亚港两岸的平地开始发展，至今该区仍然是香港都市命脉所在。

由于地形所限，香港仍有约75%土地为郊区，自然生态盎然。截至2006年6月，境内有超过3100个维管束植物品种或变种，境内繁殖的陆栖哺乳动物超过50种，两栖类、爬行类、鸟类分别过百种。当中不乏香港独有或稀有品种，如香港茶、葛量洪茶、卢文氏树蛙等。

另外，香港位处亚洲候鸟迁飞路在线的中途站，新界西北部的米埔沼泽区最多候鸟栖息，所属的后海湾湿地自 1995 年根据《拉姆萨尔公约》列为国际重要湿地，濒危品种黑脸琵鹭亦会在香港过境。当地政府将部分郊区划为郊野公园及特别地区，以保护陆地自然生态环境；亦设有海岸公园及海岸保护区保护海洋自然生态。

香港位处北半球亚热带，背靠欧亚大陆，面向太平洋，形成海洋性亚热带季风气候，四季分明。每年年底，西伯利亚聚积的高气压把干燥而寒冷的空气吹向低气压的太平洋，成为香港的冬季季候风。年中的时候，太平洋形成高气压，这股夏季季候风反而吹向欧亚大陆，为香港带来多雨潮湿的夏季。每年约 3~4 月为春季，气候温和潮湿，有雾，能见度低；5~8 月为夏季，气温炎热、潮湿，降雨量高；9~10 月为秋季，大致凉爽，阳光充沛。夏秋两季是台风季节，香港受热带气旋吹袭；11 月 ~ 翌年 2 月则是冬季，清凉干燥，高地偶有霜降。

此外，香港市区高楼集中而密布、人口极为稠密，所形成的微气候，容易产生热岛效应，导致市区和郊区有明显的气温差别。人口密度高的市区，也令空气中的悬浮粒子较难吹散。香港市区天气炎热、烟霞密布的日子亦变得越来越长。

香港拥有高度发展及复杂的交通网络。公共运输的主要组成部分包括铁路、巴士（公共汽车）、小巴（公共小型巴士）、的士（出租车）及渡轮等。其中，铁路是香港最主要公共运输工具，每日载客约 412 万人次；其次是专营巴士，每日载客约 394 万人次。值得留意的是，香港是首个广泛使用电子货币与公共运输的地区。名为八达通的电子车票兼货币系统在 2005 年的总流通量达 1240 万张。

由于香港人口密度高，对高载客量的交通工具有一定的需求，因此，香港的巴士，大多都是双层。而行驶香港岛北岸的香港电车，更是全球唯一使用全两层电车的车队。同样，位于港岛的中环至半山自动扶梯系统，为世界最长的有盖自动行人电梯系统。而在大屿山的昂坪 360 索道系统，更是世界上规模最大的索道。

香港道路的使用率之高，位居世界前列。道路总长度有 1938km，主要由街道、桥梁及隧道等组成 8 条主要的干线连接香港各地，并于数年内增至 10 条。而香港的行车方向仍根据英国殖民地时期的靠左行驶，有别于我国内地。在香港注册的 517000 辆车辆中，有 64% 是私人载客汽车，而每公里道路有约 276 辆车辆行走。和其他国际大城市一样，香港同样面对着交通挤塞、旧区道路设计过时和汽车流量过大等问题。

维多利亚港

维多利亚港，位于香港岛与九龙半岛之间，地处航道要冲，是远东海运的重要枢纽，也是欧、美、日本、南亚、东南亚以及澳大利亚、新西兰之间的必经之路和重要的中转港，是客货进出我国南海的主要门户。维多利亚港东起鲤鱼门，西至马湾岛和灯笼岛东，面积约 5200hm^2，沿线曲折，港湾水深，水深 2~14.5m。港口最窄处为 1.8km，最宽处 9.6km。港口有 3 个出入口，港内有 3 个大海湾，还有 2 个避风港。由于对面有九龙半岛延伸入海，形成天然屏障，使港内风平浪静，终年不冻，是世界著名的优良深水港，与美国的旧金山、巴西的里约热内卢，合称为世界三大天然良港。维多利亚港港口设施先进，港区可同时停泊 150 艘万吨轮，吃水 12m 深的万吨远洋船舶，也可以自由往来停泊。主要码头在九龙仓码头和中环、西环一带，位于海港西北角的葵涌货柜码头，是海港和海运中心。有 19 条主要航线连接世界各地。

▲ 香港维多利亚港夜景

▲ 从九龙尖沙咀眺望香港维多利亚港美景

▲ 从太平山顶眺望香港维多利亚港风光

香港，是一个充满现代建筑的都市，大量摩天大楼集中在维多利亚港两岸，形成全球密度最高最广的天际线。维港景色更是香港吸引游客之处，一般会从尖沙咀对望和从太平山顶俯瞰，有世界三大夜景之一的美誉。香港的摩天大楼，不限于商业大厦，不少住宅同样建得很高。全球最高 100 栋住宅大楼中，最少一半是位于香港。过去摩天大楼主要集中在香港岛北岸，但自从位于九龙的旧启德机场于 20 世纪 90 年代末搬迁后，政府大幅放宽高度限制，令九龙的摩天大楼如雨后春笋般地兴建。

于 2010 年落成、位于西九龙的环球贸易广场 (ICC)，已成为全球第四高的建筑物；另一方面，即使在远离市区的新界地区，楼高 40 层以上的住宅大楼，包括香港公共房屋，也并不罕见。

香港有不少著名的建筑，当中包括：由美籍华裔建筑师贝聿铭设计的中银大厦，其外型为棱柱状，就像“节节高升”的竹笋一样，为香港最瞩目地标之一；由建筑师诺曼 · 大众特设计的汇丰银行总行大厦，于 1985 年重建完成，是当时全球最昂贵的建筑物；而香港最高的摩天大楼，则是国际金融中心二期，楼高 415.8m。

太平山

太平山，是香港的一座山峰，海拔 552m，为香港岛最高峰，香港人称其山顶。太平山的炉峰峡为一处著名旅游景点，地标建筑凌霄阁座落于此。

太平山覆盖龙虎山以东、薄扶林以北、马己仙峡以西的一大片山丘地带。太平山的山脚部分，被划分为中环和上环，发展成为中心商业区；山腰部分，则被称为半山区，是一个高尚住宅区；而山顶，则成为富有的人士和一些原外国领事的居所及豪宅，并于近代被发展成旅游景点。

太平山顶，每年吸引超过 600 万人次的香港市民和外地游客前往。在该山顶上，除了有一个购物中心外，还可以清楚地看到中环及维多利亚港及对岸九龙的风貌。此外，由于早年已有不少英国人在此定居，因此，它也留下不少历史建筑，包括狮子亭。

▲ 香港太平山顶缆车车站（凌霄阁）

▲ 香港太平山顶气象台

凌霄阁，是山顶缆车的终点站，最高处海拔达 428m，在塔上能俯瞰维多利亚港两岸的绮丽风光。凌霄阁，集娱乐设施、商店及餐厅于一身，除了出售各种纪念品与工艺品的商店外，还有亚洲首家伦敦杜莎夫人蜡像馆，它分 7 个不同主题，展示

100多尊中外知名人士蜡像。在凌霄阁6楼与7楼，还设有一间全港位置最高的主题餐厅，食物主要以西式为主，而天台则是收费观景台。

由于凌霄阁在2005年初需要进行大型翻新工程，故除了山顶缆车车站外，其他娱乐设施、餐厅与展馆在2005年7月前结业。经过长达16个月、耗资超过1亿港元的翻修工程，凌霄阁于2006年9月1日重新对外开放。

香港会议展览中心

香港会议展览中心，是香港的主要大型会议及展览场地，位于香港岛湾仔北岸，是香港地标之一；由香港特区政府及香港贸易发展局共同拥有，由新创建集团的全资附属机构香港会议展览中心（管理）有限公司管理，每年举办7项亚洲最大规模及4项世界最大规模的展览。

2012年，香港会议展览中心第10次荣获亚洲最佳会议展览中心荣誉。同年，它在第23届TTG旅游业大奖中，第4次获选为最佳会议及展览中心荣誉。

香港会议展览中心(以下简称“会展”)，曾在不同时期扩建：

第一期：该会展中心，在湾仔的海旁建成。它面向海的玻璃幕墙，是当时全世界面积最大的会展中心；

第二期：1994—1997年，会展耗资48亿港元，将建筑面积加倍扩建。会展二期在维多利亚港上一个面积为6.5590hm^{2}的人工岛上建成。会展二期的屋顶以4千多平方米的铝合金造成，形状像是一只飞鸟。一二期会展之间，用1条长110m、跨越海面的架空人行道连接。第二期会展的新设施中，包括拥有30m高玻璃幕横墙、180°海景的会议前厅和可以容纳4300人的大礼堂。

还应特别指出的是，会展二期向海一面，为金紫荆广场，设置有象征香港主权移交的金紫荆雕像，它亦是每天举行升旗仪式的地方(下述)。

中庭扩建：为应付需求的增长，会展在2006年中展开工程，扩建在第一至第二期之间的中庭，提供额外19200m^{2}展览面积。

新翼展览厅一，被扩建为会展最大的展馆，占地7200m^2。新翼展览厅二、旧翼展览厅五及中

▲ 香港会议展览中心

庭扩建部分，被合并为展览厅三，最多可放置1386个标准展位。

第三期：在2007年1月，香港特区政府重新规划第三期工程，由于选址必须与第一期及第二期相连，所以预料第三期的选址会是湾仔运动场。

香港会议展览中心主要设施包括:11个展览厅，总面积66000m^2；2个会议厅，总面积6100m^2，座位6100个；2个世界级会议厅前厅；2个演讲厅，面积800m^2，座位1000个；52个会议室，面积6900m^2；7间各式中西餐厅；此外，还有商场、银行、商务中心、酒店等相关设施，和1300个泊车位。

会展供予租用总面积为63580m^2，每天访客流量可达140000人。会展有架空人行道连接邻近的湾仔商业区，附近的公共交通工具包括巴士、渡轮、港铁等。

金紫荆广场

金紫荆广场，位于香港湾仔香港会议展览中心新翼人工岛的东北部，是博览海滨花园的一部份，近年来，它成为部分内地旅客必到的香港旅游景点之一。

1997年7月1日，我国恢复对香港行使主权，并成立香港特别行政区。中央人民政府赠送了特区政府一座名为“永远盛开的紫荆花”的贴金铜雕，该雕塑安放在新落成的会议展览中心新翼，在1997年7月1日早上，由时任行政长官董建华和国务院副总理钱其琛主持揭幕式。雕塑寓意香港永远繁荣昌盛，铜雕高6m，重70t，用青铜铸造，表面铺以金箔，以红色花岗岩作底座。基座圆柱方底，寓意九州方圆，刻有长城图案，象征中国怀抱香港。

▲ 金紫荆广场

每年7月1日香港特别行政区成立纪念日和10月1日中华人民共和国国庆日，行政长官都会率领香港政府主要官员、中央驻港机构负责人、行政及立法两会议员、驻港使节及著名人士等，出席升旗仪式。升旗仪式除了穿着礼服的警务人员和香港警察乐队外，由香港消防处、入境事务处、香港海关、惩教署等纪律部队组成的仪仗队亦参与仪式，并由中学合唱团领唱中华人民共和国国歌。升上国旗与区旗后，两艘灭火轮会在维多利亚海面作喷水表演；政府飞行服务队的直升机，亦会系着国旗与区旗，由西向东低飞越过会场上空，香港警察乐队同时演奏《回归颂》作为结束。

金紫荆广场，每日早上8时举行升旗仪式，下午6时正，进行降旗仪式。

香港太空馆

香港太空馆，位于香港九龙尖沙咀梳士巴利道10号，毗邻香港文化中心和香港艺术馆，是康务署辖下的馆博物馆之一，占地8000m^2，于1977年7月16日动工兴建，于1980年10月7日开幕。太空馆定期举行各类型的天文展览及讲座，亦开放给学校、团体及公众参观。太空馆拥有一个蛋形外壳建筑，在启用初期，因为该蛋型建筑（天象厅），是由一正方形组成，所以很多人都称它为“菠萝包”。

▲ 香港太空馆

香港太空馆，是1980年时全球首座电脑化的天文馆。它的天象厅位于蛋形建筑上层，是馆内一个最重要的部分；它的电脑化星象仪，能够透过5%光学原理模拟实际星空环境，把8000颗恒星投射到天象厅的半球体荧幕。2004年，民政事务局为答谢何鸿燊捐助2000万港元弘民基金，决定将辖下的太空馆天象厅命名为何鸿燊天象厅，为期15年。

天象厅内设有270个座位，银幕直径为23713m，可自动调节伸缩升降的蔡司VI A型星象仪，大部分的节目以粤语讲解，部分场次则用英语旁述。观众可以使用天象厅内的耳机，选择普通话、粤语、英语或日语旁述，并调节音量。1995年天象厅安装影片与厅内观众互动系统，该系统可以用作通过观众投票而选举影片的发展，并作为问答比赛时的按键。

资料显示，在2008—2009年间，太空馆约有59万人次参观，其中天象厅约有21万人次，展览厅约36万人次，推广活动则有约2万人。

香港艺术馆

香港艺术馆，位于香港九龙油尖旺区尖沙咀梳士巴利道10号，是康乐务署辖下的博物馆之一，馆藏物品约15700件，涵盖中国书画、古代文物及世界各地的艺术品等。香港艺术馆经常举行各类型的艺术展览。

香港艺术馆，由5772建筑署负责设计，外墙用料及设计跟香港文化中心大同小异。它的外墙，亦设有参与幻彩咏香江的镭射灯光音乐汇演的装置。

香港艺术馆，分东座和西座，楼高四层，楼面总面积为 17530m^2。馆内设有 7 个展览厅，面积共 6019m^2，分布如下：

▲ 香港艺术馆

地库：演讲厅；

一楼：中国文物展览厅（2 个）、雕塑院；

二楼：专题展览厅（1 个）、虚白斋藏中国书画馆、当代香港艺术展览厅；

三楼：中国文物展览厅（1 个）、专题展览厅（2 个）；

四楼：中国书画展览厅。

青马大桥

连接青衣岛及马湾的青马大桥，是全球最长的行车铁路双用悬索式吊桥，而邻近的汲水门大桥和汀九桥，则分别为最长的行车及铁路斜拉桥和最长的三塔式斜拉桥。它们都标示着香港桥梁的建筑技术也是位于世界前列的。

青马大桥的主跨长 1377m，连引道全长为 2160m。该大桥属于香港 8 号华中干线青屿干线的一部分，因为它联同汲水门大桥，共同担当着连接大屿山、赤鱲角香港国际机场与市区的唯一行车通道，车速限制 80km/h。

▲ 青马大桥

青马大桥，由莫特麦当劳设计。它离海面高度 62m，而桥塔高度则为 206m。悬吊大桥桥身的主缆直径为 1.1m，而主缆主跨是由 33400 根直径 5.38mm 的钢线用空中绞织方式组成。每根主缆能承担 5 万吨的拉力，总长度达 16 万千米，足以环绕地球 4 次。大桥的结构钢材主要在英国和日本制造，并在广东省东莞市珠江附近组合成 50 件组件，再以趸船运往施工地点。在重量方面，结构钢材重量 5 万吨，桥塔和锚碇混凝土重量则为 50 万吨。

青马大桥采用双层设计，桥面露天上层为 3 线双程分隔快速公路，有盖的下层则为2条港铁东涌线及机场快线的共用路轨和2条供紧急时（例如台风吹袭和严重交通意外时）使用的单线行车道路。

青马大桥，于1992年5月25日开始动工兴建，耗资71.44亿港元。大桥连同青屿干线其余部分，于1997年4月27日开幕，于同年5月22日正式通车。

青马大桥自开放通车以来，已成为香港一条主要连接大屿山香港国际机场及市区的干线公路。青马大桥是香港的一个重要地标和景点，因而吸引了世界各地的游客参观。为应对游客，政府在青衣西北部设立青屿干线访客中心及观景台。在访客中心内设有大桥模型、相片和互动游戏，从螺旋式的小路绕着圆柱形的观景台而上，游人便可以较近距离或高角度远眺青马大桥、汲水门大桥及汀九桥，观景台设有行人天桥连接访客中心与停车场。

大屿山

大屿山，别称大濠岛，位于香港西南面，为万山群岛一部份，为香港最大及中国第七大岛屿，面积达147.16km^2，比香港岛大84%。在香港行政区划上，大屿山大部分土地属于离岛区，而大屿山海域亦成为通往澳门、珠海和中山之主要航道，惟大屿山东北部青洲仔半岛一带，包括阴澳、竹篙湾及汲水门等，则属于荃湾区。

大屿山过去由于交通不便、远离香港市区（当时对外交通完全依靠渡轮和街渡），不少土地均未开发，人烟稀少。随着赤鱲角的香港国际机场搬迁至此、青马大桥（包括港铁东涌线及机场快线）及汲水门大桥等相继落成，把大屿山与香港市区连接起来；于是，大屿山于1992年开始大规模发展，由以前偏远的离岛，变成近在咫尺的新市镇和市区。可以预见，随着今后港珠澳大桥的建成，大屿山将有更大的发展空间。

天坛大佛

天坛大佛是一座位于宝莲寺前木鱼峰上的佛像，由中国航天科技部设计和制作。佛像坐在268级的石阶上，由202块铜片组成：佛身160块、莲花36块、云头6块，高26.4m，是世界上最大的户外青铜座佛。天坛大佛于1990年动工，1993年12月29日（农历11月17日）佛家阿弥陀佛诞辰日开光。

▲ 天坛大佛

香港国际机场

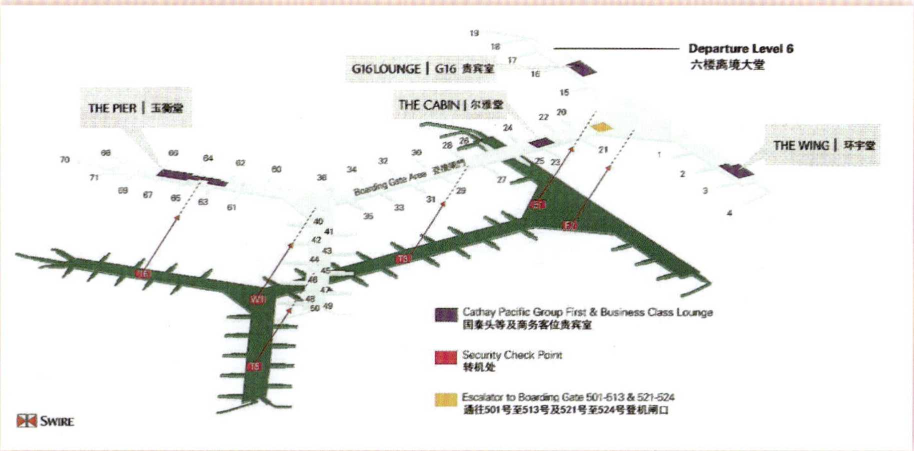

▲ 香港国际机场平面图

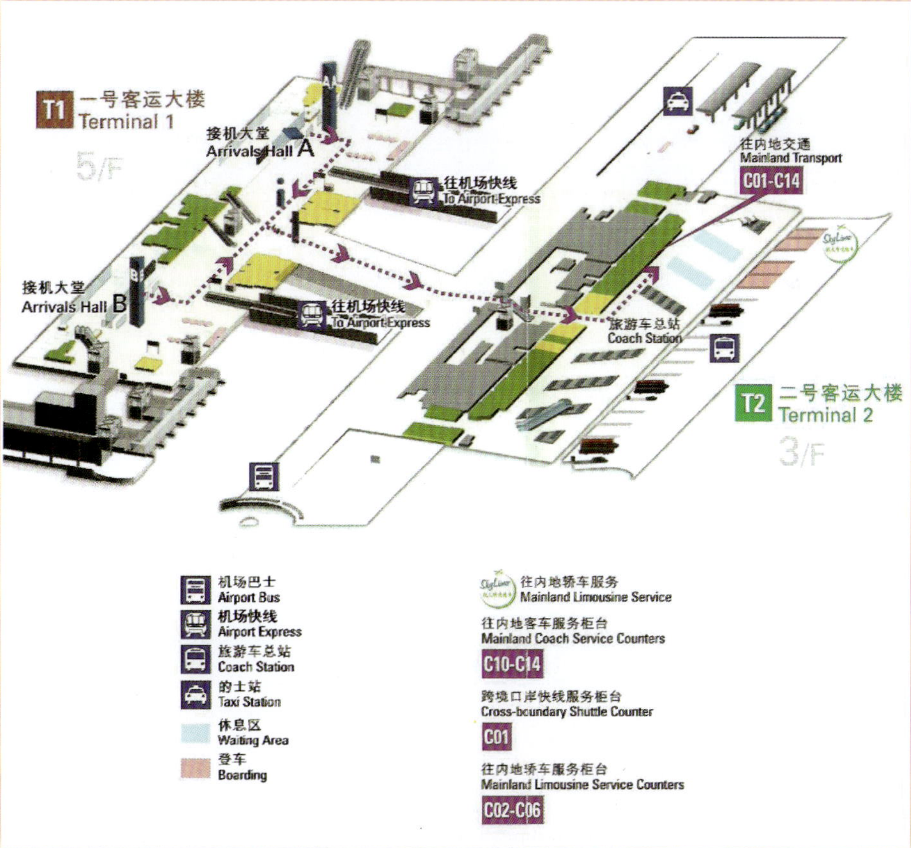

▲ 香港国际机场 1、2 号客运大楼平面布置图

香港国际机场，亦称赤鱲角机场，是香港现时唯一的民航机场，位于香港新界大屿山赤鱲角，由香港机场管理局管理，设有两条跑道及 96 个停机位；是国泰航空、港龙航空、华民航空、香港航空与香港快运航空的枢纽机场，同时也是环宇一家的枢纽机场之一。

▲ 香港国际机场停机坪一角

▲ 香港国际机场候机大厅一角

香港国际机场，占地 1255hm^2，有两座客运大楼，总面积达 730000m^2，雇员约 65000 名。第二条跑道于 1999 年 5 月启用，有约百家航空公司、日约 900 架次客运与货运航班来往香港、通往全球约 150 个目的地。

香港国际机场，被 Skytrax 评为五星级飞机场，于 2001—2012 年一直跻身三甲，期中 8 度排名第一。

以乘客量和国际货物处理量计算，香港国际机场是世界最繁忙的机场之一。它是全球第 5 位繁忙客运的国际机场，是来往欧美以及亚洲及大洋洲航班的转机点。机场全天 24h 运作，每年可处理旅客 4500 万人次及货物 300 万吨，并曾获得不少国际奖项。旅客可以通过机场快线及公路与市区连接，30min 以内便可直达中环商业中心区。现时机场已分阶段进行扩展，满足日益增加的航空交通需求，以及加强对珠江三角洲邻近地区的连接，进一步发展为区内旅客转运中心。

一号客运大楼，为香港国际机场首座客运大楼，占地 57 万平方米，曾经是世界上最大的机场航空大厦建筑的世界纪录保持者（该纪录于 2008 年被面积达 98 万平方米的北京首都国际机场三号航站楼所打破）。大楼内，设登机柜位 (A~K 区)、接机区、购物廊和客运廊（即登机闸 1~80 及 511~530）。

二号客运大楼，占地 14 万平方米，耗资 28 亿港元，2007 年 2 月初开始服务，同年 6 月 1 日举行开幕典礼。除了航空功能外，它接驳海天客运码头，设有大型旅游车总站，汇聚通往中国大陆、香港酒店及旅行团的客车服务。

二号客运大楼在 3 楼（地面层）的两端及中间均设有出入口，分别连接地面运输中心及一号客运大楼抵港层。二号客运大楼的登机柜位设于第 5 层，共有 3 个登记区（N、P、Q），22 家航空公司在此办理登机手续。在通过香港海关后，便可前往第一层乘搭旅客捷运系统，前往一号客运大楼东大堂登机，只是前往 33~80 号闸口的乘客需在东大堂转乘另一捷运路线。

香港服务行业

香港服务行业的对象并非限于本地，而是面向全球。服务输出总值占本地生产总值比率甚高，2006 年服务输出总值达 724 亿美元，占本地生产总值的 38.2%。输出服务主要包括商贸服务及贸易相关服务（占 2006 年服务输出总值的 32%）、运输服务（31%）及旅游服务（16%）。

2003 年 6 月 29 日，香港与我国内地签订《更紧密经贸关系的安排》，促进跨境贸易，容许香港货物输入我国内地可享有零关税优惠、香港服务业可享有优惠待遇进入我国内地市场、两地专业资格互认安排，以及便利跨境贸易投资等安排。

2010 年 7 月 23 日，联合国贸易和发展组织在港发布的《2010 年世界投资报告》显示，2009年香港吸引外来直接投资（FDI）484 亿美元，排在美国、我国内地和法国之后，位居世界第四，超过英国、德国等西方经济体。

香港是自由港，有“购物天堂”的美称，是购物人士喜欢去的地方，绝大多数的货品没有关税，世界各地物资都运来竞销，有些比原产地还便宜。香港各区都有大型商场，如太古城、沙田新城市广场等，它们除有大型百货公司之外，还有各类商店和餐馆，有些更有游乐设备，是购物和休闲的好去处。

香港汇聚了世界各地的美食，什么口味的餐馆都有，开遍大街小巷，愈热闹的地方就愈多，如旺角、铜锣湾、尖沙咀东部和九龙城等地有些街道尽是食肆。充满亚洲风味的餐馆比比皆是，如中国餐、泰式餐、印度餐、韩国餐、越南餐、日本餐等特色美食，数之不尽。在香港的中国菜餐馆中，提供我国各地的特色佳肴，尤以广东菜餐馆最多，其他地方菜包括潮州菜、湖南菜、四川菜、北京菜、上海菜等，还有讲究素淡的素菜。以传统的广东点心作早餐的“饮茶”，也是一种当地习俗的好选择。香港饮食深受外来饮食文化影响。中环苏豪区、湾仔及尖沙咀酒吧林立，慕尼黑啤酒节由 1991 年起每年于尖沙咀广东道举行。快餐方面，美式快餐主要由麦当劳及肯德基经营，而香港也发展出自己的港式快餐，当中以大家乐、大快活及美心快餐为代表。

香港，向来被誉为“美食天堂”，这里有来自世界各地的人，也有来自世界各地的食物。特别是，流行于民间的传统食品，如驰名中外的年糕、粽子、蛋挞、鱼蛋、小桃酥、鸡仔饼、杏仁饼、盲公饼、小椰堆、花生饼、芝麻饼、相思酥、棋子饼、炒米饼、格子饼、花生糖、袋仔面、鸡蛋仔、花生豆、南乳香酥角，更是屡见不鲜，赞不绝口！

香港有过半数的人口居住在公共房屋，另有很大比例人士住在私人屋苑的自置物业内，都远离繁嚣的市区，且多在公共交通沿线的新界地方。但绝大部分的酒店和宾馆，无论什么等级，大多开设在交通方便的繁盛市区之内。

对于游客，香港有多种类型住宿选择，有简朴廉价的宾馆，以及豪华昂贵的六星级酒店。香港大部分酒店设于香港岛和九龙半岛市区，而新界和离岛也有不少上佳的选择。大部分酒店位于香港岛的中环、湾仔、铜锣湾区和九龙半岛的尖沙咀及尖沙咀东部。旅客若要避开闹市繁华，可以选择新界区的酒店。香港的酒店大多数都提供现代化的设施，包括空调、上网设备等。

交通工具

港铁，为市区内最主要的公共交通工具，分九条路线（地铁公司六条，前九广铁路公司三条）互相联系港岛、九龙、新界的荃湾、东涌、将军澳、上水、马鞍山、元朗、屯门等地。每天清晨 6 时左右开始行走，直至午夜，每隔数分钟即有一班。车费由 4 元（两个站）至 51 元（罗湖到迪士尼）不等。

巴士（公共汽车），由多家公司经营：新巴，行走部分港岛路线；九巴，行走全九龙及新界；城巴，行走部分港岛路线（以上三家公司均有过海隧道或机场路线）；大屿山巴士，则只行走该岛仅有的十多条路线以及往来深圳湾口岸的两条线路；龙运，为九巴下属公司，经营新界与机场之间的巴士服务。市区票价每程由两元多起。

▲ 香港往澳门游轮码头

公共小（型）巴（士），分为绿色车身（专线）和红色车身两种，收费与巴士相当。

轻便铁路（轻铁），行走新界屯门与元朗之间，另有接驳巴士往较偏僻地方。

电车，只在港岛市区（北面）行走，收费最廉（现价 3 元），但速度较慢，如作短程乘搭或市区观光，最为合意。

渡轮服务，天星小轮、新世界第一渡轮、油麻地小轮公司、港九小轮公司以及其它渡轮公司等，提供定期渡轮服务。

澳门

AOMEN

中华人民共和国澳门特别行政区，简称“澳门特区”，或俗称“澳门”，是我国辖下的两个特别行政区之一。它位于我国东南沿海的珠江三角洲西侧，北与广东省的珠海市拱北连接、西与同属珠海市的湾仔和横琴对望。与香港相距 60km，距离广州 145km。由澳门半岛、凼仔、路环以及路凼城四个部分所组成。其中澳门半岛北面与中国内地连接，南面分别由嘉乐庇大桥、友谊大桥和西湾大桥与凼仔连接；至于凼仔与路环，则由全长 2.2km、6 线行车的路凼连贯公路相接。澳门自秦朝起成为我国领土，从明朝 1557 年开始被葡萄牙人租借。直至 1887 年，葡萄牙政府与清朝政府签订了有效期为 40 年的《中葡和好通商条约》（至 1928 年期满失效）后，澳门成为葡萄牙“永居管理”之地，也是欧洲国家在东亚的第一块领地。20 世纪 80 年代，中葡两国共同探讨澳门前途问题，其后于 1987 年正式签署《中葡联合声明》，定于 1999 年 12 月 20 日葡萄牙结束对澳门的统治，政权交还给中华人民共和国。我国承诺向澳门实行一国两制，而且保障澳门人可享有“高度自治、澳人治澳”的权利。

澳门的总面积由于沿岸填海造地而一直扩大，1840 年，澳门半岛面积仅有 2.78km^2，之后从 1866 年的 10.28km^2 逐步扩展至 2007 年的 29.2km^2，面积约是香港的 1/40、新加坡的 1/23。在这个总面积 29.2km^2 的岛上生活了 50 余万人，是全球人口密度最高的地区。

澳门的气候，炎热而潮湿，全年温差较大，6~9 月的气温可高达 30℃以上，11~2 月则可低至 10℃以下，但平均气温很少低于 14℃。每年以 10 月中旬至 12 月天气最佳，最为舒适。每年的台风季节，澳门都有可能受到来自南海及西北太平洋的热带系统影响。

澳门特别行政区，以旅游、观光和博彩为主要吸引力，丰富的旅游行程和饭店、游乐设施的规划，让游客乘兴而来、尽兴而归。景点也十分丰富迷人，比如：大三巴牌坊、三巴圣迹、妈祖阁、澳门历史城区、邮政局博物馆、谭公庙、葡京娱乐场、莲溪庙、普济禅院和竹湾海滩等。澳门美食像是猪扒包、咖喱蟹、炖奶和撞奶、葡式蛋挞等等，都让游人回味无穷，赞不绝口！

金莲花广场

▲ 澳门金莲花广场

金莲花广场，位于澳门新口岸高美士街、毕仕达大马路及友谊大马路之间，它是为庆祝1999年澳门回归而设立的，是澳门著名地标及旅游景点之一。

1999年12月20日，中华人民共和国恢复对澳门行使主权，并成立澳门特别行政区。中央人民政府向澳门赠送了一尊名为“盛世莲花”的雕塑，大、小各一件，寓意澳门继续繁荣昌盛。这跟1997年香港回归时赠送给香港特别行政区的永远盛开的紫荆花寓意一样。盛世莲花雕塑在1999年12月17日由工程人员安装在广场上；12月20日中午，由当时主管澳门事务的国务院副总理钱其琛主持揭幕仪式。

安置在金莲花广场上的大型盛世莲花雕塑高6m、净重6.5t，花体部分最大直径3.6m，而这些尺寸和永远盛开的紫荆花是一样的，寓意中央人民政府对香港和澳门是无分大小的。小型雕塑直径1m，高0.9m，于澳门回归贺礼陈列馆展出。

盛世莲花主体部分由花茎、花瓣和花芯组成，青铜铸造，表面贴金装饰，形似莲叶的基座部分则由23块红色花岗岩相叠组成，寓意澳门三岛。莲花是澳门特别行政区的区花，莲花盛开、亭亭玉立、冉冉升腾，象征澳门永远繁荣昌盛。整个设计象征澳门座落于我国疆土之内，澳门是中华人民共和国的一部分。花岗岩的正面有一块小牌匾，匾名是“盛世莲花”，而匾上的文字写道：“中华人民共和国国务院赠澳门特别行政区政府”以及赠送日期，即“一九九九年十二月二十日”。

在澳门大型节庆时，例如我国新年、中华人民共和国国庆、澳门回归纪念等，在盛世莲花雕塑花岗岩基座外围放置一团团的鲜花，而圣诞节会放置圣诞花作节日装饰。

盛世莲花雕塑，在2007年11月月底至12月初，工程人员把它用木板等包围着，进行了维修工作。在金莲花广场上，原没有旗杆及升旗仪式的安排。直到2000年，澳门特区政府为庆祝中华人民共和国成立51周年，因而参考香港金紫荆广场的升旗仪式的做法，于同年9月在广场上安置两支旗杆。金莲花广场于2000年10月1日首次举行升旗仪式，自此之后，它成为中华人民共和国国庆日和12月20日澳门回归纪念日的官方庆祝活动场所。金莲花广场的升旗仪式，在每日早上8时举行，晚上6时进行降旗仪式。升降旗仪式，由6名穿着制服的特警执行。升旗仪式进行时，现场会播放中华人民共和国国歌，而降旗仪式进行时则不会播放。

大三巴牌坊

大三巴牌坊，其正式名称为“圣保罗大教堂遗址”，是澳门天主之母教堂（圣保罗教堂）正面前壁的遗址。大三巴牌坊，是澳门的标志性建筑物之一，同时，也是“澳门八景”之一。2005年，它与澳门历史城区的其他文物成为联合国“世界文化遗产”。

▲ 澳门大三巴牌坊

大三巴牌坊，是位于圣保罗山的天主之母教堂（A lgreja da Madre de Deus）前壁，与大炮台及在两者之间的前圣保罗学院为一整体。该教堂创建于1580年，在1595年和1601年先后两次失火焚毁。它第三次修建是由意大利籍耶稣会会士斯皮诺拉神父设计，并于1602年奠基，1635年建成，历时33年，是当时远东最大的天主教石建教堂。1762年，葡萄牙政府下令没收耶稣会财产，天主之母教堂先后被改作军官宿舍、兵营。1835年1月26日黄昏，教堂起火焚烧，最后剩下教堂的前壁。由于教堂前壁形似中国的传统牌坊，故当地人便称之为“大三巴牌坊”。

1990年代初，政府曾对圣保罗教堂的遗址进行考古调查及修复工作，并发现了当时教堂背后的建筑遗址及埋葬教士的墓地。之后，在1996年，政府在该遗址建成了天主教艺术博物馆与墓室，展出不少澳门教会的珍贵文物。2005年，中国政府成功向联合国教科文组织申报“世界文化遗产”,大三巴牌坊成为澳门历史城区的一部分。

大三巴牌坊高27m、阔23.5m、石壁厚2.7m，建筑属于矫饰主义风格，并且融合了欧洲文艺复兴时期与东方建筑风格。前壁用麻石砌成，自下而上有5层：

第一层：牌坊最下层有 3 个入口，共有 10 根爱奥尼柱式支撑及装饰墙面。正门两侧各 3 根，而侧门另一边各 2 根；正门上写有拉丁语“MATER DEI”（意即“天主之母”）。侧门门楣上有耶稣会会徽 (HIS) 的浮雕图案。

第二层：由 10 根希腊柯林斯 (Korinthos) 柱式及 3 个窗口组成，窗楣上均有七朵玫瑰花浮雕装饰，中间窗口侧两柱间以棕榈树装饰，侧窗洞两边柱间对称设有壁龛，供奉 4 位铜制耶稣会圣人，这些铜像是澳门早年制炮工厂的制品。

第三层：中央为圣母蒙召升天，天使奏乐欢庆，周围饰以牡丹和菊花，象征来自我国和日本的基督徒技师。该层中间共有 6 根混合式壁柱，两侧以方尖柱代替壁柱。各柱间均以浅浮雕装饰，左边是智慧之树和一只 7 头龙，其上有一个圣母，侧面有中文“圣母踏龙头”字样，而右边对称位置上则是生命之泉与一只西式帆船，上有海星圣母。在柱组外边是一顶呈弧状之扶壁，右边是一具骷髅与中文字“念死者无为罪”；左边则是一幅魔鬼浮雕，中文则是“鬼是诱人为恶”；该层最外侧两块墙身，有两条带有圆顶之方尖柱，左面墙身再现鸽子，下有一个开启的门；而右面为被箭所穿之王冠，下方门闭锁，意即信仰而非权势才是天国之道。而墙侧则设有中国舞狮造型的开口狮子，作滴水之用。

第四层：正中为小耶稣，围以钉死他的刑具，往外由 4 根混合式壁柱组成，柱间以天使浅浮雕点缀，柱两边有弧形山墙。

第五层：最上层为一个三角形山花，上有铜鸽象征圣神，左右有日月星辰。顶部有一个十字架。

在大三巴牌坊大门外的南面，设置有 68 级石阶梯，雄伟壮观！

由于大三巴牌坊是澳门的地标性建筑之一，故政府会定期对牌坊进行检查和维修。此外，大三巴牌坊作为旅游热点，有很多不同的活动，如澳门国际音乐节的露天音乐会、艺穗巡游和澳门国际青年舞蹈节，会在这里和邻近的耶稣会纪念广场举行。而每逢哪吒诞，在大三巴牌坊的旁边，会竖立一座传统的中式牌坊，与大三巴牌坊构成一个强烈的中西对比。

大炮台

澳门的大炮台，又名圣保罗炮台、中央炮台或大三巴炮台，是位于澳门的古老炮台，为我国现存最古老的西式炮台建筑的一部分。昔日曾是军事防御设施的重心，现为澳门历史城区一部分，亦为澳门旅游景点。

大炮台，位居澳门半岛中央柿山之上，原为军事用途。现大炮台的中央为 1998

年建成的澳门博物馆，而大炮台城堡的顶层，则为大炮台花园。大三巴牌坊和大炮台这两个景区，兼具中葡文化特色，故成为澳门独特的澳门八景的一部分。

澳门大炮台，建于明神宗年间（公元1617年），原为耶稣会大三巴教堂（即大三巴牌坊的前身）的祭天台，保护耶稣会在澳门的产业，后被澳葡政府转为军事防御设施的大炮台城堡。大炮台的建筑历时10年，1626年才完成。大炮台与妈阁炮台和东望洋炮台组成了一道坚固的外围军事防线,以防范海盗之用。1623—1740年间,曾为城防司令和澳门总督官邸。

▲ 澳门大炮台

1966年,该军事禁区解禁,向公众开放为旅游景区。大炮台曾改建为澳门气象局,后来，它于1996年迁至凼仔。大炮台曾分别于1992年、1993年及1996年进行维修。1998年，在大炮台的中心地区建成澳门博物馆。

大炮台城堡，位于澳门半岛最高的山上，是昔日军事防线的核心，占地约1万平方米，呈不规则四边形，边长约为100m。大炮台的基石为3.7m厚的花岗石，城墙由石掺杂贝壳粉而成，宽90m、高9.15m，向上修窄至2.7m厚。大炮台顶层的中央曾有一座三层高的塔楼，现已不存在，成为花园，可俯瞰澳门360°的绮丽风光。

妈祖阁

妈祖阁，亦称妈阁庙，主奉海神妈祖，是位于澳门半岛西南方的标志性建筑物之一，从这里向西可清晰眺望到珠海湾仔凯旋门广场高楼大厦的美景，同时，它是现今澳门三大古刹中的最古老者。2005年7月15日，在南非德班市举行的第29届世界遗产委员会会议上，包括妈祖阁在内的澳门历史城区被列入《世界遗产名录》。

据说，400多年前，葡萄牙人登陆澳门，在庙门前面的海滩上岸，询问当地居民这里是什么地方，居民以为是问妈阁庙，故答“妈阁”，葡萄牙人以其音译而成“MACAU”，遂为澳门的葡文名称由来。

相传妈祖是福建莆田女子，又称娘妈，“妈祖”在福建话里是“母亲”的意思。她本姓林，生时能预言吉凶，物化登仙后常显灵海上，帮助海难商人及渔民消灾解难，化险为夷，闽南人船员为了能在靠岸时祭祀，遂与当地居民商议，在现址立庙。

而庭院内有中国帆船石刻浮雕，传说妈祖曾乘此船自家乡出海，经历台风巨浪，平安抵达澳门。

▲ 由妈祖阁向西眺望珠海湾仔凯旋门广场与高楼的美景 ▲ 澳门妈祖阁门前广场

妈祖阁，旧称妈阁庙，始建于1488年，时值明朝，距今已有五百多年的历史。当时妈阁庙门前已是澳门的海岸线，又是当地及附近居住之渔民作业的上岸补给、休息和祈福之处。该庙宇背山面海，沿崖建筑，古木参天，风光优美。整座庙宇包括大殿（又称正觉禅林）、石殿（又称神山第一殿）、弘仁殿和观音阁等4座主要建筑。其中：弘仁殿规模最小，是一座3m^{2}的石殿，相传建于明弘治元年（公元1488年）；正觉禅林规模最大，创建于清道光八年（公元1828年）；“神山第一殿”是当时官方与商户合资创建于明万历33年（公元1605年），上述三殿均供奉天后妈祖，观音阁则供奉观音菩萨。石狮镇门、飞檐凌空，是一座富有我国特色的古建筑。

入口大门为一牌楼式花岗石建筑，宽4.5m，只开有一个门洞，门楣有“妈祖阁”三字，两侧书有对联：“德周化宇，泽润生民”。门楣顶部为飞檐状屋脊，华丽美观。庙门口有一对石狮，雕工精美，栩栩如生，是300年前清人的杰作。院内一块名为“洋石船”的巨石上，刻有一艘古代的海船，船的桅杆上挂着一面写有“利涉大川”的幡旗，是人们喜爱的“一帆风顺”的图景，大门顶部有琉璃瓦顶等装饰，其中门楣顶部更有飞檐状屋脊，脊上装有瓷制宝珠及鳌鱼，紧跟在大门之后为一座3间4柱冲天式牌坊，亦由花岗石建造而成，并有4只石狮分置在柱头上。正殿为供奉天后的其中一个神殿，有神山第一殿之称，它和正门建筑、牌坊以致在半山腰上的弘仁殿在空间上成一直线。建筑主要由花岗石及砖头砌筑而成，其中花岗石作主导，无论柱、梁、部分墙身还是屋顶，均由此材料修筑，两边墙体均开有大面积琉璃花砖方窗，而在较高位置的气窗，则为圆形。在石造之屋顶上又铺设琉璃瓦顶，并以夸张的飞担装饰正脊及垂脊，而其屋顶造型又分两部份：在朝拜区之屋顶，以歇山卷棚顶形式出现；而神龛区上方之琉璃屋顶，则为重檐庑殿式，飞檐纯朴有力。

经过庙门及花岗石牌坊，便是庭院，循着山麓的石阶小径，拾级而上，即可抵达建于巉岩巨石间、就石窟凿成的弘仁殿。殿内四壁，雕刻着海魔神将，色彩斑斓，中央供奉天后。自弘仁殿至观音阁，沿着山崖有不少石刻，或为名流政要咏题，或为骚人墨客遣兴，楷草篆隶、诸体俱备。观音阁位于该庙之最高处，供奉观音菩萨。在各具特色的建筑物之间，有石阶和曲径相通，四周苍郁的古树、错杂的花木、纵横的岩石，把园林的幽雅和古庙的庄严巧妙地结合在一起，显得古朴典雅、雄伟壮观，极富民族特色。

妈阁庙平时香火不绝，每年农历除夕和农历三月二十三日“天后”神诞，不少善男信女都会前来拜神祈福，香火更甚。四方香客云集于此，上香拜祀、叩首祈福，并举行丰富多彩的节目助兴，妈阁庙上紫烟弥漫、一派祥和，这就是澳门八景之一的“妈阁紫烟”的景色。“妈祖”不仅仅是善男信女们崇拜的“天后”，而且形成了一种国际文化现象——“妈祖文化”。

妈祖也是海峡两岸及全球华人共同敬重的海上女神。20 世纪 80 年代，联合国授予我国妈祖“和平女神”的称号。全世界有妈阁庙近 4000 座，信众 2 亿多人。妈祖的名字，凝聚着千千万万海内外中华子孙爱国爱乡、虔诚向善的心愿，妈祖信仰已经成为联络海内外、沟通全世界的桥梁和纽带。

海事博物馆

1986 年，澳门港务局局长苏厉治海军中校提出建立一所以海事及航海为题的博物馆，之后，当局在妈阁庙前地开设海事博物馆，并于 1987 年 11 月 7 日揭幕。由于该博物馆在建馆后收到捐赠和购得的藏品以及参观人数不断增加，有需要兴建一座新的较宽敞的展览大楼；因此，海事博物馆于 1990 年 6 月 24 日迁址至妈阁庙前地一号作为新的展览大楼，传说这里是葡萄牙人首次踏足澳门之地，现可远望至对岸的珠海市香洲区的湾仔。而原为海事博物馆的大楼，则改为行政大楼之用。时任澳门总督韦奇立，于 1999 年 4 月训令向海事博物馆授予文化功织勋章，以表扬博物馆对年青人开展的教育活动。

▲ 澳门海事博物馆

现今海事博物馆的展览大楼有三层，好像一艘已扬帆的三桅帆船，面积为 $800m^2$，它主要由展览馆、图书馆和露天茶座三部分组成。

展览馆，由海事民俗展览厅、海事历史展览厅、海事技术展览厅和水族馆等四个展区组成：海事民俗展览厅，展出海上航海学校的萨格雷斯哥号（SAGRES）的模型、10 艘葡萄牙传统渔船模型、一艘由鲸鱼的骨而制成的龙舟模型、澳门以及我国南方地区的渔民传统与艺术、船只、服饰以及描述渔民民俗相关的节日等展品；海事历史展览厅，主要展示葡萄牙和我国在 15~17 世纪的海事历史，展品包括葡萄牙航海家于航海时代曾使用的卡拉维拉船与商船的模型、辅助航海的器具、17 世纪的澳门地理立体模型等展品；海事技术展览厅，展出与航海技术相关的展品，如我国沿海第一座灯塔——东望洋灯塔模型、八分象限仪、六分象限仪、望远镜、罗盘等展品；水族馆，展出河流的河床、海港、珊瑚礁和深海，总共四个不同水底的环境。

图书馆，馆藏约有 2500 本关于海事技术、海事民俗学、葡萄牙与我国的海事历史、澳门历史等类别相关的书籍；此外也有一个相片档案库，藏有有关海事资料以及澳门近代历史等相关图片。

露天茶座，位于海事博物馆以北的一个露天地方，其面积相当于一个蓝球场那么大。

民政总署大楼

民政总署大楼，俗称议事亭、市政厅（Leal Senado）大楼，位于新马路 163 号；它曾作为澳门议事公局（又称议事会）及市政机构的办公场所。民政总署大楼，现为联合国教科文组织 (UNESCO)《世界遗产名录》的澳门历史城区历史建筑群之一。

▲ 澳门民政总署

▲ 澳门民政总署葡式花园

该大楼的地皮外，并修建为一座两层楼高的巴洛克式大楼，成为当时葡萄牙人民政总署大楼，始建于1584年。因《澳门纪略》之绘图，普遍以为其前身议事亭原为一座以砖石为材料并且带有围墙的中式庭园，是明朝宣读政府命令以及作为中、葡官员会面的场所;1784年,葡萄牙人购买了在澳门实行自治及办公的议事公局大楼。

1876年，该大楼因日久失修和受到台风破坏而进行重修，重修后的大楼加入了新古典主义的建筑特色。之后的数十年，它除了继续受到台风的天然灾害破坏外，也受到白蚁侵蚀的影响。1940年进行大修后的大楼与外墙，就是现今的大楼面貌。

民政总署大楼，除了作为市政机构办公大楼外，也曾作为博物馆、邮电机构、卫生机构、法观院及监狱等,但都一一被迁出大楼之外。1966年发生的“一二三事件”当日，示威群众进入市政厅大楼并进行破坏，警方随后出动在大楼前扫射水喉驱赶冲击建筑物的群众。

澳门回归后，1999年12月20凌晨，该大楼由原称澳门市政厅大楼，被易名为临时澳门市政局大楼；而大楼门面上澳门市政厅市盾盾徽以及徽号下写着葡萄牙语“Leal Senado”（意译忠诚的议会）以及门楣上写着“市政厅”的中文字样，被新成立的澳门特别行政区政府用一幅印有临时澳门市政局局徽的蓝色大布遮盖着大楼的大部分楼面。在该山墙被换上澳门特区区徽之后，它比原来的徽号大得多。2001年7月13日，临时澳门市政局大楼被列入为澳门申报“世界文化遗产”名单之内。

2002年1月1日0时，澳门特区政府撤销临时澳门市政局及临时海岛市政局，设立民政总署；同时，大楼的门匾也改为“民政总署”，被易名为“民政总署大楼”。该民政总署大楼,于2005年7月15日,被列入联合国教科文组织《世界文化遗产名录》的澳门历史城区历史建筑群之一。

现今的民政总署大楼的墙身外貌，在1940年重修之后保留至今，大楼内的墙脚，部分嵌有葡萄牙青瓷砖。整座大楼在建筑平面上，有三组进深：第一进深是中央门厅，而中央门厅之侧面，是展览厅及公共空间，在大堂及其他地方，均镶嵌着很多具有历史价值的石雕。它的二楼，是会议室以及民政总署大楼图书馆；在第一进深经过梯级拱洞则为第二进深，这是大楼的行政区域及大礼堂所在地，它和第一进深均为两层高，但其楼高则比第一进深的建筑低些;第三进深，则是这整座大楼的葡式花园，也由拱洞连接。

这座花园，是一个富有葡萄牙色彩的花园，通向花园的铁闸，是葡萄牙手工制作的极为精细的五金制品。在大门两侧内向花园的墙身，用葡萄牙青瓷砖来装饰。花园中心处，有一个浑天仪形状的花圃，石壁顶部雕刻着葡萄牙盾徽的喷泉，并有刻着葡萄牙盾徽的两个圆型石球以及两名葡萄牙著名诗人贾梅士及João de Deus的半身石像。

龙环葡韵住宅式博物馆

龙环葡韵住宅式博物馆(Casas - Museu da Taipa),是位于澳门凼仔岛的旅游景点,以海边马路的五幢葡萄牙式住宅为主的博物馆。

"龙环"是凼仔岛旧称,"葡韵"是指这里葡萄牙的建筑风格。1847年葡萄牙人向凼仔扩张,建立凼仔炮台军事据点,至1910年完全控制路环,澳门葡萄牙政府在海岛的影响力逐步扩大,路凼官方葡式建筑不断兴建。1921年建成这五幢葡萄牙式建筑,作为澳门离岛高级官员的官邸及一些土生葡人家庭住宅。20世纪80年代,当时的澳门旅游遊司(即今澳门旅游局),将其重新修缮;1992年,澳葡政府将其列入澳门文物名录"已评定之建筑群"类别,对该建筑群进行修复,之后改建为住宅式博物馆,于1999年12月5日对外开放。

▲ 龙环葡韵住宅式博物馆(由西向东摄)

▲ 龙环葡韵住宅式博物馆(由东向西摄)

▲ 从龙环葡韵住宅式博物馆向南眺望的美景

▲ 龙环葡韵住宅式博物馆的展品之一

龙环葡韵住宅式博物馆，展示了昔日土生葡人在澳门的生活片段，一排五幢葡萄牙式住宅分别为：土生葡人之家、海岛之家、葡萄牙地区之家、展览馆、迎宾馆。

土生葡人之家：楼高两层，展出昔日土生葡人的家具摆设及装饰物，以及一些旧照片。

海岛之家：有关于路环和凼仔的图片展览，主题经常会不定期更换。

葡萄牙地区之家：楼高两层，展出葡萄牙不同地区的少数民族服饰、图片、手工艺品。

展览馆：主要用作不定期举办各类型的展览，包括以摄影、西画、陶瓷及雕塑等为主题之专题展览，有时也会邀请到来自世界各地资深艺术工作者举办展览。

迎宾馆：楼高两层，不对外开放，主要用于官方宴会、举办文化艺术讲座或特色美食活动等。

现在，该住宅式博物馆，是澳门重要的文物建筑与文化遗产，也是澳门极富代表性的景点之一。龙环葡韵景区被评定为“澳门八景”之一。不少结婚伴侣或者影友，均以此景摄照留影。

除了龙环葡韵住宅式博物馆外，整个龙环葡韵景区，还包括凼仔图书馆、凼仔市政花园、十字花园和嘉模教堂。博物馆前面，在1998年前曾是一片红树林湿地，可以观赏到黑脸琵鹭、白鹭、灰鹭、翠鸟和鸳鸯等鸟类。1987年，无线电视民初剧集《名门》亦在此取景拍摄。不过，自兴建凼仔医院与对面填海后，严重影响该区水域生态，红树林已全数枯毁，只能见到少量珍稀鸟类。2004年，在博物馆旁边增设一个小型露天广场，从那时起在此举办除夕倒数（跨年）嘉年华活动。2005年末，凼仔图书馆改变用途，成为民事登记局凼仔分站、作为婚姻注册处，而其外观仍保持原葡式建筑风格。

葡京酒店

澳门葡京酒店（Hotel Lisboa Macau），是位于澳门南湾友谊大马路西南端的一间赌场酒店，酒店正门向着嘉乐庇总督大桥（旧澳凼大桥），为澳门旅游娱乐股份有限公司所拥有，并由富利达国际酒店集团管理营运。该酒店设有四间赌场及一间角子机娱乐场，由澳门博彩股份有限公司所营运。

葡京酒店，于1970年6月11日落成启用，当时为澳门最大的酒店，亦是澳门首间五星级酒店。葡京酒店内的葡京商场，设有几十间商铺，包括：各式餐厅、饼店、银行、当铺、找换店、珠宝店、投注中心、洗衣店及浴室等。葡京酒店所在的区域附近，开设有不少赌场或角子机娱乐场，比如酒店正门与永利澳门度假村相对，旁边则与金碧娱乐场、新葡京相邻，并设有行人天桥及行人隧道，与它们的商业中心和娱乐设施相连。

葡京酒店在 1970 年开幕初期仅有东座（旧翼）圆形、附翼酒店建筑物及当时只有两层高平顶葡京娱乐场赌场建筑物。随着旅游及博彩业发展，该酒店作出多次扩建改建工程，主要包括：20 世纪 70 年代末，扩建面向贾罗布大马路的酒店附翼（现称为新翼）；20 世纪 80 年代起，扩建包括：于原赌场加建三层及顶部建筑装饰、兴建西座酒店大楼（包括另一幢圆形及附翼酒店平顶建筑物）、扩建面向友谊大马路旧翼附翼基座等；20 世纪 90 年代起，扩建包括：重建及扩建西座（新翼）圆形及附翼酒店建筑物于顶部加层建筑装饰、重建及扩建葡京娱乐场侧诚兴银行附翼等；2000 年起，扩建包括：把多间餐厅、酒楼、歌舞厅、部分酒店房间改建为水晶宫娱乐场、蒙罗丽莎娱乐场、名门天下娱乐场，新建贵宾赌厅和聚宝库角子机娱乐场等，最新扩建工程为重建酒店泳池；从 2009 年起，还进行一些重建工程。

▲ 澳门葡京酒店（背景中部）与澳凼大桥（右）

▲ 澳门葡京酒店（下中）

如今，葡京酒店经过 30 多年不断扩建之后，已由三幢啡黄与白色相间相连建筑物组成，包括：东座（旧翼）、西座（新翼）两幢酒店大楼，其主建筑为一个圆筒型的葡萄牙风格建筑物，远望去，像一个“鸟笼”；另外，东座和西座，各有一座附翼大楼与圆形主建筑物彼此相连。葡京娱乐场，则位于酒店正门左侧，为一座 5 层高的圆形建筑物。从 2002 年起，整幢酒店外墙加设了大型变色灯饰及霓虹灯招牌；旧翼附翼面向友谊大马路一边，顶层设有大型屏幕，入夜，从对岸的凼仔亦可清晰看到它发出闪烁的光彩。

台湾

TAIWAN

台湾，是由欧亚大陆板块、冲绳板块和菲律宾海板块挤压而隆起的岛屿，整体形状似长条蕃薯，北回归线横跨中南部。全岛山势高峻，地形海拔变化大，山脉大多呈东北——西南走向，平原狭窄，地震频繁，温泉与死火山均多。气候属高温、多雨天气，春夏季交接时有梅雨季节，夏季常有飓风，冬季有东北季风，最冷的月平均温度在 14℃以上，年降雨量达 2510mm 以上。地处热带和亚热带的台湾，自然景观和生态系统丰富多元。

台湾，位于我国大陆东南沿海，面积约 36000km^2，人口约 2300 万。现在的台湾居民，除了原当地居民外，大多数是来自我国大陆的人员及其后裔。台湾也是一个宗教信仰多元化之地，包括了佛教、道教、基督教、摩门教、回教、一贯道教、统一教和印度教等；到处可见寺庙，保留了古老的中国文化。

台湾在经贸方面，以高科技产业赚取外汇优先，于 20 世纪 70 和 80 年代与香港、新加坡和南韩，并列为“亚洲四小龙”，经济发展迅速。目前，无论“人均所得”或“人类发展指数”，均与世界其他先进地区持平。现阶段的经济，主要朝着纳米科技、生物科技、光电和观光旅游业的方向发展。

在台湾，除了台北、高雄有高楼外，沿途所见县市，大多数为二、三层建筑，街道狭窄，有骑楼，与 20 世纪 70 年代的广州、香港相类似。现今的大街小巷都很干净，摩托车很多，但交通秩序较好。台湾各县市的小食店和摊档也很多，夜市和美食更是诱人，来客熙熙攘攘，热闹非凡。

台湾的城市街道，多以我国大陆的省市的名称或传统礼仪来命名，比如：浙江路、贵州路、忠孝路、仁义路、仁爱路等等，不一而足；而且，在台湾的寺庙中，除了妈祖、如来佛和观世音等菩萨雕像外，还有孔子、关公、岳飞等文武大神雕像。总之，台湾海峡两岸的中国人，均属炎黄子孙的后代，都是中华民族同源同宗的一员，多么可贵与自豪！

2010 年 2 月 21 日凌晨，我们旅行团从美国旧金山飞往台湾旅游，在桃园国际机场降落，随即乘豪华大巴经新竹、南投、大埔、日月潭、台南、高雄，最后回到台北观光旅游。为了阅读方便，笔者就按照从台北向南的方向逐一阐述。

台北

台北，位于台湾岛的北端，淡水河贯穿其间，离太平洋港口城市基隆西南约 25km。它处于基隆河谷和新店河谷这两个比较狭窄的河谷之间，两河交汇到一起，沿着该市西边形成淡水河。台北市人口约 260 万，而台北、新台北和基隆这三个城市加在一起，就成为台北大都市地区，总人口约 690 万，然而，这三个城市的行政管理，仍由当地政府管辖。台北，是台湾的政治、经济和文化中心。尤其是台北故宫博物院，是我国人工制品和艺术作品最宏大的收藏场地之一。作为全球性的城市来考虑，台北是主要的工业区，它与岛内各地连接的铁路、高铁、高速公路、机场和汽车线路，四通八达，十分便利。台北有两个机场，即台北松山机场和台湾桃源机场。

台北 101 大楼

台北 101 大楼，位于台北信义区信义路五段 7 号，靠近台北市政府大厦，楼高 509.2m，总楼层地面为 101 层、地下 5 层，建筑面积 41.25 万平方米，电梯共有 61 部，总投资为 17.5 亿美元。它由建筑师李祖原及其团队设计，由主承包商 KTRT 团队建造，于 1999 年动工，2004 年竣工。主体塔楼作为办公楼出租，于 2004 年 12 月 31 日正式使用。它曾于 2004 年 12 月 31 日至 2010 年 1 月 4 日间为“世界第一高楼”，目前为“世界第三高楼”，同时，它又是全球最高“绿建筑”、环“地震带”最高建筑。

▲ 台北 101 大楼

主体塔楼内 89 楼室内观景台，于

2005 年 3 月 1 日正式营运；91 楼户外观景台，于 2005 年 9 月 16 日对外开放。主体塔楼旁，有一座 63m 高的 6 层楼的“裙楼”，主要规划为“购物中心”(Taipei 101 Mall)，它于 2003 年 11 月 14 日率先开幕。

▲ 台北 101 大楼出入口

▲ 101 大楼商场一角

▲ 巨型调质阻尼器

▲ 从 89 楼室内观景台俯视台北市部分市区风光

台北 101 大楼，有几大特点：首先，它的主要建筑特点是有稳固的根基，采用深达地底 80m 的 380 支基柱，每根基柱直径为 1.5m，承载力每根高达 1100~1450t，基柱最深达到地底岩石层下 30m，就如同把整栋大楼牢牢地钉在坚固的岩石上；其次，在防震措施方面，它采用坚固的巨柱钢骨结构，亦即采用最先进的“韧性立体钢构系统”建筑技术，以 36 支柱子作为垂直支撑，在大楼的四面外侧处，分别各有两支巨柱（共有八支巨柱），每支巨柱的截面长 3m、宽 2.4m，从深入地下第 5 层一直贯通至地面上的第 90 楼，并且，在巨柱内的混凝土灌浆方式，不采用一般由上往下灌注，而是由下方填充灌塞的方式，以增加混凝土的强度，外用钢板包裹，并配合韧性立体钢构系统的劲度，让大楼“稳若盘石，韧如竹节”；再次，它拥有全球最大的阻尼器，为了适应高空强风及飓风吹拂所造成的摇晃，在大楼内装置了“调质阻尼器”，它的工作原理是在87~92楼挂置一个重达660t的巨大钢球，利用摆动来减缓建筑物的晃动幅度。这也是全世界唯一开放给游人观赏的全球最大的阻尼器；还有，台北101大楼,运用了许多当代摩天大楼中最先进的技术:大楼内使用了光纤和卫星网路连线，每秒的传输速率最高可达1GB。而且，该大楼还采用了2台当时全世界速度最快的电梯，即从5楼上升到89楼室内观景台上，只用37s，而游客也可从楼梯再步行到91楼户外观景台上。

国父纪念馆

在台北市市政府西面的占地11hm^{2}的中山公园内，耸立着一座巍峨的国父纪念馆，它位于台北市东面信义区仁爱路四段505号，介于忠孝东路、仁爱路、光复南路与逸仙路之间，邻近101大楼,面积有3.5万平方米，于1964年，为纪念伟大的中国革命先行者孙中山先生(1866~1925年)百年诞辰而兴建的。

国父纪念馆是正方形建筑，金黄色屋顶，高30m，边长100m。四周丛林、花草、广场围绕，凸显建筑物和环境的对比，引人注目，给人的第一个感觉是宏伟，很有气势。巍峨庄严的建筑本体，粗犷刚强，朴素中又不失应有的细致，所以国父纪念馆外观宏伟、高雅、简洁、明爽、有力，不但使人产生景仰，也令人感到力与美的结合。

▲ 台北国父纪念馆鸟瞰图

(从101高楼往下拍摄)

走进纪念馆一楼大厅，迎面就是端坐在沙发上的孙中山先生铜像，左右有持枪卫兵护卫。铜像高5.8m，重达17t。台座上镌刻着孙文先生题写的《礼记·礼运》上孔子论述“大同”社会的一段话：“大道之行也，天下为公，选贤与能，讲信修睦。故人不独亲其亲，不独子其子，使老有所终，壮有所用，幼有所长，矜（鳏）寡孤独废疾者皆有所养，男有分，女有归。货恶其弃于地也，不必藏于己；力恶其不出于身也，不必为己。是故谋闭而不兴，盗窃乱贼而不作，故外户而不闭，是谓大同。”

这里每隔一定时间，也会举行三军仪队交接仪式。大厅左右两边，是宽敞、明亮又气派的国父史迹展东室、西室,里面收藏有孙中山于1924年4月12日手书的《建国大纲》，全文仅25条。

▲ 台北国父纪念馆

▲ 纪念馆内的孙中山铜像

国父纪念馆一楼北面，是可容纳2500多人的大会堂，总面积2844m^2，为岛内最大型的国家级表演场地。这里还设有演讲厅、中山讲堂、逸仙书坊，演讲厅常有学术性、生活性的讲座。

纪念馆二楼有中山国家画廊和孙逸仙博士图书馆，中山国家画廊是国家级艺廊，据说经常邀请国内外知名的艺术在此展出；孙逸仙博士图书馆藏书30万多册，供民众阅览。我们于2010年3月初在台湾旅游之时，正好是中山画廊展出之日。

此外，三楼还有逸仙艺廊、德明艺廊和逸仙放映室，在地下一楼还有翠亨艺廊、载之轩、翠溪艺廊、书报阅览室、视听中心，是台北市民室内艺文、知性活动的多元化地点。

台北故宫博物院

台北故宫博物院，简称台北故宫，是我国著名的历史与文化艺术史博物馆，坐落在台北市基隆同北岸士林镇外双溪至善路2段221号、中国电影文化城东北侧，背山面溪，地理位置十分理想，始建于1962年，1965年夏落成。从这时起，我国有了两个故宫博物院：北京故宫博物院和台北故宫博物院。

台北故宫博物院，占地16hm^2，依山傍水，气势宏伟，碧瓦黄墙，是一座仿北京故宫式样设计建造的中国宫殿式建筑。它的目的，是以整理、保管、展出原北京故宫博物院及台北故宫所收藏的历代古文物及艺术品，并加强对古代中国文物艺术品之收集、研究、宣扬，以扩大其社教功能。院前广场耸立由6根石柱组成的牌坊，气势宏伟，整座建筑庄重典雅，富有民族特色。博物院的主体建筑分为4层，正院呈梅花形，第一层分别是讲演厅、办公室、图书馆；第二层是展览室、大厅及画廊，用来展示书画，四周共有8间展览室，陈列铜器、瓷器及侯家庄墓园模型及墓中出土文物；第三层陈列书画、图书、文献、碑帖以及玉器、珐琅器、雕刻和织绣等，而且，在第三层楼后面，架起了一条26m长的走廊直通山腹的山洞，山洞距离地面50m，内有拱形洞3座，每座长180 m、高6 m、宽3.6 m，分隔成许多小库房，中间为通道，便于分类收藏文物，全部设有空气调节系统、防潮系统、防火系统和防盗系统；第四层为各种专题研究室。院内收藏有来自南京原“国立中央博物院”、北平（今北京）故宫博物院、沈阳故宫及热河行宫运到台湾的24万余件文物，所藏的商周青铜器，历代的玉器、陶瓷、古籍文献、名画碑帖，以及宋、元、明、清四朝宫廷之皇家的收藏品，加上后来所收集的文物，至2011年12月底，总数达70万件。

▲ 台北故宫博物院主展览馆（第一展览区）

▲ 台北故宫博物院行政大楼

在这些稀世珍品中，价值连城的极品更是数以千计，如：铜器中的西周毛公鼎、散氏盘；玉器中的翠玉白菜、辟邪雕刻（六朝古墓出土）；书法中的王羲之《快雪时晴帖》，颜真卿、宋徽宗（赵佶）书法手迹；画卷中唐至清历代名家的代表作；瓷器中的宋、明、清名窑名家亲制品，官窑制御用艺瓷等，还有大量至今仍秘而不宣的国宝级文物。翠玉白菜原陈列于清末瑾妃所居住的北京永和宫，是清代艺人巧妙地运用一块一半灰白、一半翠绿的灰玉雕成，把绿色的部位雕成菜叶，白色的雕成菜帮、菜叶自然反卷，筋脉分明，上面攀爬两只红色小憩的螽斯虫。螽斯，属飞蝗科，俗名“纺织娘”或“蝈蝈儿”，善于高声鸣叫，繁殖力很强。在当时，白菜象征家世清白，螽斯虫则有子孙绵延之意，可以说这是件别有含义的嫁妆。另外还有一块几乎乱真的“红烧肉”，雕刻之细，形象之逼真，世上少有。宋代青瓷中质地最好也是最为罕见的是汝窑瓷（汝窑在河南省汝州市），它以细腻的胎体、精巧的片纹和浅蓝、天蓝与淡青釉的虹彩而闻名，现存于世的仅67件，其中台北故宫博物院就有23件（另外，北京故宫有17件，上海博物院有8件，英国大维德爵士基金会有7件），瓶底烧印有“丰华”两字的一只铜梯形的青蓝色瓷瓶尤其名贵，是南宋皇帝宋高宗的贵妃刘夫人的宫中之物。西周青铜器毛公鼎上面多达 497 个字的铭文，至今仍然是商周青铜器铭文数目之冠。我国最古老的文字甲骨文，从 1928 年在安阳小屯发现后，当时掘得 5000 多片，台北故宫博物院就有 2500 多片，约占一半，上边主要是商代晚期武丁、祖辛、祖甲、廪辛、庚丁等 5 个帝王占卜时刻辞等等。这些宝贵文物大部分原来都在北京故宫博物院。20 世纪 30 年代日寇对中国虎视眈眈，为了保护其安全，先迁至南京，后来又从南京送至四川，抗战胜利后又由四川迁回南京，直到 1948 年国民党撤退时一同迁到台湾。由于藏品数量巨大，每一类都可举办 10 个以上的特展。经常展出的约有 8000 件，其他的则 3 个月至半年作一次更换。据说，一个人全部看完，需要将近 30 年的时间。

忠烈祠

台湾忠烈祠，是奉祀为国捐躯、并有重大忠贞事迹的官兵、警察及人民的祠庙。台湾各地的忠烈祠均起自 1945 年光复后，目前共约 20 多座，由各县市民政局管理

▲ 忠烈祠

▲ 忠烈祠前殿与主殿

▲ 换岗侍卫在行进中

▲ 牌楼下的侍卫在换岗

居多，各县市都有一处。大部分是利用前日本统治时期原有的“神社”，就地改建成中国北方宫殿式建筑，仅有少部分建筑物外观仍保留“神社”旧貌。直到1966年以后，各地政府为了配合有关法令、消除日本殖民统治的历史痕迹，纷纷拆除原神社旧有建筑，以钢筋水泥仿照中国北方宫殿形式建筑，覆盖青色或黄色琉璃瓦，将其改建为中国古典式样新建筑，于是，各地忠烈祠与孔庙就成为这个时期的建筑代表。

通常，忠烈祠还包括牌坊、山门、前殿、正殿、纪念碑、革命先烈史迹馆和烈士文物陈列室等主体建筑，另外，还有凉亭和花园等。每年于3月29日青年节及9月3日军人节，都会分别举行春祭及秋祭，场面相当隆重、庄严肃穆。

中正纪念堂

中正纪念堂，位于台北中正区中山南路21号，在1976年10月31日蒋介石90诞辰破土动工，1980年3月31日竣工。中正纪念堂园区面积达250000m^2。大门高16m，用青铜铸造，重达75t，其上有大型藻井。蒋中正铜像位于正堂后方，高达6.3m，重21.25t。铜像后方墙壁则悬挂有“民主、伦理、科学”字样，以及“生活的目的在于增进全体人类之生活”“生命的意义在于创造宇宙继起之生命”等蒋中正生前语录。除了高70m的主建筑外，园区广场的南北侧还有剧院（左）、音乐厅（右），以及主建筑前的瞻仰大道（即从

▲ 中正纪念堂

▲ 中正纪念堂内蒋中正铜像及其左右两侧语录

▲ 自由广场、剧院与音乐厅

中正纪念堂到大门的中央大道，长 380m）。现称为自由广场、园区环外回廊、中式庭园（光华池及云汉池）等。

中正纪念堂平面为方形格局，象征蒋中正的“中正”，坐东向西。仿效北京天坛的琉璃瓦八角攒尖顶代表八德，而隐藏其中的人形象征天人合一。纪念堂正面共有花岗石 84 阶梯级、大厅阶梯 5 梯级，合计 89 梯级，表示蒋中正享年 89 岁。

中正纪念堂落成以来，即为台北市著名地标之一。园区广场除了供民众休憩外，也成为群众活动的集会地点，许多社会政治运动皆选择此地举办，而且，它也是大型文艺活动的常办场地。

龙山寺

龙山寺，位于台北市广州街 211 号，耸立在风云聚会的万华夜市之中，是台湾著名的古寺庙之一。

龙山寺建于清乾隆 5 年，建筑设计采三段式格局，从上空鸟瞰呈“回”字型，由前殿、后殿、东西护宝及中央正殿所组成，布局方正肃穆，其门壁梁柱极尽精雕细刻之美，是集清代、日寇侵占与台湾光复后的综合表现的寺庙艺术。外观与清水祖师庙和淡水鄞山寺相似。

▲ 龙山寺牌楼

▲ 龙山寺信奉神佛的人群

龙山寺，总面积 1800 多平方米，坐北朝南，为中国古典之三进四合院传统宫殿式建筑，由前殿、正殿、后殿及左右护龙构成。前殿为 11 开间，分为三川殿、龙门厅、虎门厅，屋顶采用歇山单檐式，各自独立，三川殿内有铜铸蟠龙檐柱一对，为全台湾仅见，正面墙体由花岗石与青斗石濶合凿组构而成，图像生动柔美，故事多出自三国演义和封神榜，并加以我国吉祥图案装饰，美不胜收；龙虎厅各三开间，表现石雕琢刻各种艺术，如线雕、透雕、浮雕、阴雕、浅浮雕等作品，比比皆是；正殿屋顶采用歇山重檐式，四面走马廊，共 42 根柱子构成，殿外墙体留有多幅著名书法家石刻，殿内屋顶螺旋藻井全斗拱筑构而成，不用一钉一铁，神龛雕工精细、富丽堂皇，后殿屋顶为歇山重檐式，两翼为硬山单檐式，屋脊为财子寿泥塑剪粘，为典型儒、道教诸神佛供奉之处，左右护龙屋顶为硬山单檐式，左配有钟楼，右配有鼓楼，晨钟暮鼓，钟鼓楼屋顶采用攒尖盔顶式，呈扁六角形，造型独特。全寺屋顶脊和飞檐由龙、凤、麒麟等吉祥动物造型，装饰以彩色玻璃瓷片粘和交趾陶，色彩瑰丽，堪称台湾特有剪粘艺术之精华。

龙山寺，主要供奉观世音菩萨，并祀奉妈祖、四海龙王、十八罗汉、城隍爷注生娘娘、山神、土地公等，典型神佛合一，因此有说“龙山寺是众神的集今所”，表示供奉神佛很多。

每到民俗节庆都有盛大花灯、庙会引来汹涌人潮，龙山寺俨然成为一座观光庙宇。周边的常规风味市街具有民俗气息。

华西街夜市

华西街夜市，位于台北市万华区的龙山寺附近，被桂林路分隔成两段，是台北规划的第一座观光夜市，以贩卖各式山产、海鲜及野味小吃为大宗，其中以蛇店最为引人注目，是很多国内外旅游观光客最喜爱的景点之一。

▲ 华西街观光夜市

华西街夜市入口处，有一座传统牌楼，街内挂满红色宫灯，很有特色，两旁商店均为老字号，有台南的担仔面及其他小吃类，如大鼎肉羹或是两喜号鱿鱼羹等，都很受人青睐；这里的海鲜店，也是这个夜市引人入胜之处，其中尤以烧酒虾，更具特色；沿街有许多中草药店和卖茶的小摊档；在这里，又因靠近早期寻芳客密集地“宝斗里”，因此，夜市出现了许多以祛毒壮阳为名的蛇店和鳖店，形成当地小食的特色，如烤蛇肉串、蛇肉汤、炒蛇肝、蛇鞭和蛇酒等。

近年来，又有脚底按摩等休闲产业在此开设分店。

新竹

2010 年 2 月 22 日上午，我们旅行团乘车由桃园国际机场向南面的日月潭方向行驶，途经新竹与南投县、大埔，观赏了沿途风光，参观了一些景点。在新竹，我们参观了台湾清华大学和台湾交通大学。

▲ 新竹市容一角

▲ 新竹人行道上的摩托车停放处

▲ 台湾清华大学

▲ 台湾交通大学

南投

埔里

南投县埔里，恰在全岛地理中心点处，是全岛海拔 450m 以上地区的最大城镇。它四周环绕着观音山、白叶山、三角岭等大山，中间是平坦的原野，形成一个小盆地。每年春夏云淡风轻之际，美丽的蝴蝶千百成群，翩然飞舞在蔗林、蕉园、松林之间，其数量之巨、种类之多、色彩之艳、姿态之美，是其他地方不可媲拟的，故埔里又有“蝴蝶王国”之美誉。此外，埔里还是盛产茶叶的地方。

据导游说，埔里的冻顶乌龙茶，驰名海内外。我们旅行团有幸进入冻顶乌龙茶茶庄，席坐恭听，并尽兴品赏茶味，席间，有多位团友，趁机购买，作为自用或赠送亲友，皆大欢喜！

▲ 由新竹去埔里的一段高速公路风光

▲ 埔里冻顶乌龙茶茶庄

▲ 乌龙茶的“试验园”

中台禅寺

中台禅寺，位于南投县埔里镇一新里，由惟觉老和尚主持，于 1994 年创建，又于 1994—2000 年重新规划改建，目前在全台湾有 80 多家分院，并定期举办神修活动。

中台禅寺规模庞大、庄严宏伟，惟觉老和尚与名建筑师李祖原居士，将该建筑内涵融合中西工法，把艺术、学术、宗教和文化融为一体，确不失禅宗风格，寺顶高耸壮观，乍看起来，好像金字塔形态，实为佛教建筑的巨作之一，令人赞赏有加！而且，它的设备也相当完善，有禅堂、四天王殿、菩萨殿、三世佛殿、讲堂、知客厅、大寮、斋堂等，供信众参拜和使用。

▲ 中台禅寺入口门楼

▲ 中台禅寺

▲ 弥勒菩萨

▲ 韦驮菩萨

四天王殿，为中台禅寺的主体殿堂，“弥勒菩萨”供奉于殿堂中央，两侧对联引人注目：“大肚能容了却人间多少事，满腔欢喜笑开天下古今愁”。弥勒菩萨的背后，有身穿甲胄、合掌擎剑的“韦驮菩萨”。而该殿堂四周，是“四大天王”神像，即：东方持国天王、南方增长天王、西方广目天王和北方多闻天王，这些神像手中分别拿着象征风调、雨顺、国泰、民安的法器，它们都以山西黑花岗岩雕刻而成。四大天王神像，高约12m，重100多吨，它们金刚严厉的目光，令人震撼！

▲ 释迦牟尼佛像

中台禅寺的大雄宝殿，位于主体建筑的二楼，从四天王殿经阶梯直上可到达。它是佛教丛林道场中供奉佛像的正殿，整体空间设计以红、灰为主色，一尊用印度红花岗岩雕刻而成的释迦牟尼大佛像，坐镇于殿堂中央，侍立两旁的多闻阿难尊者与苦行迦叶尊者，代表着修行的精神。

日月潭

日月潭，位于台湾南投县鱼池乡日月村，湖面海拔 748m，常态面积 7.93km^2，满水位时为 8.4km^2，最深水深 27m，水库容量为 7700 万立方米，为台湾第二大淡水湖泊，仅次于曾文水库。湖中岛屿称为拉鲁岛（原光华岛）。东侧形如日轮，西侧状如月钩，故名日月潭。它的美，是由山水共融创造出来的，自然生态丰富，但外来生物种类也很多。

1918 年 7 月，台湾电力株式会社开始在日月潭兴建“门牌潭发电所”，但由于资金不足，拖延到 1919 年才施工，于 1936 年竣工，并改称为日月潭第一发电所。其相关工程包括在武界建坝、拦截浊水溪上游溪水、开凿人工引水隧道至日月潭以供给水量，而发电后的水，则被引导、注入浊水溪支流水里溪。

▲ 日月潭风景游览图

为了运送兴建电厂所需的原材料，集集线铁路应运而生。竣工之后的日月潭水位上升了，湖面面积也从原来的 4.55km^2 扩展到 7.73km^2，当时称为“珠子山”的拉鲁岛面积也随之缩小些。

1944 年，发电厂遭日寇飞机轰炸损坏，发电停止。1946 年，台湾电力公司成立，该电厂修复供电，1948 年 10 月改名为大观发电厂。

1970 年，日月潭定为风景区；1990 年 8 月，日月潭发生翻船事故，57 人死亡；1999 年的“921”大地震后进行重建工作；2001 年，设立日月潭国家级风景区，并扩大原日月潭范围：东至水社大山，西至集集大山，南至水里蛇窑，北至鱼池乡。日月潭景色优美，“双潭秋月”为台湾八景之一。据说，昔日蒋介石很喜欢这里，他有一所别墅式“行宫”，称为“涵碧楼”，现在是一座高级宾馆，可环视日月潭的美丽风光。同时，日月潭也是台湾原住民部族的居住地。

▲ 日月潭当年涵碧楼（左）与现代宾馆

在这里，有一件事要特别注意：在生态保护观念还没成熟之前，许多宗教团体曾购买了多种外来鱼到日月潭进行放生活动，尤其是玻璃鱼，严重损害了原生鱼类的生态环境。早年当地渔民所捕获的鱼货以奇力鱼（kiluat）为主，而今，玻璃鱼却占了70%，为什么？这是由于玻璃鱼在日月潭中几乎没有天敌，它的主食是奇力鱼的卵，因而，奇力鱼的繁殖数量锐减。可是，这种玻璃鱼全身都是骨头刺，鱼肉极少，不可食用，只适用于水族馆内的观赏之用。给有关部门增加了亟待解决的难题！

▲ 日月潭与玄光寺标志碑

▲ 日月潭、码头及拉鲁岛（中）

▲ 日月潭蓄水发电站一角

▲ 日月潭上的游艇

玄光寺

在中日战争期间，日本人抢走玄奘法师的顶骨舍利，战后归还中国佛教协会部分顶骨舍利，1955 年迎骨来台湾，1958 年安奉于日月潭畔的玄光寺，以缅怀法师历尽千辛万苦西行取经的贡献。

玄光寺在日月潭畔，设有码头，游人可乘船至码头，再走台阶上去参观。寺内供奉玄奘大师的金身，上挂“民族宗师”匾额，虽然玄奘大师的顶骨舍利，已移奉于玄奘寺，但因水路交通便利，玄光寺仍是日月潭游客的必访景点。

玄光寺的建筑采用唐式，虽然没有碧瓦朱柱映照，但显得朴实清雅，反而令人引发思古之幽情。又由于它临日月潭而建，可以就近欣赏日月潭的绮丽风光，犹如置身于美丽的画境之中。

从玄光寺到玄奘寺，要经过 560m 的“千秋苦旅”的步道，沿途设置许多和佛教有关的设施，犹如进行宗教朝圣一般，故又有“朝圣步道”之称。

▲ 玄光寺门楼

▲ 玄奘大师金身佛像

文武庙

日月潭文武庙，位于南投县日月潭北面山腰处。1932 年，奥万大引水由日月潭建造水坝储水后，由附近潭畔水社村水社巷的龙凤宫与北吉巷的益化堂这两座庙宇合并而成，于 1934 年选择现址，1938 年竣工。1969 年，日月潭文武庙重建，以北朝式风格建筑，于 1975 年建成。

▲ 文武庙

▲ 文武庙右侧老虎雕像

▲ 文武庙内孔子雕像及孙科题匾

▲ 文武庙金华堂前的香火

▲ 文武庙内马英九题匾

日月潭文武庙，主祀关圣帝君，加奉祀孔子和岳飞，所有神像都用铜铸塑像。庙分三进：第一进是供奉孔子，有孙科题匾；第二进是武圣关公和神农大帝、文昌帝君、三官大帝与玉皇大帝，有马英九等题匾；第三进可眺望日月潭美丽景色。

台南

台南市，自 2010 年 12 月 25 日起，把原台南市与台南县合并成为现今的台南市，它位于西南部的嘉南平原的核心位置，东临阿里山山脉，西濒台湾海峡，海岸线有 40 多公里，南邻高雄市，北接嘉义县。面积 2192km^2，人口约 190 万。

从地形上来说，台南市的中西部为盐水溪、曾文溪淤积平原，近 300 年来增加大量土地，平坦适宜耕种。地势平缓并有大小河流横贯；东侧为阿里山山脉尾段的丘陵地带，最高峰为大冻山，海拔 1241m。台南市境内有多座水库和湖泊，如曾文水库、乌山头水库、南化水库和虎头埤等，其中曾文水库横跨嘉南两地，为台湾最大的水库，比日月潭还大；而且，它们的水量丰沛，可供应台湾 40% 用水量，这也促成该市境内工农业的发展现状。

台南市全境位于北回归线之南，属副热带季风气候与热带气候的过渡带，全年温和少雨，日照充足。全年平均气 23.8℃，最冷月 (1 月)17.1℃，最热月 (7 月)29.0℃。全年日照时数 2421.3h，居全岛之冠。

赤坎楼

赤坎楼，位于台南市中西区。前身为 1653 年荷兰统治时兴建的欧式建筑，称为帕罗威提亚 (Provintia)，又称省城、摄政城、红毛楼等，曾为全岛统治中心。至清代已倾倒，仅留部份残迹，后来，汉人在原址兴建中式祠庙。1960 年，又由大南门城内迁来 9 座晶贝碑，成为赤坎楼的重要地标。由此可见，现在的赤坎楼，实际上是在帕罗威提亚残迹上建造的海神庙、文昌阁以及蓬壶书院、晶贝纪念碑和郑成功受降图的综合性建筑群体，它被列为一级古迹。

▲ 赤坎楼导游平面图

▲ 赤坎楼外貌

▲ 郑成功受降图——雕像群

1624 年，原占领澎湖的荷兰东印度公司和明朝将军沈有容签约，放弃澎湖，转而登陆台湾南部。1661 年 4 月，郑成功在任职荷兰通事之汉族客家人何斌的引导下，到达鹿耳门港道，越渡台江内海，首先攻下帕罗威提亚城，随后，他立即把它改为东都明京，设一府两县。在东都暂居 9 个月之后，郑成功再攻下热兰遮城，结束了荷兰东印度公司在台湾 38 年的经营。后来，他把热兰遮城改为安平镇，作为郑家的门第；已改名承天府衙门的原帕罗威提亚城，则作为全岛的最高行政机构，俗称赤坎楼。然而不到半年，郑成功不幸病逝，其子郑经自厦门起兵返台，打败其叔父郑世袭而即位，于 1664 年废东都，改称东宁。承天府裁废后，赤坎楼便成为储存火药的场所。

▲ 赤坎楼的文昌阁

▲ 晶贝碑

1721 年，朱一贵起义反清，赤坎楼的铁铸门额被拆去熔铸武器。之后，再加上人为的损坏、飓风飘蚀、地震颠摇，到后来，赤坎楼只剩下四周颓兀城墙，悲惨荒凉。1788 年，乾隆晚年平定林爽文事件，清政府把福康安将军平定过程，雕刻成 10 块长方形石碑，取为“石全石美”之意，四面碑文以汉字撰写，另四面以满文撰写，余下两面汉满文并用。19 世纪后半叶，大士殿、海神庙、蓬壶书院、文昌阁、五子祠等建筑，先后盖在赤坎楼的原址上。这 5 座建筑物，巍峨高耸，为破落的赤坎楼原址增添了宏伟的气派。

在日本统治时，日本人以海神庙、文昌阁和五子祠，当作医院和学生宿舍。1921 年，日本人在拆除大士殿重整该址时，又重新发现了帕罗威提亚的旧堡门，然后又发掘到东北角的荷兰炮台残迹和通到堡垒地下室的门户，因此，把它作为历史馆，战后再加修理，成为台南市立历史博物馆。1974 年又重修一次，直至如今。

据有关资料介绍：“文昌阁为二层楼阁式建筑，位于赤坎楼中央台基偏东偏北，东面墙基不足部分则予增补，奉祀文昌，即魁星，由佑县沈受谦题‘文昌阁’匾悬挂于一楼正间门楣上。”

延平郡王祠

延平郡王祠，是台湾最早、最著名的郑成功祠，俗称郑成功庙或开山圣王庙，位于台南市中区开山路 125 号。它占地 9400 多平方米，整体风格庄严典雅，庭园修筑精美，厚重的琉璃绿瓦衬着低矮的红色墙身，配合祠外延平公园的池榭垂柳，令人深发思古之幽情。

郑成功从荷兰人手中收复台湾，并以台湾为反清复明的基地，建设台湾不遗余力，深得民心，死后人民设庙奉祀，但为避免清廷找麻烦，故称郑成功为“开山王”。开山路之名，由此而来。

▲ 延平郡王祠门楼

▲ 延平郡王祠

▲ 延平王（郑成功）神位

▲ 当年的火炮

清朝同治 13 年，钦差大臣沈葆桢奉命来台办理防务，深入民间才发现郑成功对建设台湾的贡献，上书皇帝强调郑成功是明室遗臣，并非乱臣贼子，建议建祠纪念他。朝廷同意后，同年 3 月动工，8 月竣工，耗费白银 7400 两，聘请福州师傅来营造，全部材料也来自福州，因此，它是台湾唯一的福州式庙宇建筑。并且，在它正门石匾题“明延平郡王祠”，这是清朝首度承认郑成功的事迹。

这座祠庙的本体是三进合院类型，座西朝东，由山门、正殿、后殿与两侧厢房组成。山门之左有过廊接到“甘辉将军祠”，祠前有一门通往北边的庭园，而自祠前往西则为东厢房，供有明郑殉难文武诸臣牌位，此外，祭器所亦设于此。而山门之右为“张万礼将军祠”，同样，在祠前有一门通往南边的庭园，而且从祠前往西为西厢房，除供有诸臣牌位外，仪仗所也设于此处。

正殿，是供奉郑成功之处，最外围有回廊，殿内正中央为洗石子神龛，上有雕塑家杨英风所做的郑成功塑像。在塑像之前为昔日庙内的神像金身，该神像一度在民间轮祀，直至近年才迎回安座。

祠中收藏许多古文物，包括珍贵的沈葆桢手书。东西两侧厢房陈列郑氏部将牌位、仪仗等。后殿中央供奉郑氏母亲田川氏的牌位。庭中的两棵古梅是郑成功亲手所植，已有300年历史，每到寒冬吐露芬芳。祠堂右边的台南民俗文物馆，展示有民间的艺术品、古代生物标本及古代匾碑，馆藏丰富。祠前右侧还保留着两座铜制古炮及七座铁制古炮。

台南小吃

台南小吃，是指台湾台南市所具有的街头饮食文化，台南著名的小吃不胜枚举。由于早期人士大多来自福建闽南、漳州、泉州、厦门等地，因而小吃也多半与该地有着密切的联系。在明郑朝代瓦解之后，当时的御厨伙夫散入民间，这些人为了谋生，便将家乡小吃、宫里御膳端出来贩卖。近100多年来不断发展，逐渐演变出多元化、具有当地特色的小吃，其中比较著名的有担仔面、虾卷、鳝鱼意面、米糕、虱目鱼料理、碱粥、牛肉汤、虾仁肉圆等。我们旅行团在导游的介绍下，在一间简朴干净的小食店实地品尝担仔面，真是价廉物美，别有风味！

▲ 台南市街道一角

▲ 驰名的赤坎担仔面

▲ 简朴干净的担仔面店

高雄

高雄市，从 2010 年 12 月 25 日起，由原有的高雄市与高雄县合并而成，位于台湾岛西南部，总面积为 2947km^2，人口达 277 万人，是台湾第二大城市。

高雄市管辖区，东北至中央凶山脉和玉山主峰，西南至我国南海之南沙太平岛、中洲岛和东沙群岛。顺时针方向分别与台南市、嘉义县、南投县、花莲县、台东县和屏东县等县市相邻。

▲ 高雄市部分市区鸟瞰图

▲ 高雄市街景一角

高雄自 19 世纪末开港，日治时代发展为港埠城市与军事要地；在 20 世纪初，城市建立并迅速发展起来；及至 20 世纪中叶后，它已成为台湾南部的政治、经济和交通中心。同时，它是台湾人口密度最高与重工业最发达的都市，又是台湾最大的国际港口。同时，它有国际机场，市内外交通系统也很发达。高雄市与台北市有高速铁路连接，市内有地铁、高楼大厦，车水马龙，人头涌动，酷似香港，夜市也很热闹。这次我们旅行团有幸观赏了爱河、莲池潭、澄清湖和六合夜市等主要景点。

▲ 高雄市议会

▲ 高雄市市立历史博物馆

▲ 高雄市地方法院

▲ 高雄六合夜市一角

爱河

爱河，古名打狗川、高雄川，现被视为城市母亲河，是一条位于高雄市境内的小型河流。它发源于高雄市仁武区八卦寮，流经高雄市中心并于高雄港出海，全长16.4km，水深只有数米。经历长期改造后，现已成为著名景点，尤其是该河岸两的夜景别有风味。爱河，于2001、2002年两次作为台湾灯会主场地，也是后来高雄灯会艺术节的举办地点。除了固定的节庆，爱河河畔也经常有街头表演和舞台表演。早期，爱河周围原是一片沼泽地，约在400年前，由于自然的冲积作用使陆地面积扩大，原始的爱河才逐渐形成。

1960年代，由于高雄市工业发展，随着就业机会而来的移民大量涌入，加上当时高雄市污水下水道系统尚未普及，使原本具有排水功能的爱河，不堪负荷，成为一条受到严重污染的河流，甚至使得1971年原本在此举办的龙舟竞赛，不得不迁移到高雄市北面的莲池潭举行。1977 年，台湾省政府开始计划爱河整治与污水下水道的建设。1990 年代，建造了污水处理厂，并设水闸门挡住上游污水，从而逐渐减少了污染程度。

2008 年高雄灯会艺术节，在爱河流域盛大举行，从第一年高雄灯会首度在爱河举办至今，爱河通过灯会不断地展现其风采多变的样貌，把它化做“水漾爱河”，让台湾各地民众来到高雄灯会，饱览高雄港都水漾城市的景观。

2010 年 2 月 23 日晚上，高雄的“元宵灯会”还没结束，我们旅行团有幸亲历其境，饱赏了高雄爱河两岸的美丽景色与别具一格、多姿多彩的华丽灯会，令人流连忘返！

▲ 高雄爱河两岸的美景（部分）

▲ 高雄爱河元宵灯会的红、黄彩色大灯笼

▲ 引人注目的“幸福高雄”的灯具

▲ 多姿多彩的灯会一角

高雄地铁

高雄市，现有两条地铁线路：其一，是从该市北部的南冈山站，经过市中心美丽岛站、再经过高雄国际机场站，最后到达市东南部的小港站；其二，是从该市西部的西子湾站，经过市中心美丽岛站，最后到达市东部的大寮馆站。

▲ 高雄地铁站出入口的“金”字型盖棚

▲ 高雄地铁站

高雄高铁

台湾高速铁路，简称台湾高铁，是服务台湾人口最密集的西部走廊的高速铁路系统，全长 345km，实际通车营运里程为 339km，于 2007 年 1 月 5 日通车后，逐渐成为台市西部重要的长途运输工具。设计最高时速为 315km，营运最高时速为 300km。

▲ 高雄高铁站一角

▲ 高雄高铁站候车室

▲ 高铁列车整装待发

▲ 乘坐高铁列车的旅行团团友们

目前，每日南北方向有 123~146 班次，平均日载客量达 12 万人次。从高雄市到台北市的高铁线路，经过台南、嘉义、台中、新竹和桃源等 5 个站，这些车站都很现代化，设备齐全，水平一流。2010 年 2 月 24 日，我们旅行团 10 多人，从高雄市乘高铁返回台北市。

莲池潭

莲池潭（旧称莲花潭）位于台湾高雄市半屏山之南、龟山之北，是高雄市左营区内最大的湖泊，潭面面积约 42hm²，源于高屏溪。1686 年凤山知县杨芳声建文庙时，以莲池潭为泮池，在池中栽植莲花点缀。每值炎夏，荷花盛开，清香四溢，故有“莲池潭”之名，而“泮水荷香”列为凤山八景之一。

▲ 莲池潭沿岸风光

莲池潭西岸，庙宇林立，500m 内有 20 多座寺庙，由北而南的景点分别有孔庙、北极玄天上帝、启明堂、春秋阁、五里亭、龙虎塔等。

孔庙

高雄市孔庙，位于高雄市左营莲池潭北岸，毗邻半屏山，占地 6000 多平方米，建筑面积为 1800 多平方米，是一栋仿北方宫殿式的建筑，建筑宏伟堂皇，面积之大为全台湾孔庙之冠。自 1974 年 6 月动工，至 1976 年八月落成，包括大成殿、大成门、东西庑、崇圣祠、棂星门、礼门与义路坊、明伦堂与泮宫坊、万仞宫墙、泮池与拱桥等，设施完善。

春秋阁

建于 1953 年，为两座中国宫殿式楼阁，春秋阁名称取自春阁及秋阁之合称，各为四层八角、绿瓦黄墙、宛如宝塔，古色古香的塔影倒映水中。各有九曲桥相连，又称“春秋御阁”，是为纪念武圣关公而建。春秋阁的前端有一尊骑龙观音，地方相传观音菩萨曾骑龙在云端现身，指示信徒要依其现身之形态在春阁与秋阁之间建造圣像，故有现在的骑龙观音圣像。

▲ 莲池潭岸边的龙虎塔

▲ 慈济宫

▲ 慈济宫内的保生大帝神像

▲ “泮水荷香”

▲ 莲池潭中的九曲桥

▲ “曲桥钓月”标志牌

龙虎塔

塔高七层，潭水上立有龙虎两孪生阁楼，楼前各有龙虎塑像，游客可以身为道，由龙口进、虎口出，取其吉祥之意。塔身与岸边有九曲桥衔接，与潭面相互对应。龙塔内画有中国的 24 孝子插图，虎塔则画有 12 贤士及玉皇大帝 36 宫将图。

慈济宫

又称保生大帝庙，建于 1719 年，主祀吴真人，或称大道公，吴真人本名吴夲，宋仁宗时因妙手回春的医术和高风亮节的品格，广为百姓爱戴。死后，村民肖像建庙祀之，并请使者向朝廷请示庙额，上勒赐“慈济”。从此，信奉保生大帝信徒蔚为流传，信奉地区主要在福建漳州和泉州之间。后来，郑成功及其士兵皆为漳州和泉州住民，再加上台湾当初为瘴疠之地，医神保生大帝便成为抚慰人心的最佳神祇。因此，南部地区普遍可见保生大帝庙宇。

在进入九曲桥之前，可看见张群先生的“曲桥钓月”题词标牌，我们 10 多位团友曾在这风景如画的莲池潭中照相留影，甚感欣慰！

澄清湖

澄清湖，距离高雄火车站东面偏北约 7km 处，高雄市 60、70、79 路公车和高雄客运车均可达，交通甚为方便。澄清湖风景区，隶属台湾自来水公司第七区管理处负责管理，具有供水和观光两大功能。

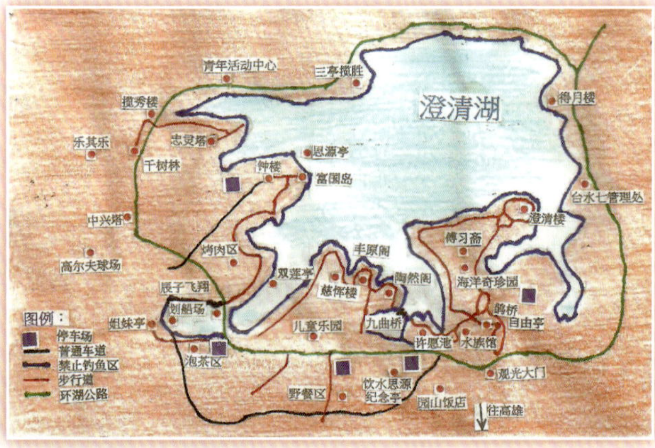

▲ 澄清湖游览指南图

澄清湖，原是曹公圳之一支流，原名“大埤”，用来调节农田灌溉之用。1952 年，台湾政府为配合经济发展、适应工业用水需求，加以整治，扩充供水设备，并改名为“大贝湖”，设立工业供水厂，直至 1963 年，才易名为“澄清湖”。1960 年 9 月，开放为观光区。

澄清湖湖区总面积 300 多公顷，湖面 $103hm^2$，环湖公路 7km，沿线分为八景，各景均树有标示牌：梅陇春晓、曲桥钓月、柳岸观莲、高丘望海、深树鸣禽、湖山佳气、三亭揽胜、蓬岛涌金。该湖区由于历年不断整修美化，湖光山色，风景清雅，颇有园林气派。同时，它还有青年活动中心、圆山大饭店、高尔夫球场、棒球场和劳工育乐中心。此外，观光区内设有服务设施、观光大门服务台、全区广播系统和多部电话台等。

▲ 澄清湖观光大门匾额

▲ 海水馆

▲ 淡水馆

后 记

《神州纵横游》全书约30万字，照片与图片共730幅，这样一本内容丰富、印刷精美的旅游书籍，不仅凝聚着作者多年来劳动成果的心血，而且也是作者许多亲朋好友鼎力相助和集体智慧的结晶。现今，本书即将付梓，公开发行，可喜可贺！

在此，作者对于维基网、旅游公司、有关机构和人员等所提供的资料和信息，对孙红彪先生和中国建材工业出版社于雪编辑的大力支持与合作，对秦炎立先生（美国工商管理硕士，现任百事达国际贸易公司总裁，自幼喜爱诗画和旅游）为此书提供的部分资料和照片的帮助，都一一表示深切的感谢！

还有，作者老伴雷丹青，每次都偕同旅游、拍照、分类安排、修理剪辑和选优择取等工作，为本书付出了艰辛的劳动，功不可没，谢谢！

有人说："写书容易出书难！"我认为应改为："写书难出书更难！"这是我的深刻体会，愿与大家分享！

莫芳灿

2016年8月